Stefan Gärtner – Tote und Tattoo

Stefan Gärtner, Jahrgang 1973, ist Kolumnist für *Titanic*, *Konkret* und die Zürcher *WOZ* und schreibt neben Romanen (»Putins Weiber«) und Pamphleten (»Benehmt Euch!«, mit Jürgen Roth) fürs *Neue Deutschland*, die *Junge Welt*, den *Freitag* und die letzte Seite der *Taz.* 2021 erschien in der Edition Tiamat »Terrorsprache. Aus dem Wörterbuch des modernen Unmenschen«.

Edition
TIAMAT
Herausgeber:
Klaus Bittermann
1. Auflage: Berlin 2023

Buchcovergestaltung: Felder Kölnberlin Grafikdesign
Printed in Germany
www.edition-tiamat.de
ISBN: 978-3-89320-299-7

Stefan Gärtner

Tote und Tattoo

**Essays, Glossen,
Kritik der Dummheit**

**Critica
Diabolis
315**

**Edition
TIAMAT**

»Unsinn, du siegst und ich muss untergehn!
Mit der Dummheit kämpfen Götter selbst vergebens.«

Friedrich Schiller

»In was für einer Sch... wir herumwaten, mein Gott!«

Gustave Flaubert

»Dummheit ist überhaupt keine Naturqualität, sondern etwas gesellschaftlich Produziertes und Verstärktes.«

Theodor W. Adorno

»Alles ist wahr, und es ist fast nicht erträglich.«

Uwe Johnson

Inhalt

Zum Geleit

Sammelbände sind etwas Schönes, erlauben sie es dem Autor doch, ein Buch zu veröffentlichen, ohne es zuvor geschrieben zu haben. Andererseits sind Sammelbände etwas sehr Anstrengendes, denn eine Auswahl aus den Zentnern von Essays, Glossen, Kritiken, Kabinettstücken zu treffen, die über Jahre und Jahrzehnte hinweg an den prominentesten publizistischen Orten deutscher Zunge (zumal im Satiremagazin *Titanic*) erschienen sind, war nicht leicht angesichts durchgängiger und verlässlichster Spitzenqualität; und wer will entscheiden, was noch einmal das Auge geneigter Öffentlichkeit erreicht und was, so es mit der historisch-kritischen Ausgabe nichts wird, auf ewig im Archiv versinkt?

Ich wollte es nicht, aber musste freilich, und hätte es jemand anderes entschieden, wär' es mir dann recht gewesen? So las ich und blätterte, schichtete und löschte, verzichtete hier und entschied mich da, und das Ergebnis, wie man so sagt, liegt jetzt vor. Zu ändern ist es nicht mehr, und zu sagen, die Auswahl sei einem Konzept offener Geschlossenheit verpflichtet, mag die Sache treffen.

Alle Texte wurden noch einmal durchgesehen und folgen im wesentlichen der Form, in der sie einmal erschienen sind. Thematische Verwandtschaft schlägt im Zweifel die Chronologie. Kleinere Eingriffe dienten stilistischer Korrektur oder, soweit möglich, der Vermeidung von Dopplungen. Dem Kollegen Torsten Gaitzsch gilt herzlicher Dank fürs Gegenlesen.

Wuppertal, zum Jahresende 2022 S.G.

Schreckschraube und Wunderkind

Zehn Variationen anlässlich einer »Mozartshow« (ARD)

1

Irgendwas stimmt von vornherein nicht an dieser »Mozartshow«. Schon beim Trailer letzte Woche ist mir das aufgefallen: »Die Mozartshow«. Irgend etwas geht hier vom ersten Moment an fehl: Das Kompositum (sic!) aus »Mozart« und »Show«? Oder, umgekehrt, das fehlende Attribut, das ganze noch mal richtig Richtung Event und Quotenquark zu rücken: »Die megageile Mozartshow«?

Nein, ich hab's: Den neolingualen Usancen wie der allgemeinen, in einer Mozartshow ja sichtbar kumulierenden Tendenz zum sinnfern Atomischen zu genügen, hätt's halt unbedingt ein »Die Mozart Show« sein müssen.

Doch, doch.

2

Es geschieht der Schreckschraube Sandra Maischberger ja ganz recht, dass sie jetzt auf dieser zweituntersten Stufe des Fernsehgeschäfts angekommen ist, noch über einem Engagement beim Verkaufskanal, aber schon einigermaßen unterhalb vom »Ratgeber Auto«; und wundersam nur, dass das nicht früher schon aufgefallen ist: diese grässliche Mischung aus rein positivem Journalistenschul-Ehrgeiz, nämlich unbedingtem Karrierewillen, und Jargonaffinität mal Einverstandensein. Die Sandra Maischberger, die war ja auch mal so was wie ein Wunderkind, die fanden sie mal richtig gut in ihren Fernsehfeuilletonredaktionen, weil sie wasweißich »nachhakte« und »dranblieb« und solche Scheiße mehr; daran will sich jetzt natürlich keiner mehr erinnern. Weil, die Sandra, die macht jetzt halt Mozartshow und so und ist überhaupt auf dem absteigenden Ast, das ist, ich sag mal, super uninteressant jetzt, quasi auch vom Erotikfaktor her.

3

Also jetzt Mozart. »War er ein ewiges Kind? War er ein Frauenheld? War er nun reich oder war er arm? Wie ist er mit 35 gestorben? Wurde er wirklich ermordet? Wir haben Prominente eingeladen, die einen besonderen Bezug zu Mozart haben.« Der Skandal, dass das öffentlich-rechtliche Gebühren-TV sich ohne Not auf das Niveau der Schlagzeilen-, Fick- und Regenbogenpresse begibt, ist ja hier und da bereits thematisiert worden, und wahrscheinlich darf das Wort »Bildungsauftrag« beim Ersten Deutschen Fernsehen nicht mal mehr im Scherz benutzt werden, das muss man unterschreiben, dass man das nicht einmal denkt.

4

Was allerdings Christiane Hörbiger, die als erste auf der Promicouch Platz nimmt und sich m.W. außer »Julia – eine ungewöhnliche Frau« nichts hat zuschulden kommen lassen, bei dieser Veranstaltung macht und zu suchen hat, lässt sich vorderhand nicht klären: »Mich hat Mozart persönlich nicht so sehr interessiert. Also ob er jetzt 1 Meter 50 groß war oder ob er schön war oder was er gegessen hat

– entschuldigen Sie, das wird viele Menschen interessieren, mich weniger.« Man hat sie mal eine Intellektuelle genannt, und es stimmt wohl auch. »Ich glaube, man braucht ein Leben lang, bis man die Musik versteht.« Das nun wieder interessiert die Frau Maischberger weniger, es ist ja ARD und soll also beim Boulevard bleiben: »Wir wollen nachher noch wissen, was genau der persönlichste, der menschlichste Moment zwischen ihnen und Mozart ist.« Und nachher, da verliest Christiane Hörbiger einen Brief Mozarts an seinen Vater vom 9.7.1778, verfasst anlässlich des Todes der Mutter; und sie liest und ist sicht- und hörbar bewegt, verliert beinahe die Fassung, Erinnerung spricht und lässt die Stimme zittern, es sind die ersten (und letzten) wahren Worte in diesem Pandämonium: ein anrührender, gleichzeitig peinlicher Moment, weil Kulturindustrie Persönlich-Menschliches nur als Effekt, als Pornographie duldet. Das ist das Ding mit dem Richtigen im Falschen, schon klar.

5

In der Zwischenzeit hat ein holländischer Musikkabarettist namens Liberg aus Mozart das Schnappi-Lied extrahiert und ist dafür, wie sich denken lässt, nicht verhaftet, sondern gefeiert worden, und auf dem Gästesofa haben sich ein Mozartprofessor und Heide Simonis (SPD) installiert: der eine, weil er das Köchelverzeichnis auswendig kann (Maischberger: »Damit können Sie bei ›Wetten dass…?‹ auftreten!«), die andere, weil sie als Kind gut im Singen war (»Ich wollte die Callas werden«) und Mozart überhaupt für eine Art Sozialdemokraten avant la lettre hält: »Jemand, der in einer Loge war, war doch nicht apolitisch! … Und das finde ich ja nun wirklich spannend.« Der

Professor schüttelt den Kopf. Aber was nicht passt, wird halt passend gemacht. Allein, es geht der Moderatorin und ihren Redakteuren nicht um Politik: »Wir haben gehört, das war ein Chaot, dieser Mann ... Wie kann das sein, dass dieser Mann angeblich ein Chaot war und doch so viel geschaffen hat?«

Der Professor: »Mozart war kein Chaot.«

Und wieder was über Mozart gelernt.

6

»Dieses Image des etwas schmutzig-frivolen Mozart«, für das sich insbesondere S. Maischberger interessiert, »das kommt auch aus Briefen, und zwar aus einer bestimmten Art von Briefen, und zwar den sogenannten Bäsle-Briefen«, deren »Furz- und Arschpassagen« (*Die Zeit* laut M.) vom Humoristen Bernhard Hoëcker vorgelesen werden, »einem der Größten seiner Zunft, das hat er mit Mozart gemeinsam: Mozart war 1 Meter 60, dieser hier ist 1 Meter 59«, gegen solche ARD-Spitzenkomik muss einer erst einmal anstinken.

Jedenfalls liest der kleine Herr Hoëcker, der wahrscheinlich Geld braucht, dann Briefe vor, aus denen hervorgeht, dass Wolfgang Amadeus Mozart gern kackte und sich mit leerem Darm besser fühlte als mit vollem, und ist hernach mit vollem Recht und Toilettenfrau Maischberger zufolge »Experte für Mozarts andere Seite, die hintere«. Die Biographin Dorothea Leonhardt sagt dann, dass derlei anale Offenheit zu Mozarts Zeiten durchaus gängig, ja »normal« war; und auch ein Weiberheld sei Mozart nie gewesen, dafür war er dann wohl einfach zu hässlich, als Frau wolle sie das Wolferl jedenfalls nicht geschenkt haben.

Fassen wir zusammen: W.A. Mozart, Chaot, Ferkel und

Weiberheld, war weder Chaot noch Ferkel noch Weiberheld. Sondern einfach nur ein musikalisches Genie, aber darüber erfährt man in der Mozartshow zum Glück fast nichts.

7

Johann Lafer und Justus Frantz waren natürlich auch da. Johann Lafer hat sich angezogen, wie er glaubt, dass damals ein Fernsehkoch ausg'schaut hätt', und kocht Mozarts Lieblingsspeise (Kapaun). Justus Frantz hingegen hat einen zehnmonatigen Sohn, der sich gerne am väterlichen Klavier herumtreibt und häufig runterfällt, weswegen Justus Frantz alles gepolstert hat. Mozart mag der Sohn von Justus Frantz besonders, Schostakowitsch nicht so. Kommentar Justus Frantz: »Mozart ist genauso modern wie vor 200 Jahren!«

8

Wie sich das Wunderkind Mozart so gefühlt hat, darüber kann naturgemäß nur Exkinderstar und Rosen-Resli Christine Kaufmann Auskunft geben, und Exwunderkind Maischberger merkt jetzt auch, dass der Anspruch (wenn man dieses Wort wirklich benutzen soll) der Sendung, den Mozart wo nicht in uns allen, so doch in ausgewählten Prominenten freizulegen, langsam mal eingelöst gehört: »Können Sie sich ganz gut hineinversetzen in diesen kleinen Mozart, bringt Sie ihm das näher auch?« Frau Kaufmann sagt, sie sei ja nun ein Mädchen, und Mozart ein Junge, also könne sie sich eher in seine Schwester hineinversetzen. Der Professor gibt zu bedenken, dass Mädchen früher nicht Pianist werden durften. Kaufmann: »Ich habe eine tolle Kindheit gehabt, sofern man diese Kindheit überlebt.« Maischberger: »Ich danke Ihnen sehr, dass Sie Ihre persönlichen Erfahrungskistchen aufgemacht haben für uns über den Kinderstar, der Sie mal waren, und über den großen Star, der Sie heute sind.«

Von Hitler stammt die Maxime, eine Lüge müsse nur unverschämt genug sein, um mit Sicherheit geglaubt zu werden; insofern ist die Behauptung, Christine Kaufmann habe in handgestoppten zwei Minuten irgendwelche Kistchen aufgemacht und nicht, wie für alle hörbar, hilflos Unsinn gestottert, zweifelsfrei glaubwürdig. Aber der gewaltige Knoten aus Wahn und Unfug musste halt einfach zerhauen werden, da wusste selbst die mit allen Medialabwässern gewaschene Sandra Maischberger sich nicht anders zu helfen. Es muss halt immer weitergehen. »Später werden wir Peter Kraus hören, um mal einen völlig anderen Akzent in diese Sendung zu bringen« (Maischberger).

9

Es ist gar kein so abwegiger Gedanke, dass, hätte der Führer mit seinem Weltkrieg etwas mehr Glück gehabt, zu seinem 117. Geburtstag eine »Adolf Hitler Show« über eine ARD-Bühne gegangen wäre, vielleicht nicht unbedingt mit Christiane Hörbiger, aber doch haargenau mit Christine Kaufmann, Johann Lafer, Bernhard Hoëcker, Justus Frantz und Sonja Kirchberger, die uns, evtl. etwas weniger bekokst, darüber Mitteilung gemacht hätte, dass ihr Sohn eine Frühgeburt war und wo nicht Mozart, so doch »Die lustige Witwe« oder die Préludes von Liszt in den Brutkasten gespielt bekommen hat, weil: »Keine Musik kann einen in wenigen Sekunden in so eine Emotion bringen ... Hitler seine Musik ist Humanität!«

Der Sohn hätte dann zwar nicht »Lee Oskar« geheißen, aber das muss ja auch nicht sein.

10

Dann bringt Peter Kraus einen völlig anderen Akzent in diese Sendung und interpretiert Falcos »Rock Me Amadeus« als Ted-Herold-Rockstück, was etwa so ist, als spiele eine kubanische Salsatruppe die »Kleine Nachtmusik« oder die g-moll-Symphonie.

Und das ist aber längst geschehen: Gleich als die Sendung anfing.

März 2006

Nationalsozialistisch über Grund

Vor dem Zwickauer »Nationalsozialistischen Untergrund« hat der Verfassungsschutz so versagt wie der Klempner, der ratlos vor dem Sicherungskasten steht

Der ZDF-Journalist Claus Kleber steht nicht im Verdacht, ein habitueller Löcker wider den Stachel der freiheitlich-demokratischen Grundordnung zu sein; aber selbst ihm fiel im Zusammenhang mit der Zwickauer Neonazi-Zelle, deren Bomberei von den zuständigen Stellen jahrzehntelang als durchaus unpolitisch eingeordnet worden war, die Frage ein, was wohl geschehen wäre, wären statt irgendwelcher Imbisstürken Bankvorstände in die Luft geflogen, und ob Polizei und Verfassungsschutz dann auch ohne weiteres darauf verzichtet hätten, auf einem politischen Hintergrund zu bestehen. Hätten sie, so die unausgesprochene Antwort auf die rhetorische Frage, natürlich nicht, der halbe Fahndungsapparat des Landes wäre, auf der Suche nach der wiedererstandenen RAF, mobilisiert worden. Der Feind steht hierzulande nämlich links, immer noch.

Die Formel, in Deutschland sei man eventuell auf dem rechten Auge blind, ist längst in die Kommentarspalten gesickert und klingt aber so wie die Erkenntnis, der Sender Gleiwitz sei gar nicht von den Polen überfallen worden. Die Bundesrepublik hat, das darf man nicht vergessen, eine stringent rechte Geschichte, sie verdankt ihre Gründung überhaupt nur der ihr zugedachten Rolle als Bollwerk und Grenzmark. Dass der junge Staat durchsetzt war von alten und nicht so alten Nazis, ist eine Binse, und waren sie keine, dann, wie Adenauer, konservativ bis auf die Knochen. Theodor Heuss, der erste Bundespräsident der Republik, die sich als Rechtsnachfolgerin des Deutschen Reiches verstand, hatte 1933 für das »Gesetz zur Behebung der Not von Volk und Reich«, das Ermächtigungsgesetz gestimmt, Adenauers Staatssekretär Globke die Rassengesetze kommentiert, Präsident Lübke als Bauleiter in Peenemünde KZ-Häftlinge zwangsarbeiten lassen. Kanzler Kiesinger war NSDAP-Mitglied seit Februar 1933, Präsident Carstens Angehöriger der Reiter-SA gewesen, Richard von Weizsäcker hatte in Nürnberg seinen Vater verteidigt, der als Staatssekretär im Reichsaußenministerium Deportationsbefehle nach Auschwitz abgezeichnet hatte, was ihm fünf Jahre Haft und aber den Trost des Sohnes einbrachte, das Urteil sei »historisch und moralisch ungerecht«. Die deutsche SPD ist immer rechtssozialdemokratisch und antikommunistisch gewesen, der Radikalenerlass, der kommunistischen Briefträgern die Berufsausübung untersagt, war eine Erfindung der Regierung Brandt, und die letzten Kanzler der SPD, Schmidt und Schröder, waren beide »Genossen der Bosse«, der eine der Vater des antisowjetischen Nato-Doppelbeschlusses, der andere der proletenfeindlichen Agenda 2010.

Da sollte es nicht wunder nehmen, dass Rechtsextremismus in Deutschland stets als pädagogisches Problem betrachtet worden ist. Es handelte sich da immer um verwirrte, arbeitslose junge Männer, die halt nicht wissen, wohin mit sich; und deren Mordanschläge in den neunziger Jahren aber so erfolgreich waren, dass zwar nicht nach einer Braunen Armee Fraktion gefahndet wurde – in Rostock-Lichtenhagen stand die Polizei tatenlos neben dem brennenden Aslyantenheim –, dafür aber ohne viel Zögern eine der heiligsten Kühe des Grundgesetzes, das

Asylrecht, geschlachtet wurde. Was in etwa so ist, als hätte der Bundestag nach der Schleyer-Entführung den Arbeitgeberverband verboten.

Was immer in Deutschland links war oder ist, wird auf allen Kanälen rund um die Uhr dämonisiert oder wenigstens lächerlich gemacht, während das Recht von Daimler-Benz und Deutscher Bank auf grenzenlose Akkumulation, trotz Finanzkrise und Occupy, Teil der deutschen Staatsräson ist. Wer dieses Recht beschneiden will, ist ein Staatsfeind; wer das nicht will, aber Ausländer in die Luft jagt, ist ein Wirrkopf, der im Kern freilich recht hat, fast die Hälfte der Deutschen fühlt sich schließlich überfremdet. Gerade vor Wahlkämpfen wird auf derlei Rücksicht genommen.

Wenn sie sich entscheiden müsste, müsste die Bundesrepublik zugeben, dem Großdeutschen Reich dann doch etwas näherzustehen als der DDR, weshalb jenes auch bloß ein »Freak-Unfall der Deutschen« (M. Matussek) war und diese Tag für Tag das Stasi-Reich des Bösen ist. Und deshalb hatte auch keiner der türkischen, griechischen oder persischen Familien, aus denen die Opfer des sog. Nationalsozialistischen Untergrunds stammen, einen Zweifel daran, dass die Anschläge Nazi-Anschläge waren. »Wir haben immer wieder gesagt, es war kein Drogenkrieg, keine Mafiabombe, sondern ein Rechtsradikaler. Niemand hat uns zugehört«, zitiert die *Süddeutsche Zeitung* eine Anwohnerin der Straße in Köln-Mülheim, in der 2004 eine Nagelbombe explodierte. »Wir haben den Rechtsextremismus nie unterschätzt«, sagt Innenminister Friedrich zwei Seiten später. Und in gewissem Sinne hat er da sogar recht. Man kann nicht unterschätzen, was einem wurscht ist.

November 2011

Die Toren der Epoche

Über den hysterischen deutschen Antikommunismus

»Die gesamte politische und militärische Konzeption der Bundesrepublik hat einen Grundzug, einen Ausgangspunkt, eine Quelle: den Antikommunismus. Das heißt aber nicht, dass man sich mit dem Kommunismus als Idee oder Theorie auseinandersetzt … Man ist einfach Antikommunist, hat es zu sein – so wie man unter dem NS-Regime Antisemtit zu sein hatte. Die Begründung, Tag für Tag in die Menschen hineingehämmert, war einfach genug: ›D i e J u d e n s i n d u n s e r U n g l ü c k‹!«

Kurt Hirsch, 1960

»Die Linkspartei bleibt eine Gefahr für Deutschland.«

Joachim Hermann, Innenminister des Freistaates Bayern, 2011

Der deutsche Souverän hat in freier, gleicher und geheimer Wahl 76 Mitglieder der Partei »Die Linke« in den siebzehnten Deutschen Bundestag beordert. Weit mehr als die Hälfte dieser Abgeordneten werden vom Verfassungsschutz beobachtet, also für mindestens potentielle Verfassungsfeinde gehalten. Selbst die linksrevolutionärer Träume ganz unverdächtige *Frankfurter Allgemeine* sah sich da veranlasst, im Leitartikel und unter Verwendung einer programmatischen Forderung der Linkspartei kurz darzulegen, »was alles nicht verfassungsfeindlich ist: etwa das Ziel einer ›grundlegenden Umgestaltung der wirtschaftspolitischen Verhältnisse‹. Auch ist – ganz aktuell – die Forderung nach einer Verstaatlichung von Banken kein Ausweis von Grundgesetzwidrigkeit. Nur weil eine Gruppe den von ihr angestrebten Umbau mit ›Sozialismus‹ beschreibt, steht sie nicht außerhalb des Grundgesetzes.« Trotzdem wollte der *FAZ*-Kollege Jasper v. Altenbockum (der, nebenbei, genauso aussieht, wie er heißt) an anderer Stelle nicht vom Popanz des »Extremismus« lassen: »Sitzt ein Rechtsextremist im sächsischen Landtag, dürfte niemand etwas gegen dessen Beobachtung haben; vielmehr dürfte dann auch die Linkspartei eine nachrichtendienstliche Observierung für dringend geboten halten. Wird aber ein Abgeordneter des Bundestags observiert, der Mitglied in einem der Gremien zur Kontrolle der Geheimdienste sein darf, hat das weniger mit Verfassungsschutz zu tun als mit Prinzipienreiterei. Daraus aber zu folgern, dass eine ganze Fraktion nicht länger zu behelligen wäre, ist eine unziemliche Unschuldsvermutung. Die Beweislast liegt nicht beim Staat und seinen Behörden, sondern bei der Partei, der die Abgeordneten gehorchen. Die hat dazu Gelegenheit genug – jeden Tag.« Die Linkspartei muss also bloß nichts mehr gegen Deutsche Bank, Minilohn und »Risikogesellschaft« (U. Beck) sagen, schon ist sie den Verfassungsschutz wieder los.

Es ist dies eine sehr deutsche Vernageltheit. Zwar ist Antikommunismus überall auf der Welt die logische Reaktion der Besitzenden und Privilegierten auf die Drohung, ihnen Besitz und Privilegien wegzunehmen. Spezifisch vaterländisch ist, mit welcher unausgesetzten, von der tatsächlichen Virulenz der Bedrohung ganz unabhängigen Emphase der »Gottseibeiuns der Bourgeoisie« (Thomas Mann) beschworen wird und beschworen werden kann, wie tief sich der Antikommunismus den Deutschen in die Seele gesenkt hat und geradezu Teil des deutschen Volkscharakters geworden ist. Kein Mensch käme in Frankreich oder Italien auf die Idee, einen kommunistischen Abgeordneten, eine kommunistische Bürgermeisterin für eine Bedrohung zu halten – »M. Dupont, Mitglied der KP von Frankreich, ist der Nachbar um die Ecke. Signor Lavini, Mitglied der KP von Italien, ist der Nachbar um die Ecke. Herr Meier, von dem man vermutet, er habe kommunistische Sympathien, mag um die Ecke wohnen, aber er ist des Teufels« (Erich Kuby) –, und ulkig klang die Klage eines aufgeregten Kommentators im Deutschlandfunk über die bis zum Anschlag offene Schere zwischen dem katastrophalen Zustand der Welt und dem, was die deutschen Intellektuellen und Gelehrten dazu zu sagen hätten – was sollen sie, unterm antikommunistischen Tabu, denn sagen? Typisch der Gastbeitrag des Schriftstellers Ingo Schulze im Feuilleton der *Süddeutschen*, der erst akkurat alle Infamien und Widersprüche der gegenwärtigen Wirtschaftsordnung aufzählte und aber dem gerechten *J'accuse* nichts folgen ließ als das Occupy-Mantra von Moral und Mitsprache: »Demokratie wäre, wenn die Politik durch Steuern, Gesetze und Kontrollen in die bestehende Wirtschaftsstruktur eingriffe und die Akteure an den Märkten, vor allem an den Finanzmärkten, in Bahnen zwänge, die mit den Interessen des Gemeinwesens vereinbar sind.« Dass Finanzmärkte nötig sind, unterliegt da schon keinem Zweifel mehr.

»Wenn David gegen Goliath antritt, schlagen sich die Franzosen – Révolution oblige – auf die Seite des Kleinen«, berichtete später der Pariser *SZ*-Korrespondent. »Ihm gehören die Sympathien, egal ob er als Asterix die Römer vermöbelt, als Fabrikarbeiter seinen Chef zur Geisel nimmt, als Schaffner die Metro lahmlegt oder als Wut-Bauer ein Hamburger-Restaurant zerlegt.« Das ist in Deutschland, wo es paradoxerweise Konterrevolutionen, aber nie eine Revolution gegeben hat und die größte Zeitung des Landes Tag für Tag die Schwachen gegen die

Schwächsten aufwiegelt, anders. Seit Luther sich im Bauernkrieg »wider die mörderischen und räuberischen Rotten der Bauern« wandte, die er doch erst auf den Geschmack gebracht hatte, um jetzt ihre Ausmerzung zu fordern, »wie man einen tollen Hund erschlagen muss«, gilt Revolution den Deutschen als Pöbel- und Teufelswerk, erst recht seit der nationalen Urkatastrophe des Dreißigjährigen Krieges, der ganze Landstriche entvölkerte, ein Drittel der Deutschen das Leben kostete und das Bürgertum für lange Zeit ausschaltete. Seither ist der Deutschen erste Sehnsucht die nach Ruhe und Ordnung, und während sich in England und Frankreich die Bourgeoisie gewaltsam emanzipierte, wurde Deutschland auf seinem legendären Sonderweg zu jener verspäteten, von Romantik und Preußentum gleichermaßen verseuchten, in adlig-halbfeudalen, strikt paternalistischen Verhältnissen befangenen Gehorsamsnation, die sich als mittelalterliches »Reich« ausmalte und den Staat per se als »Wirklichkeit der sittlichen Idee« (Hegel) und »Idee der Freiheit« (ders.) adorierte. Weswegen die Sozialdemokraten ihre Klassenbrüder im In- und Ausland zwischen 1914 (Kriegskredite) und 1918/19 (Pakt mit der Reaktion) sehr sittlich ans Vaterland verraten konnten; ein Vaterland, das in den Jahren 1919 bis 1922 38 Mörder von links zu durchschnittlich 15 Jahren oder zum Tod verurteilte, 24 rechte Mörder aber ohne Todesurteil und mit im Schnitt vier Monaten (wo nicht gleich Freisprüchen) davonkommen ließ, bei 22 Morden von links und 354 von rechts.

Es ist nur konsequent, dass der Sozialismus, als die Deutschen ihn dann doch haben wollten, ein übergeschnappt nationaler war und der ostdeutsche Sozialismus, der folgte, unverlangte Importware; und damit ein gefundenes Fressen für alle, die den spezifisch deutschen, nämlich mystisch-chiliastischen (und grad auch deshalb antisemitischen) Antikommunismus der tausend Jahre in den selbsterklärten Rechtsnachfolger mitgenommen hatten, wo alle Wege des Marxismus nach Moskau führten, das hitlerische »Unrecht, begangen in deutschem Namen« vor den genuin kommunistischen Verbrechen blass werden durfte und der Ostblock nicht dem Sicherheitsbedürfnis der von Deutschland niedergebrannten UdSSR diente, sondern als Brückenkopf für die bolschewistischen Weltherrschaftspläne. »Worum es im letzten bei der Bundestagswahl geht, ist klar: ob Deutschland und mit ihm Europa christlich bleibt oder kommunistisch wird« (Adenauer, 1957) – bei dieser »Art von falschem, verkitschtem Religionskrieg« (Sebastian Haffner), den die Westdeutschen für ihren gefallenen Führer weiterfochten, blieb es, bis das »Ende der Geschichte« (Fukuyama) als Kantersieg des Kapitals dem ewigen Gequengel die Grundlage entzog.

Aber denkste. Bis heute lebt der Affekt im Schreckbild vom Unrechtsstaatsmonster DDR weiter, und die Verbissenheit, mit der in allem Linken Gulag und Vaterlandsverrat erkannt wird, ist für die Frage, was Kommunismus/Sozialismus eigentlich war, ist und sein könnte (z.B. in der Linkspartei), freilich taub; dabei wusste selbst der Leib- und Magenschriftsteller des deutschen Bildungsbürgers, dass »schon die religiösen Volksbewegungen des ausgehenden Mittelalters einen eschatologisch-kommunistischen Charakter hatten: schon damals sollten Erde, Wasser, Luft, das Wild, die Fische und Vögel allen gemeinsam gehören, auch die Herren sollten um das tägliche Brot arbeiten, und alle Lasten und Steuern sollten aufgehoben sein. So ist der Kommunismus älter als Marx und das neunzehnte Jahrhundert, der Zukunft aber gehört er an insofern, als die Welt, die nach uns kommt, in der unsere Kinder und

Enkel leben werden und die langsam ihre Umrisse zu enthüllen beginnt, schwerlich ohne kommunistische Züge vorzustellen ist: das heißt, ohne die Grundidee des gemeinsamen Besitz- und Genussrechtes an der Gütern der Erde, ohne fortschreitende Einebnung der Klassenunterschiede, ohne das Recht auf Arbeit und die Pflicht zur Arbeit für alle.«

Aber Thomas Mann hielt den Antikommunismus auch für die »Grundtorheit der Epoche«. Ein Verfassungsfeind auch er; man wird die Bücher noch verstecken müssen.

März 2012

Hund und Herrin

Über Kanzlerinnen im Transitverkehr, Politik als Lore-Roman und die gemütvolle Symbiose von A. Merkel (CDU) und D. Kurbjuweit (Presse)

Wenn das der Führer noch erleben könnte: »In einer bemerkenswerten Rede hat Polens Außenminister Radosław Sikorski Deutschland aufgefordert, die Europäische Union zu einer Föderation nach dem Vorbild der USA und der Schweiz zusammenzuschließen.« Deutschland, sprach Sikorski, sei »Europas unverzichtbare Nation geworden. Es darf nicht darin versagen zu führen. Nicht beherrschen, aber in der Reform anzuführen.« Mit nur mühsam verhohlener Genugtuung bestand in der Folge die Frankfurter Allgemeine Zeitung für Großdeutschland auf der nämlichen Trennung von Führung und Herrschaft: Das Reich sei mitnichten ein »Hegemon, ob nun ein zögerlicher oder ein robuster … Es will führen, aber ›herrschen‹ will und kann es nicht.« Es kann ja auch keiner was dafür, wenn Vernunft sich durchsetzt, »das deutsche (Wirtschafts-)Modell zum Vorbild« wird und Rest-Europa »nichts an einer deutschen Führung auszusetzen« hat, sondern im Gegenteil von der Zentrale verlangt, »diese Rolle entschlossen und tatkräftig auszufüllen«.

Es mag am neuen Deutschlandbild aus WM-Sommermärchen, Prenzlberg und Heide Klump liegen, dass die Niederwerfung des Kontinents durchs deutsche Exportkapital neuerdings als Anlass begriffen wird, dem Aggressor die Kaiserwürde anzutragen, und den Zuschnitt dieser imaginierten Vereinigten Staaten von Europa dürfte Deutschlands Weigerung präformieren, vom guten Weg der germanozentrischen Wirtschaftspolitik abzuweichen und für Europens Schulden, an denen man bislang so gut verdient hat, via Eurobonds o.ä. jetzt auch mal einzustehen. Dass sich diese Weigerung nicht handfesten Interessen der Großwirtschaft, sondern einer Bundeskanzlerin verdanke, die aufgrund ihres spröden Charakters außerstande ist, der deutschen Europapolitik eine »emotionale Grundlage« zu verschaffen, ist freilich auch eine Möglichkeit.

Es war am *Spiegel*-Journalisten, Kisch-Preisträger und Erfolgsromancier (»Kriegsbraut«) Dirk Kurbjuweit, die Sache analytisch auf den Punkt zu nageln, indem er die Bundeskanzlerin zur Patriotin adelte, für die zwar stets die Sehnsucht nach der freien Welt bestimmend gewesen sei, »aber nicht die Sehnsucht nach Europa. Ihr träumerischer Blick übersprang den Westen des Kontinents und richtete sich direkt auf Amerika. Dort wollte sie unbedingt hin, von dort kamen die Jeans, die sie in der DDR ersehnte, Levi's.« Dass die ersehnten Jeans nicht aus Frankreich kamen, hat Folgen bis heute: »Sie ist Europäerin, aber ohne Herzergreifung, ohne Emotion ... Sie will ein Europa, das Deutschland nützlich ist ... Ziel von Merkels Politik ist also in gewisser Weise eine Deutschland-Vergrößerung, diesmal mit friedlichen Mitteln.«

Sollte wer auf die Idee kommen, Deutschland und seine Chefin seien drauf und dran, den Zweiten Weltkrieg nun auch ganz offiziell zu gewinnen, dürfte er keinesfalls vergessen, die Verdienste zu würdigen, die sich der Journalist Kurbjuweit an der Heimatfront erworben hat: durchs finale Ersetzen von politmaterieller Analyse durch sämig literarisiertes Gefühlskino, vorbildhaft exerziert in dem nun wirklich abgründig verschmockten Porträt »Die halbe

Kanzlerin« (*Spiegel* 48/2011), das auch den allerletzten Verdacht ausräumen müsste, beim deutschen Nachrichtenmagazin handele sich um mehr als eine »Revolverwochenschrift, aber unterhaltlich« (Gottfried Benn an F.W. Oelze, 14.3.1950).

»Was für ein Gemüt hat Angela Merkel, und welche Folgen hat das für die Politik, vor allem für ihren Kampf um den Euro?« Wer so fragt, weiß, dass Hitlers Schulversagen der erste Schritt nach Stalingrad war. Aber wer aus welchen Gründen auf der deutschen Austeritätspolitik besteht, für die spanische oder griechische Kleinrentner zu bezahlen haben, muss einer nicht wissen wollen, solange das Publikum hören will, dass nicht Deutsche Bank und Daimler-Benz, sondern große Frauen Geschichte machen. Denn im Journalismus muss es zwar, wie Kurbjuweit einräumt, auch mal »um Sachthemen gehen, aber es kommt zudem sehr auf das regierende Gemüt an, auf den Menschen«, ein Standpunkt, der überdies glänzende journalistische Karrieren ermöglicht; und ja auch für manchen Erkenntnisfortschritt gut ist: »Merkels Politik der Deutschland-Vergrößerung ist nur möglich, weil ihr Gemüt so ist, wie es ist, leise, bescheiden, samtpfotig.«

Auf diesem bescheidenen Niveau arbeitet Paul Sahner (*Bunte*) auch, ohne allerdings das spekulativ Szenische so gut und zielführend drauf zu haben wie der Kollege vom seriösen Fach: »Es ist tatsächlich nicht ganz leicht, sich vorzustellen, wie Angela Merkel morgens das Frühstück macht, Kaffee brüht und Marmelade auf den Tisch stellt, verschlafen noch, vielleicht mit den ersten trüben Gedanken an den Euro. Sie ist die Bundeskanzlerin, sie trägt die Aura dieses Amtes mit sich, und darin verschwindet leicht der Mensch, der sich so verhält wie andere auch.« Politik, das muss man wissen, wird nämlich von Menschen gemacht, und wer die Politik verstehen will, der muss die Menschen verstehen, die sie machen; so abgeschmackt sich das anhören mag. »Wenn Merkel Schuhe kauft, kauft die Bundeskanzlerin Schuhe, damit geht jede Normalität verloren. Die Verkäuferinnen erstarren vor diesen zierlichen Füßen der Macht. Merkel hat erzählt, dass sie deshalb nur sehr ungern Schuhe kaufen geht«, nämlich dem Kurbjuweit, der, wie er gern wissen lässt, Angela Merkel über viele Jahre begleitet hat (»Ich habe Angela Merkel über viele Jahre begleitet«), um sich hernach als Experte fürs Private im Politischen profilieren zu können. »Es gibt Kartoffelsuppe, wieder gibt es Kartoffelsuppe. Angela Merkel kocht gern selbst Kartoffelsuppe«, das ist nämlich ihr Lieblingsrezept, so wie die smarte repetitio das rhetorische vom Kurbjuweit. »Gibt es Kartoffelsuppe, nimmt Merkel einmal nach, ›zwei Kellchen‹ sagt sie dann zum Kellner.«

Also, nicht zum Kurbjuweit jetzt, zu dem anderen, dem mit der Schürze. Es ist dies schon eine besonders windige Scheiße.

»Der Berliner *Spiegel*-Korrespondent ist nicht nur ein guter Journalist, sondern auch ein talentierter Schriftsteller«, enthüllte der ZDF-Kulturbeauftragte Wolfgang Herles schon 2009 im Deutschlandradio das Geheimnis eines Erfolges. »Kurbjuweit, der erfolgreiche Romancier, kann präzise beobachten und aus seinen Beobachtungen Schlüsse auf die Persönlichkeit seiner Hauptfigur ziehen. Davon profitiert diese Studie«, nämlich eine in Buchform über A. Merkel, wo dem präzisen Impressionisten und psychologischen Realisten u.a. diese Beobachtung gelang: »Kann es etwa sein, dass ein Leben in der DDR, in einer Diktatur, sie ganz gut auf das Leben in der Politik einer modernen Massengesellschaft vorbereitet hat?« Die rhetorische Frage als Stilmittel, so wertvoll wie das tändelnde *vielleicht*, denn ist Journalismus nicht Distanz, vielleicht auch Skepsis? »Man musste sich ausmalen, dass da überall Augen und Ohren sind, dass man sich bedeckt halten muss, misstrauisch sein muss, um nicht in seiner wahren Haltung erkannt zu werden«, es sei denn vom Kurbjuweit, der dafür bezahlt wird, und nicht mal schlecht. »Sie lernte, sich zurückzunehmen. Worte können gefährlich sein – diese Regel hat sich früh bei ihr eingeprägt.« Und weil Worte so gefährlich sein können, dimmt Merkels Hausjournalist alles auf küchenpsychologisches *Brigitte*-Niveau herunter und schreibt so pseudoverwegen, wie Richard David Precht aussieht: ein Vorstadtmädchentraum von Journalismus, der mit den immergleichen Kniffen aus einem Gebrauchstext ein *Stück* macht: »Angela Merkel hat sich als Kanzlerin zur Sozialdemokratin gewandelt, zur Zuckerbäckerin. Aus Angst vor Lafontaine. Aus Angst vor der SPD. Aus Angst vor der Stimmung im Volk … Sie hätte mal nein sagen können und dann sehen, was passiert. Sie hätte verhandeln können, kämpfen. Sie hätte hin und wieder klar sagen können, was sie eigentlich will. Das wäre Führung gewesen. Sie aber hat auf Führung verzichtet.« Dabei muss sie führen. Sie muss Deutschland führen, sie muss Gespräche führen, sie muss einen Haushalt führen, ihren eigenen, sonntags. Jetzt soll sie Europa führen. Wo führt das hin?

»Kurbjuweit«, rezensierte Herles, als Merkel noch einer schwarz-roten Regierung vorstand, weiter, »traut Angela Merkel immerhin zu, in einer schwarz-gelben Koalition zu sich selbst zurückzufinden. Davon träume sie. Bis dahin sei Angela Merkel ›im Transit zu sich selbst‹.« Es ist schon schwer zu fassen, dass derlei feuchte Selbsterfahrungsprosa als politischer Journalismus, sogar als »sperriger«

(Kurbjuweit) durchgeht, unter dessen Nebeldampf Platitüdenkiesel wie der Weisheit größte Steine scheinen. »Das ist das Politische an ihr: das Streben nach Machtanteilen«, und nämlich nicht, bei der Kartoffelsuppe auch mal zwei Kellchen Nachschlag zu ordern. »Sie ist manchmal genervt, aber unerbittlich konstruktiv. Hier spricht die Aufgabenlöserin.« Und der BDI steht nicht an, sie zu stellen. »Merkel ist mehr Marxistin als Hegelianerin. Sie versucht nicht, die Verhältnisse den Ideen anzupassen, sondern richtet ihre Ideen nach den Verhältnissen«, so wie der »Erzähler allerersten Ranges« (*Tagesspiegel*) Kurbjuweit seine ölig literarisierten Gefühlsdusseligkeiten nach Verhältnissen richtet, die unerbittlich nicht-dekonstruktiv zu begleiten eine lösbare Aufgabe ist.

Guter Hund.

Januar 2012

Im Dilemma

Sophie Passmanns Selbstekel

Die Autorin und Feministin Sophie Passmann, 27, hat ein Buch geschrieben, das zwar nicht »Generation E-Golf« heißt, aber doch von ihr handelt, und das Interview-Duo der *Süddeutschen Zeitung* wusste gleich Bescheid übers »große Dilemma der bestens ausgebildeten, bürgerlichen Mittelschicht: Wir wissen, wie man eigentlich leben müsste, dass man zum Beispiel kein Fleisch essen und nicht übers Wochenende nach London fliegen sollte, tun es aber trotzdem.«

Deshalb heißt es vermutlich Service-Journalismus, weil er nicht weiß, was so ein Dilemma eigentlich ist, und deshalb das Dilemma, das nur dann eins wäre, wären wir verpflichtet, übers Wochenende nach London zu fliegen und Fleisch zu essen, fürs dankbare Publikum auflösen kann: Wir tun es trotzdem. Alle tun es! Und wenn die Kinder und Großkinder dereinst fragen, warum man denn ins Steakhaus nach London geflogen sei, obwohl man es doch, bitte sehr, besser gewusst habe, werden wir sagen können: Es war halt ein Dilemma. Ausweglos! Keine Chance!

Immerhin hat Passmann, die immer nach ihrer Generation gefragt wird und dann auch antwortet (»Ja klar, das ist ja mein Job«), aber jetzt »über diesen Generationenbegriff« noch mal »neu nachgedacht« und gemerkt hat, »wie sehr ich mich vor seiner Verallgemeinerung ekle«, wenn auch nicht genug, um das Generationsbuch nicht fertigzuschreiben, – jedenfalls hat Passmann, wie die Zeitung hübsch zusammenfasst, allgemein den »Wunsch nach mehr Selbstekel«, weil nämlich die Provinzeltern, anders als ihre Tochter (Berlin-Mitte), in ökologischer Hinsicht Vorbilder sind: »Sie leben in der Kleinstadt, essen sehr wenig Fleisch, reisen wenig, fliegen kaum. Da komme ich manchmal hin und schäme mich. Die lassen sich die Currywurst an der Pommesbude in mitgebrachtes Geschirr packen, während sich bei mir hier in der Ecke die Styropor-Packungen vom Lieferdienst stapeln.«

Dies nämlich das zweite große Dilemma der bestens ausgebildeten, bürgerlichen Mittelschicht: Man will immer Sachen bestellen und tut es. Und statt dann wenigstens die Klappe zu halten, um nicht anderen Blödis ein schlechtes Vorbild zu sein, wird mit dem Selbstekel renommiert, weil das einfacher ist, als den Arsch vom Sofa zu heben, und cooler, als sich die Currywurst usw. Passmann ist, Stichwort Selbstekel, in der SPD und hat sich, sagt die Zeitung so ehrfürchtig wie unwidersprochen, »dieses Leben in Berlin-Mitte durchaus zielstrebig und hart erarbeitet«, so wie ja alle, die das bürgerliche Mittelschichtsleben in der südwestdeutschen Provinz gegen das in der nordostdeutschen Mitte eintauschen, die das Maß aller Dinge ist. Oder jedenfalls: aller Mitte.

März 2021

Draußen vor der Altbautür

Inklusion ist Mode, Exklusion ist Alltag: Warum die »neue Bürgerlichkeit« ganz die alte ist

Es muss schön sein, in einem warmen Hamburger *Zeit*-Büro zu sitzen und bei einer Tasse Cappuccino ex cathedra das Lebensglück fremder Menschen zu verhandeln: »Nicht Serbien muss den Zugang zu unserem Asylsystem verhindern, sondern wir. Roma gehen nicht nach Frankreich, wo es gerade einmal zwölf Tage dauert, bis der Antrag abgelehnt wird«, sondern nach »Belgien, Schweden und Deutschland, weil sich dort der Bearbeitungsprozess von Asylanträgen über Monate, manchmal über Jahre erstreckt … Für viele verzweifelte Roma-Familien ist diese Zeitspanne in Deutschland eine Auszeit vom Elend. Dass die Betroffenen diese Möglichkeit wahrnehmen, ist nur allzu verständlich. Aber das Asylverfahren ist kein legitimer Weg, ihre Not zu lindern.«

Nun kennt Not aber bekanntlich kein Gebot, und es sollte der Mariam Lau keiner wünschen, dass sie in Umstände geriete, wo ihre Wohlfahrt den Legitimitätsüberlegungen einer mittelmäßig talentierten Bürgerjournalistin unterfiele, die ein »Asylsystem«, dessen aktuelle Ausgestaltung sich ausländerfeindlichen Morden und Mordversuchen (Hoyerswerda, Rostock, Hünxe, Mölln, Solingen) verdankt, feierlich für »unser« hält. Und damit immerhin verrät, was das bundesdeutsche Asylrecht, nach seiner faktischen Abschaffung 1993, für ein Recht ist: das Recht, Leute, die nicht zu uns gehören, wieder wegzuschaffen, wenn auch mit den besten Wünschen für die Zukunft: »Die

Bundesrepublik muss das Asylverfahren radikal beschleunigen. Und die EU muss von den beiden Beitrittskandidaten verlangen, dass Roma bei ihnen besseren Zugang zu Jobs, Bildung und Gesundheitsversorgung bekommen.« Man muss wohl bei der *Zeit* arbeiten, um sich für solche Gratisempfehlungen nicht wenigstens ein bisschen zu schämen, zumal selbst eine Recherche, die nicht länger dauern müsste als der neuerliche Weg zum Cappuccinoautomaten, das Elend der Roma (und Sinti) in den osteuropäischen Staaten, die schon in der EU sind, auch ans Hamburger Tageslicht brächte.

Die Mischung aus Sentiment und Brutalität, die nach allgemeiner Auffassung zum deutschen Nationalcharakter gehört, verkörpert das Hamburger Kleinkalibergewehr der Pfeffersack- und Studienratsdemokratie perfekt: mit Leidensbittermiene das Elend der Welt beklagen und im selben Satz den Jägerzaun noch ein bisschen spitzer feilen sind da immer eins. Hauptsache, die Welt erfährt, der gute Deutsche leidet mit, ob mit pakistanischen Mädchen, denen »in den Kopf geschossen wird, wenn sie in die Schule gehen wollen« (ebd.), fahrendem Volk (solange es woanders fährt) oder den armen Syrern, die im Gegensatz zum Zigeunergeschwerl nämlich echte politisch Verfolgte sind und von Frau Lau mit großer Geste willkommen geheißen werden, wenn auch mit gewissen Einschränkungen: »Aber die Bereitsschaft, den politisch Verfolgten großzügig Asyl zu gewähren, hängt auch davon ab, ob wir Missbrauch verhindern und ob diejenigen, die hier bereits Hilfe gefunden haben, unsere Aufnahmebereitschaft zu schätzen wissen.«

Zweierlei nimmt hier den Atem: die gönnerhafte Selbstgerechtigkeit einer Moraldarstellerin, die selbst die, die sie zu echten, schützenswerten Asylanten adelt, im selben Satz als genau die Störenfriede denunziert, die man in

Rostock damals halt nicht grundlos angezündet hat, und die Selbstverständlichkeit, mit der Journalismus als Prodomo-Veranstaltung für rotgrüne Spießer praktiziert wird, die nicht jahrzehntelang Treblinka bedauert und zwischen dem Hippiestrand von La Gomera und der Jeansabteilung von Macy's ihre Weltläufigkeit unter Beweis gestellt haben, um jetzt die Spezifika ihrer sagenhaften Menschenfreundlichkeit für sich behalten zu wollen.

In derselben *Süddeutschen Zeitung* vom 29. Oktober, die auf Seite 6 Charlotte Knobloch, Präsidentin der israelitischen Kultusgemeinde München und gewesene Präsidentin des Zentralrates der Juden in Deutschland, zum 80. Geburtstag gratulierte – ebender Charlotte Knobloch, die angesichts der Beschneidungsdebatte ängstlich gefragt hatte: »Wollt ihr uns noch?« –, durften sich auf Seite 15, der Leserbriefseite, die liberalen Zeitgenossen zum x-ten Male austoben und eine weitere Grenze ihrer Aufnahmebereitschaft markieren: »Deutschland ist weiß Gott das letzte Land, das der jüdischen Religion seine (*sic!*) Rituale vorschreiben sollte, dennoch wird mal wieder eine Chance vertan, jahrhundertealte, in meinen Augen völlig überholte und abwegige religiöse Praktiken einer kritischen Überprüfung zu unterziehen. Ist heute eine Religion wirklich noch zeitgemäß, die Gott infantil vermenschlicht, die augenscheinlich glaubt, dieser Gott würde Wert darauf legen, von jedem menschlichen Neugeborenen ein Stück Haut geopfert zu bekommen?« – »Zulässige Erziehung im Sinne der bisherigen Rechtsprechung darf auf Bildung und Orientierung abzielen, nicht aber auf irreversible Gestaltung des wehrlos ausgelieferten Körpers, schon gar nicht im Intimbereich.« – »Der Schnellschuss-Kotau unserer Politiker öffnet unsere Verfassung dem Obskurantismus und Dunkelmännertum« – genau siebzig Jahre hat es gebraucht, bis sich die Forderung nach einer »Säuberung Deutschlands von allen fremden Elementen« (Adolf Hitler, Monolog im Führerhauptquartier v. 12.8.42) wieder als »humanistische Weltsicht« (*SZ*-Leser A. Groethuysen, München) verkaufen lässt.

Was Mittelschicht sei, war gerade in Deutschland mit seiner geschichtlich »besonders starken, gesellschaftlichen Trennung von Adel und Bürgertum« immer auch eine Frage geistig-moralischer Überlegenheit, und je prekärer der Status, desto anmaßender und unreflektierter der Vertretungsanspruch in Fragen von gut und böse. »Politisch völlig ohnmächtig, aber radikal im Geistigen«, kultivierte der deutsche Bildungsbürger seit dem 18. Jahrhundert »die Geste des Abschließens, die Akzentuierung des Spezifischen und Unterscheidenden« und machte sie, mit den bekannten Folgen, zum »Merkmal der deutschen Entwicklung« (Norbert Elias). Deshalb hat der Deutsche Kultur, wo der Franzos' bloß Zivilisation hat, und wenn ein deutsches Bürgerkind nur fernsehen darf, wenn ein Erziehungsberechtigter daneben sitzt, um die von *FAS* oder *Focus Schule* bestimmte Idealfernsehdauer zu überwachen, dann deshalb, weil Fernsehen als Unterschichtverhalten gilt, genauso wie der Konsum von Aldi-Fleisch oder Kartoffelchips. Was die zeitgenössische Optimalgesinnung zwischen Fahrradhelm und mehrsprachigem Bratschenunterricht bezweckt, ist ein Statusbewusstsein, das wissen soll, wer gemeint ist, wenn in der *Zeit* von »wir« die Rede ist. Hauptschüler, Türken und anderweitig Fehlerzogene jedenfalls nicht. »Wir wollen uns trennen von denen, die nur pennen« (Grönemeyer, 1986). Mission accomplished.

»Die Asozialen. Wie Ober- und Unterschicht unser Land ruinieren« – kein Skandal ist es mehr, wenn der Journalist und Buchautor W. Wüllenweber der Kundschaft von Lidl und RTL die Staatsbürgerschaft entzieht, und der Dreh, auch die Reichen in den Senkel zu stellen (»Tricksen als Lebensform oben wie unten«), ist schon deshalb Bluff, weil aus Ressentiments gegen Millionäre (sofern arisch) in Deutschland nichts folgt. Was aber das Ressentiment nach unten für Folgen hat, könnten Markus S. und Sebastian L. beantworten, wenn sie nicht lange Haftstrafen für den »Mord« am Volkshelden Dominik Brunner abzusitzen hätten, der bei dem Versuch, Schulkinder vor zwei Rowdys zu schützen, zu Tode gekommen und darüber zum (bürgerlichen) Märtyrer avanciert war; allerdings, wie Zeugen aussagten, als erster zugeschlagen hatte und im übrigen herzkrank war. »Keine der 22 Verletzungen, die ihm die Angeklagten zugefügt hatten, wäre für einen gesunden Menschen tödlich gewesen«, was beim Strafmaß »einen gewaltigen Unterschied hätte machen müssen, nämlich den zwischen Mord bzw. Totschlag und schwerer Körperverletzung mit Todesfolge« (Kathrin Hartmann). Allerdings nur dann, wenn, Stichwort Klassenjustiz, auch vor Gericht nicht sorgfältig zwischen uns und denen unterschieden würde; und wenn einer von uns, ein Berliner Gymnasiast, einen 29jährigen beinahe totschlägt, ihm eine volle Colaflasche ins Gesicht krachen lässt und dem Bewusstlosen noch mehrmals ins Gesicht tritt, dann gibt's ein bisschen Jugendstrafe, und der *Tagesspiegel* fühlt mit: »Das Verfahren hat nicht den Täter zum Opfer gemacht, sondern aus dem Monster einen Menschen« – »soviel Empathie können Journalisten haben – allerdings nicht für jeden, nicht für Unterschichtmonster wie Markus S. und Sebastian L.« (Hartmann).

Als der Grüne Kuhn in Stuttgart Bürgermeister geworden war, durfte der Soziologe Bude für die *Süddeutsche* die »neue Bürgerlichkeit« erklären: »Es gibt einen neuen

Bedarf nach Solidaritätsideen, nach Teilhabe, nach Aufmerksamkeit, nicht nach diesem siegesgewissen Selbstdurchsetzen.« Begriffe wie Solidarität kehrten wieder, »genau aus diesem Milieu«. Die Redaktion machte daraus zielgruppengerecht die Titelzeile: »Solidarität zählt wieder«; dabei hatte ihr Gesprächspartner genaugenommen das Gegenteil gesagt: »Bürger zu sein heißt, eine Art von ständischer Verpflichtungsstruktur zu haben, also mit Leuten der eigenen Art gut auskommen zu können.«

Und die Artfremden, eben: draußen zu halten.

Dezember 2012

Wer Juden hasst, bestimme ich

Jakob Augstein im Dialog mit einer Gesellschaft, der er aus der Seele spricht

»Der Jude ist die menschgewordene Lüge.«
Joseph Goebbels

Dass Theodor W. Adorno *Spiegel online*, den *Freitag* oder ähnlichen Käse läse, könnten wir auch dann ausschließen, wenn der Meister noch lebte; er erführe ja auch nichts, was er nicht schon wüsste: »Ein besonders hintersinniges Argument ist: ›Man darf ja gegen Juden heute nichts sagen.‹ Es wird sozusagen gerade aus dem öffentlichem Tabu über den Antisemitismus ein Argument für den Antisemitismus gemacht: wenn man nichts gegen die Juden sagen darf, dann – so läuft die assoziative Logik weiter – sei an dem, was man gegen sie sagen könnte, auch schon etwas daran. Wirksam ist hier ein Projektionsmechanismus: dass die, welche die Verfolger waren und es potentiell heute noch sind, sich aufspielen, als wären sie die Verfolgten.«

Genau ein Halbjahrhundert ist Adornos Vortrag »Zur Bekämpfung des Antisemitismus heute« alt, doch »heute« ist noch längst nicht gestern. Aus der *Spiegel-online*-Kolumne des Inhabers der Wochenzeitschrift *Freitag*, Jakob Augstein, vom 26. November 2012: »Jeder Kritiker Israels muss damit rechnen, als Antisemit beschimpft zu werden. Das ist ein gefährlicher Missbrauch des Begriffs. Im Schatten solch falscher Debatten blüht der echte Antisemitismus.« Abgesehen davon, dass Blüte meist den Sonnenschein bevorzugt – übersetzen wir uns das: Antisemitismus entsteht aus dem Vorwurf, einer sei Antisemit. Es ist also besser, mit diesem Vorwurf soweit als möglich hinterm Berg zu halten, um Antisemitismus nicht zu befeuern. Antisemitismus ist also nicht erst dann aus der Welt, wenn niemand mehr was gegen Juden hat, sondern wenn man was gegen Juden haben darf, ohne fürchten zu müssen, als Antisemit beschimpft zu werden. Großdeutschland unterm »Nazi-Regime« (*Der Spiegel*) war also nicht antisemitisch. Wir hatten es geahnt.

Dass Augstein ein »lupenreiner Antisemit« sei, hatte Henryk M. Broder in einem vielbeachteten Ausfall bereits vermutet, dabei aber übersehen, wie sehr es dem smarten Verleger um Israel geht: »Immer häufiger wird Israels Besatzungspolitik mit dem Antisemitismus-Argument gegen jede Kritik in Schutz genommen. Dadurch verliert der Begriff seine Bedeutung und das Thema seine Würde. All das nützt den wirklichen Judenfeinden – und es schadet Israel.« »Immer häufiger« schreiben Journalisten, wenn sie zu faul oder nicht in der Lage sind, ihre Behauptungen zu belegen, zum Beispiel die, Israels Besatzungspolitik werde landauf, landab mit einem sog. Antisemitismus-Argument in Schutz genommen. Nun ist es aber eine verwegene, geradezu übergeschnappte These, es gäbe ausgerechnet in Deutschland, wo »Israelkritik« Volkssport ist und ein Krieg, der mit Hamas-Raketen auf Tel Aviv begann, medial eine arabische Opfergeschichte war, überhaupt so was wie eine projüdische, proisraelische Front; und wer immer Verständnis dafür hätte, dass die Führer eines Volks, das vor nicht einmal drei Generationen der Auslöschung knapp entronnen ist, es im Umgang mit einem anderen Volk, dessen Führer eine solche Auslöschung nach wie vor befürworten, mitunter an Rücksicht und Einfühlungsvermögen fehlen lassen, nimmt tatsächlich Israel in Schutz, indem er es gegen den Vorwurf verteidigt, es sei ein imperialistischer Zionistenverein. Es wäre dies also tatsächlich ein Antisemitismus-Argument, aber eines, das den real existierenden, mörderischen Antisemitismus der arabischen Welt in Rechnung stellt.

Aber Augstein, der, eine Berufskrankheit, die Gedanken, die er nicht hat, auch nicht ausdrücken kann, will auch was ganz anderes mitteilen; dass er nämlich der Sohn seines Vaters ist und weiß, welchen Schaden Moralkeulen anrichten: »Und da liegt das Problem: Je häufiger der Antisemitismus-Vorwurf für kurzfristige, politische Zwecke eingesetzt wird, desto irrelevanter wird er. Der Prozess hat schon längst begonnen: Früher war es eine Schande, für einen Antisemiten gehalten zu werden. Inzwischen muss man solchen Vorwurf nicht mehr ernst nehmen. Im Meer der hirn- und folgenlosen Injurien des Internets geht auch diese Beschimpfung einfach unter.« Früher war es eine solche Schande, für einen Antisemiten gehalten zu werden, dass Antisemiten am Rande der Gesellschaft als Richter, Industriekapitäne, Bundeskanzler oder -präsidenten vegetieren mussten; heute kann man seine Neigung wieder offen leben, weil Injurien im Internet untergehen bzw. in *Spon*-Kolumnen wandern, wo sie als Beweismittel für anti-antisemitische Tücke noch gute Dienste leisten: »*Augstein, du bist und bleibst eine antisemitische Dreckschleuder. PS: immer schön aufpassen, wenn du über die Straße gehst.* Diese Nachricht erreichte den Autor vor kurzem über Facebook. Das Netz ist voller Wut und Wahnsinn. Aber dieser Angriff ist typisch für eine gefährliche Tendenz: Der Antisemitismus-Vorwurf wird inflationär gebraucht. Und er wird missbraucht.«

Von wem, darf man sich denken.

Der Vorwurf des Antisemitismus, von Israel und seiner

fünften Kolonne für kurzfristige, politische Zwecke eingesetzt, ist nämlich bloß da irrelevant, wo er nicht »auf den Vorwerfenden zurückfällt«, und wenn laut letztem regierungsamtlichen Antisemitismusbericht jeder Fünfte was gegen Juden hat und 40 Prozent glauben, der Jude ziehe Vorteil aus der Shoa, dann liegt das laut Augstein an der ewig vorwurfsvollen Holocaust-Industrie: »Das Gedenken an den Holocaust wird zu niedriger Münze verkauft. Das Traurige ist: Am Ende bleibt nur ein Achselzucken. Inflationärer Gebrauch führt immer zur Entwertung.« Dass am Antisemitismus der Semit schuld ist, ist bekannt; um so trauriger, wenn er nichts draus lernt: »Als Südafrika beschloss, allen Importgütern aus israelischen Siedlungen im Westjordanland die Kennzeichnung ›Made in Israel‹ zu verweigern, bestellte das israelische Außenministerium den südafrikanischen Botschafter in Jerusalem ein. Ein Sprecher des Ministeriums sagte: ›Das erinnert an Ideen rassistischer Natur, die besonders die südafrikanische Regierung sofort zurückweisen sollte.‹ Wie soll man diese Argumentation nennen?« »Eine aus Schaden unkluge« wäre eine Möglichkeit, aber ein Schelm, wer nicht das Böseste dabei denkt:

»Die Israelis nutzten das rhetorisch-politische Mittel der Inversion, der Umkehrung: Die Kritik an der eigenen Unterdrückung der Palästinenser wird selbst in einen rassistischen Zusammenhang gestellt. Und das im Dialog mit einer Gesellschaft, die ihrerseits Zeuge und Opfer furchtbarer rassistischer Verbrechen wurde. Man kann diese Argumentation nur zynisch nennen. Aber die Verteidiger der israelischen Machtpolitik«, in Deutschland bekanntlich die große Mehrheit, »werden auch diesen Befund als antisemitisch abtun.« Quod non licet bovi, licet aber den guten Deutschen, sich als Angehörige eines Volks, das

Zeuge und Opfer furchtbarer rassistischer Verbrechen wurde, im Dialog mit Israel in der Pflicht zu sehen, auf die dortigen SS-Methoden mit besonderem Eifer hinzuweisen, was man zynisch nennen müsste, wären an der mit 50 Millionen Toten nicht zu teuer erworbenen deutschen Superiorität in Moralfragen noch etwa Zweifel möglich.

»Es geht bei diesen Auseinandersetzungen in Wahrheit um politische Interessen und Werte. Aber die vorgeblichen Freunde Israels sind bereit, für ihre politischen Interessen einen hohen Preis in Kauf zu nehmen: die Ernsthaftigkeit der Antisemitismus-Debatte.« Die Gender-Forscherin Judith Butler, die Hamas und Hisbollah, Organisationen, die dem Staat Israel den Tod wünschen, als »progressive soziale Bewegungen« und »Teil der globalen Linken« belobigt hat, *kann* in dieser Logik keine Antisemitin sein, eben weil Juden im In- und Ausland aus Gründen des politischen Interesses nicht einverstanden waren, dass solche Überzeugungen mit dem Frankfurter Theodor-W.-Adorno-Preis geehrt werden. Und wenn man Antisemitin gar nicht sein kann, verschlägt es auch nichts, wie eine zu reden: »Man versucht, diejenigen, die eine kritische Auffassung vorbringen, zu dämonisieren und so ihre Sichtweise zu diskreditieren. Es handelt sich um eine Taktik, die darauf abzielt, Menschen zum Schweigen zu bringen: Was immer man sagt, es ist von vornherein abzulehnen oder so zu verdrehen, dass die Triftigkeit des Sprechakts geleugnet wird.« Hier gibt es aber, sorry, nichts zu dämonisieren: »I think: Yes, understanding Hamas/Hezbollah as social movements that are progressive, that are on the left, that are part of a global left, is extremely important« (Butler), und wenn der Zentralrat protestiert und die israelische Presse vom Versuch spricht, Israel zu delegitimieren, dann wird überhaupt nicht die Triftigkeit des Sprechakts geleugnet, sondern die Triftigkeit dessen, was der Sprechakt hinterlässt.

»Darauf spekuliert tatsächlich einer der wesentlichen Tricks von Antisemiten heute: sich als Verfolgte darzustellen; sich zu gebärden, als wäre durch die öffentliche Meinung, die Äußerungen des Antisemitismus heute unmöglich macht, der Antisemit eigentlich der, gegen den der Stachel der Gesellschaft sich richtet, während im allgemeinen die Antisemiten doch die sind, die den Stachel der Gesellschaft am grausamsten und am erfolgreichsten handhaben« (Adorno, a.a.O.). Dass die Juden uns den Mund verbieten, ist das Gerücht über die Juden, das nach Adorno der Antisemitismus ist. Wer glaubt, dass es wahr sei, ist ein Antisemit. Augstein ist einer.

Januar 2013

Die rechte und die linke Hand des Teufels

Gauck, Göring-Eckardt und das Pfarrhaus als Herzensheimat: Zur christlich demokratischen Anatomie eines guten Landes

Arsch

An der »schamlos arschlöcherigen Gegenwart des neueren Deutschland« (Magnus Klaue) gefällt vor allem seine Dickfelligkeit: dass niemandem noch etwas auffällt. Da reist der Gauck als erster Bundespräsident überhaupt nach Oradour-sur-Glane, dem französischen Flecken, den die Waffen-SS 1944 per MG und Streichholz fast restlos entvölkerte (und der sich deshalb deutschen Besuch jahrzehntelang verbat), nennt ein »barbarisches, zum Himmel schreiendes Verbrechen« beim Namen und besteht aber darauf, dass auch dies, wie alle Himmelsgaben, sein Gutes habe: »Aber aus der ernsthaften Auseinandersetzung mit dieser bitteren Geschichte haben die Menschen in Deutschland die Kraft gewonnen, mein Heimatland zu einem guten Land zu machen.« Ohne Oradour keine Auseinandersetzung, ohne Auseinandersetzung keine BRD als »stabile Demokratie und eine Kraft des Friedens«, die »Europa bauen, nicht beherrschen« will – sinnlos sind die 642 Männer, Frauen und Kinder also nicht gestorben, sondern sozusagen für Deutschland, wie Lehrjahre auf dem Weg zur Zivilgesellschaft nun mal Herrenmenschenjahre sind; und wer kann im Ausland wirklich ermessen, wie weh dieser Gesellschaft ihre schmerzhafte Auseinandersetzung als »eine der Triebfedern ihrer Fortentwicklung« (Gauck) getan hat? »In einem schwierigen Prozess begann die junge Generation dann hartnäckig nachzufragen. Die Nachgeborenen suchten das Gespräch mit den Älteren. Sie fragten, sie stritten, sie klagten an – ihre Eltern, ihre Großeltern, ihr Land. Sie forschten nach den geistigen Bedingungen jener Zeit und wollten wissen, warum sich ihre Eltern und ihre Anverwandten auf persönliche Unschuld beriefen«, auf dieselbe Unschuld, die heute die Nachgeborenen zu Forschungsprojekten wie »Unsere Mütter, unsere Väter« (»Wir polnischen Partisanen ertränken Juden wie Katzen«) inspiriert. Weshalb nach diesem schwierigen, jahrzehntelangen Auschwitzprozess von »Nazi-Verbrechen« (*Süddeutsche Zeitung*, 4.9.), einer »Tragödie« (J. Gauck, Oradour) bzw. der »Tragödie des Weltkriegs« (*SZ*) die aufgeklärte Rede sein kann und Oradour als »Ort deutscher Schande« (tagesschau.de) heim ins Reich der guten Menschen geholt wird, das deshalb alles Recht hat, seinen Präsidenten auf demselben Staatsbesuch auf »Reformen nach Vorbild Schröder« (*Die Welt*) drängen zu lassen. »Gauck versicherte, er empfinde ›tiefes Entsetzen‹« – auch hier spricht das ewig schlechte Pressdeutsch wieder wahr, wenn es den Gauck etwas versichern lässt, was doch keiner Versicherung bedürfte, bestünden irgendwelche Zweifel, dass es tatsächlich ums Entsetzen geht und nicht etwa darum, per Zerknirschung über die imperialen Sauereien von gestern die imperialen Sauereien von morgen vorzubereiten.

Backe

Aber Reue ist halt immer gut, weshalb es der bündnisgrünen Spitzenfrau und Thüringer EKD-Trine Katrin Göring-

Eckardt als auch ästhetisch plausibler Inkarnation »bedingungsloser Durchschnittlichkeit« (Heiko Werning) wie des zeitgenössischen KKK-Biedermeiers – Kinder, Kirche, Kapital – auch gar nicht verdacht werden soll, dass sie ihre Meinung zu ebenjenen rotgrünen Agendareformen, die sie in der eigenen Fraktion einst höchstpersönlich als »mutig«, »notwendig« und »Bewegungsangebot« für Faulärsche beworben hatte und gegen die zu protestieren einem den Ehrentitel »Besitzstandswahrer« eintrug, plötzlich gar nicht mehr so schau findet, ja recht eigentlich nie gefunden hat: »Mittlerweile«, wusste *Spiegel online* schon, als Göring-Eckardt eben erst zur Kandidatin gekürt worden war und die mutige und notwendige Neupositionierung, weil Hartz IV halt doch an Schwung verloren hatte, bereits lief, »kritisiert sie jedoch Hartz-IV-Sätze und Mängel in der Arbeitslosenförderung.« Und tat aber nicht Buße, sondern hielt lieber, das Evangelium zu ihren Gunsten interpretierend, eine andere Backe hin: »Andererseits machte sie … im anlaufenden Bundestagswahlkampf 2013 nicht eigene Versäumnisse oder Fehler für das Scheitern der Agenda verantwortlich, sondern vielmehr die damalige Unionsmehrheit im Bundesrat. Dieser sei es letztendlich anzulasten, dass es bei den Hartz-Gesetzen zu unsozialen Härten gekommen sei« (Wikipedia), die in den Hartz-Gesetzen nämlich sowenig vorgesehen waren wie z.B. die unsozialen Härten der Waffen-SS in der deutschen Weltkriegsführung, die von Streit und Anklage freizustellen bekanntlich die eigentliche Triebfeder der deutschen Nachkriegsgeschichte gewesen ist.

Jedenfalls gilt die frühere Reformfreundin Katrin Göring-Eckardt jetzt lt. bündnisgrüner Geschäftsführerin Lemke als »Anwältin der Ärmsten« und plakatiert sich so obszön wie marktgerecht mit dem Slogan »Mut gegen Armut«, wie es nämlich ein deutsch-christlicher Charakterzug ist, sich erst mit den Untaten zu brüsten und dann mit ihrer Bewältigung.

Magen

Und in der Folge eben nichts weiter als symptomatisch, dass ein derart charakterloses Volk die Regel, wonach bürgerliche Demokratie das dialektische Verhältnis von dumm und dümmer ist, aus dem Effeff und immer wieder mit Leben füllt, wie die idiotischen Zetereien um den sog. »Veggie Day« bewiesen, deren Dumm-Höhepunkt mit der Demo von jungliberalen und Jungunions-Rindviechern, die vor der Berliner Parteizentrale der Grünen Bratwurst fraßen – »Sie fordern: ›Burgerrechte stärken‹« (*Bild*) – zwar rasch erreicht war; aber dass vor dem Fressen das Ressentiment kommt, wusste Springers sonntägliches Bollwerk des christlichen Abendlandes so gut wie die gläubige Spitzenkandidatin der deutschen Studienratspartei, die freilich partout keine pädagogische sein will; nicht dass am Ende wer was lernt! »*Welt am Sonntag*: Viele halten die Grünen nun für eine Pädagogenpartei. Eine, die den Menschen sagt, was sie tun sollen. – Göring-Eckardt: Darum geht es uns nicht, und mir persönlich schon gar nicht. Ich bin in der DDR aufgewachsen. Dort meinte die Nomenklatura immer schon zu wissen, was gut für einen ist. So etwas will ich nie wieder ertragen.« Hier weiß es gottlob *Bild* (»Wut und Spott über die grüne Gaga-Idee«), aber es ist, anders als eine Jugend in der Ostzone, erträglich, weil das ganze Land ein einziger Gesprächskreis ist: »Es ist wichtig, dass wir alle uns Gedanken machen über unser Zusammenleben und eben auch Fehlentwicklungen korrigieren. Also muss man offen über die Folgen von Massentierhaltung reden«, so wie man offen über Mietwucher, Waffenexport oder Marktwirtschaft reden muss, damit man sie nicht zu verbieten braucht.

Darm

»Lieber einmal in der Woche freiwillig Spinat mit Ei als jahrelang unfreiwillige Überwachung durch die NSA« – mit diesem Gedankenblitz geradezu Lutherscher Strahl- und Überzeugungskraft überraschte die langjährige Pfarrersfrau dann in der letzten Bundestagsdebatte der 17. Legislaturperiode, und kein Wunder, dass die »grüne Christin« (*SZ*) mit der Rhetorik einer frisch Gekreuzigten längst als »grüne Merkel« (*FAZ*) firmiert, welch letztere in derselben Debatte dem Oppositionshohn mit frischauf-fröhlicher und darin fast Kohlesker Christlichkeit begegnete, auf die angesichts des völligen ideellen Stillstands halt keinesfalls verzichtet werden kann: »Es ist eines Ihrer Probleme, dass Sie sich dauernd nicht freuen können über die Erfolge in Deutschland. Das mögen die Deutschen nicht.«

Nein, das mögen sie nicht, sowenig wie eine Autobahnmaut, die mit Merkel nicht kommt, obzwar diese Maut so vernünftig wäre wie ein, zwei, viele Veggie-Days oder ein Tempolimit oder die Schule für alle, weswegen sie das alles nicht kriegen, denn der Menschen Wille ist, Zufälle gibt's, ihr Himmelreich, und was sie wollen sollen, das schreibt ihnen kein Politbüro mehr vor. Also wollen sie Fernreisen, Sportschau und Elektrokrempel, und wenn sich da was fehlentwickelt, dann sprechen wir drüber. Die Markt- als Medialdemokratie ist, im doppelten Sinne, eine Quatschveranstaltung, und da trifft es sich gut, dass das aktuelle Deutschland ein vulgär protestantisches ist, in dem sich Gottes Wohlgefallen in der Doppelgarage zeigt und seine Barmherzigkeit in der Suppenküche, die einzurichten der »selbst für grüne Verhältnisse linken Sozialpolitikerin« (*FAZ*) einmal – »laber, laber, laber« (Strunk) – als »Frühling der Erneuerung« galt und die nun plötzlich abzuschaffen schon wieder was mit »Mut zur Veränderung« zu tun hat; während der »Mut zu Veränderungen«, den der kriminelle Schwätzer Gauck spazieren führt, wenigstens konsequent den paneuropäischen Minijob will.

Es ist nur folgerichtig, dass diese Gesellschaft als eine der organisierten Gewissenlosigkeit sich von protestantischem Gschwerl dirigieren lässt, das den Souverän von rechts wie halblinks beseelsorgt, auf dass es dem das Herz hebe und niemand über eine Veränderung nachdenkt, die solche Figuren in die Produktion schickt. »Er weiß berufshalber von anderen Dingen als nur von Fleisch- und Benzinpreisen. Er ist ein Experte nicht fürs Haben, sondern fürs Sein«, lobte Pfarrer Schorlemmer den Pfarrer Gauck, als dieser Staatsoberhaupt werden sollte, und die *Zeit* freute sich lesbar, vom »Pfarrhaus als Herzensheimat« schwärmen zu dürfen: »In der deutschen Geistesgeschichte steht es efeubewachsen, fliederüberblüht, eichenbewacht da und repräsentiert auf sentimentale Weise die Anschlussfähigkeit christlicher Tugenden für die Neuzeit.«

Sie sieht danach aus, die Neuzeit.

Oktober 2013

Deutscher Konsens

Asyl für Snowden, Freiheit für Deutschland: Über den *Spiegel* und andere völkische Beobachter

»Und nicht über und nicht unter
Andern Völkern wolln wir sein
Von der See bis zu den Alpen
Von der Oder bis zum Rhein«

Brecht, Kinderhymne

Sie haben es geschafft. Sie haben den Kopf gebeugt und Stolpersteine verlegt, haben Schuld bekannt und Schulen nach Anne Frank benannt, haben ihre höchsten Repräsentanten nach Yad Vashem geschickt, um sie »beeindruckt und auch im Namen Deutschlands mit tiefer Scham erfüllt« der »einzigartigen Vorfälle« gedenken zu lassen (Merkel), »und jedesmal sich an die Brust geschlagen bei Auschwitz, Maidanek und Holocaust und pipapo« (Degenhardt), und wer einen Schlussstrich wünschte, der musste am Stammtisch bleiben, während sich »das moderne Deutschland« (SPD, 1969) zusehends als reuiger Schuldverwalter des untergegangenen Reiches aufführte; denn wo man Fußballweltmeister schon war und Weltherrschaftsmeister nicht hatte werden dürfen, wollte man nun als Moralweltmeister reüssieren, und zwar aus guten Gründen, denn Geschäfte mit Mördern macht niemand gern: »Der damalige Generalbevollmächtigte der Dresdner Bank, Manfred Schaudwet«, erinnert sich der Bundeswehrprofessor Wolffsohn in der *FAZ*, »erklärte mir 1997, nachdem ich mein Desinteresse an der Erforschung der

NS-Geschichte seines Kreditinstituts signalisiert hatte, rundheraus: Die Dreba lasse ihre Vergangenheit nur deshalb aufarbeiten, weil sie in der Zukunft an der amerikanischen Ostküste, wo viele Juden lebten, gute Geschäfte machen wolle. Je trockener die Studie, desto besser.« Und je länger die Lichterketten, desto verzeihlicher im importierenden Ausland die nach der wiedergewonnenen Einheit des Vaterlandes totgeschlagenen Neger, und die Mahnwachen standen stramm, »dass die Völker nicht erbleichen / Wie vor einer Räuberin / Sondern ihre Hände reichen / Uns wie andern Völkern hin« (Brecht a.a.O.).

Und jetzt ist es vollbracht, und ein Gratisglas Fassbrause für den Verschwörungstheoretiker, der beweisen kann, Merkel habe in voller Absicht ein abhörfreundliches Uralthandy in Gebrauch gehabt, damit der Ami in diese Falle beizeiten hineinlaufe; denn so dunkel sind des Yankees Ränke, dass das aufrechte Deutschland kaum heller davor strahlen könnte: »Deutschland schaut, wahrscheinlich zum ersten Mal seit 1945, mit einem Gefühl der politischen, ökonomischen und moralischen Überlegenheit auf die USA: Wir können das besser, und wir sind besser«, und wie hier in der *Zeit* waren's nicht ohne Grund die sich linksliberal spreizenden Presshumanisten, die, während die Transatlantiker von der *Frankfurter Allgemeinen* über »Moralapostel« und die »Ritter der Cyber-Empörung« spotteten, mit Wut und Trauer von der undeutsch-amerikanischen »Dreistigkeit« Mitteilung machten, »ins Innerste des deutschen Staates« (ebd.) vorgedrungen zu sein, und jedenfalls »Staatskriminalität« (Prantl, *SZ*) am Werke sahen. Weswegen Edward Snowden, dem »Flüchtling, wie er im Buche steht« (ders.), mindestens freies Geleit, besser noch Asyl gewährt werden müsse, wie auch und vor allem der *Spiegel* fand, der auf dem Titel, dreist genug, »Asyl für

Snowden!« forderte. Asyl für »Deutschlands mutigsten Verbündeten« nämlich, und so unfreiwillig die beliebte Newsillustrierte damit Gremlizas alten Gedanken vom Kalten Krieg zwischen der Neugroßmacht Deutschland und der Altsupermacht USA, die sich bekanntlich »im Niedergang« (*Die Zeit*) befindet, bestätigte – denn wozu braucht man einen Verbündeten, wenn nicht im Kampfe? –, so freudig annoncierte sie eine Welt, die Snowden und seine prospektive neue Heimat, die sich mit so was ja auskennt, »nachhaltig verändern« sollen. »Wiegt die Furcht vor dem Zorn Amerikas über die Aufnahme Snowdens am Ende schwerer als der dringende Wunsch nach Aufklärung, den der Bundestag, die Vertretung des deutschen Volkes« – sie reden wie sie fühlen: national – »äußert? Mit ihrem Selbstverständnis als moderner, aufgeklärter und souveräner Rechtsstaat könnte die Bundesrepublik dies kaum vereinbaren«, die mit ihrem modern-aufgeklärten Selbstverständnis nämlich nur ihre restriktive Asyl-, schikanöse Sozial-, imperiale Europa- und permissive Waffenexportpolitik vereinbaren kann. »Und wenn die Empörung der deutschen Regierung über das Überwachen deutscher Bürger und ihrer politischen Führung nicht gespielt ist, kann sie jenen Mann, ohne den man all das gar nicht wüsste, eigentlich nicht abweisen«, den Mann, ohne den der Klaus Brinkbäumer als stellvertretender *Spiegel*-Chef halt nicht den großen Verteidigungskrieg zum Schutze der abendländischen Kultur fordern könnte (»Die USA als Gegner – wie Deutschland sich wehren muss«), wie er nun einmal der Deutschen liebster ist: »Die USA greifen die Freiheit, die Werte und die Zukunft des Westens an … Damit soll den USA ein Vorteil entstehen und dem Rest der Welt, Deutschland inklusive, ein Nachteil … Undenkbar, dass der BND in Washington von der Deutschen (*sic!*) Botschaft aus das Weiße Haus abhört … Wenn das Telefon der Kanzlerin nicht mehr sicher ist, ist nichts mehr sicher. Wer so weit geht, dieses Telefon abzuhören, kann nur von narzisstischem Größenwahn getrieben sein«, wie er sich von der narzisstischen Kränkung halt schon sehr unterscheidet, »von der Vorstellung nämlich, Rechte zu haben, die andere nicht haben, von dem Gefühl, so großartig zu sein, dass alle anderen es schlicht verstehen müssen, wenn man sie erniedrigt. Denn das tun die Amerikaner ja: Sie demütigen die Kanzlerin, sie lassen Angela Merkel bloßgestellt, klein und blamiert zurück, ohnmächtig vor allem«.

Da nimmt es »angesichts des Jammers der jetzigen Erniedrigung« (Hitler, »Mein Kampf«, S. 244) nicht wunder, wenn das deutsche Volk »die Ohnmacht unseres Vaterlandes« (ebd., S. 695) als »Protektorat« (Enzensberger, *Der Spiegel* 45/2013, S. 145) der amerikanischen Ostküste nicht länger leiden will und sich fanatisch gegen deren »Chuzpe« (Brinkbäumer) wehrt, die dem Rest der Welt von Nachteil ist; und so erschütternd wie notorisch, mit welcher Willfährigkeit »51 Prominente aus Kultur, Politik und Gesellschaft« sich im selben *Spiegel* vor den völkischen Karren spannen ließen: »Nun ist es an der Zeit, Amerika klarzumachen, dass es so nicht geht« (Imke Duplitzer, 38, Fechterin); »Edward Snowden gehört nicht zu Putin, er gehört zu uns« (Monika Maron, 72, Schriftstellerin); »Ich halte ihn für einen ernsthaften Bundesverdienstkreuz-Anwärter« (Oliver Welke, 47, ZDF-Moderator), wie ein größerer Dienst am Vaterland, als es dem Ami jetzt endlich einmal heimzuzahlen und ihn evtl. sogar mit einem Super-Rapallo abzustrafen (Brinkbäumer: »Freihandelszone mit Russland oder China«, den bekanntlich lupenreinen, überwachungsabstinenten Demokratien), schlicht nicht denkbar ist.

Deutschland, das Land, dem es nie sonnig genug sein kann, soll, geht es nach seinen Freiheitssängern, aus dem amerikanischen Schatten, und wie sinnlos wären die Opfer von Auschwitz, von Bautzen gar, wenn sie der nationalen Selbstbestimmung nicht füglich auf die Füße hülfen; Daniel Kehlmann, 38, Volksschriftsteller: »Die deutschen Diktaturen des 20. Jahrhunderts haben uns gelehrt, welche Gefahren potentiell darin liegen, wenn große Mengen von Informationen ohne öffentliche Kontrolle gesammelt werden. Daher wäre Deutschland prädestiniert dafür, einem Whistleblower, der der Öffentlichkeit über Art und Umfang der enormen Datensammlung Auskunft gegeben hat, einen Zufluchtsort zu bieten«, und sei es nur, um den braven BND wettbewerbsfähig zu machen, der es vor lauter Gesetzes- und Menschenrechtstreue bislang bloß zu kleineren Achtungserfolgen gebracht hat (»Geheimdienst GCHQ lobt deutsches Können – BND soll Briten bei Spionagetechnik geholfen haben«, focus.de). Vom »Schauspiel, wie der Intellekt auf das Schlagwort einschnappt, wenn die Persönlichkeit nicht die Kraft hat, schweigend in sich selbst zu beruhen« schrieb Karl Kraus zu Beginn des Ersten Weltkriegs, »und die Aufopferung der führenden Geister ist so rapid, dass der Verdacht entsteht, sie hätten kein Selbst aufzuopfern gehabt, sondern handelten vielmehr aus der heroischen Überlegung, sich dorthin zu retten, wo es jetzt am sichersten ist: in die Phrase.« Z.B. die übel wirksame vom per Massenmord geläuterten, sich erfahrungshalber im ewigen Moralplus befindlichen Deutschland, die unsere heutigen Etappendichter »als freiwillige Kriegsdienstleistung« (Kraus) wider einen Exfreund in Verkehr halten, dessen Freundschaft zuletzt eher lästig gewesen ist: »Wann … haben wir uns zum letzten Mal wie Freunde verhalten, wie echte Freunde, die nicht lange zögern, sondern helfen? … Vor mehr als zehn Jahren war das, in Afghanistan, weil wir mussten« (*Zeit*) und die amerikanische Weltverschwörung (»Das Internet ist Amerikas Welt, wir leben nur darin«, *Süddeutsche*) die Völker nicht fragt, ob sie für die Interessen der Wall Street das Blut ihrer Söhne vergießen wollen oder lieber nicht.

An Snowdens »so lauterer Gesinnung, wie man sie sich nur wünschen kann« (Prantl) muss nicht zweifeln, wer seine Vereinnahmung durch deutsche Patrioten »in einem deutschen Konsens« (ders.) mit Ekel zur Kenntnis nimmt, und ist er auch »ein Held« (Silvia Bovenschen, 67, Schriftstellerin), so sei er kein deutscher. Denn ein deutscher Held ist per se das Gegenteil.

Dezember 2013

Schafe im Schafspelz

oder Der Papst ist in der SPD: Über die Barmherzigkeit des Mindestlohns

»Man sollte aber niemals moralische und physische Revolutionen und Entwickelungen zu nahe aneinander stellen.«. Jean Paul

Der Fußballreporter Béla Réthy ist, wer Sport schaut, weiß das, eine eminente Null, was aber nicht heißt, dass seine Berichterstattung (»Portugal spielt heute mit sechs Ausländern«) nicht ihren Informationswert hätte; es ist ganz einfach so, dass immer das Gegenteil richtig ist. Hat Réthy ein Foul gesehen, war's eine Schwalbe, entscheidet er auf Abseits, war es keins. Wer das in Rechnung stellt, muss sich als Zuschauer nicht fehlinformiert vorkommen.

Auf ähnliche Weise schlau wird man aus Qualitätspressverlautbarungen, die seit der sog. Finanzkrise den schlimm taumelnden Kapitalismus als Schweinerei ausmalen: »Denn wenn die öffentliche Hand nicht vorschreibt, dass auf einem Areal zu einem gewissen Anteil auch günstiger Wohnraum entstehen soll oder Gewerbeflächen für Kleinunternehmer, dann wird die Immobilienwirtschaft beides verdrängen. Die Marktlogik kennt schließlich kein soziales Gewissen«, wusste das Leitblatt der unbedingt sozialen Marktwirtschaft, die *Süddeutsche Zeitung*, in einem empörten Feuilleton über Innenstädte in Investorenhänden, und Antonia Baum (*1984), bei der *Frankfurter Allgemeinen Sonntagszeitung* fürs juvenile Löcken zuständig, fasste den Begriff Prostitution auf nicht ungescheite Weise weit: »An der Kasse sitzen, putzen, Leuten irgendwelchen Mist andrehen, bei Douglas oder so, auf stupideste Weise dieses menschenfeindliche kapitalistische Drecksrad am Laufen halten – ist das nicht auch total schädlich für den Kopf? Macht das irgendwer echt freiwillig? Und ist das nicht eine absolut zulässige Frage, wenn man Zwangsprostitution, Menschenhandel und Prostitution trennt?« Wie wiederum die Münchner Konkurrenz ihrer wachsenden kritischen Distanz durch Titelschlagzeilen wie »Trotz Jobwunders wächst die Armut« Ausdruck verleiht, die als Aufklärung und revolutionär zu buchen sich nur deshalb verbietet, weil die Präposition natürlich falsch und gelogen ist.

Denn die Armut wächst ja nicht trotz, sondern wegen eines Jobwunders, das die Zahl der Schrott- und Kleinjobs vervielfacht hat, wie man sich auch von offizieller Stelle um die splitternackten Tatsachen nicht mehr drücken kann: Der jüngste einschlägige Bericht des Statistischen Bundesamts, mitverantwortet vom Wissenschaftszentrum Berlin (WZB) und der Bundeszentrale für politische Bildung, belegt, »dass viele Menschen in der Armutsfalle feststecken: 40 Prozent derjenigen, die 2011 als gefährdet eingestuft wurden, lebten schon vier Jahre vorher in dieser prekären Lage. Im Jahr 2000 lag diese Quote noch bei 27 Prozent. ›Die dauerhafte Armut hat zugenommen‹, sagte der WZB-Forscher Roland Habich« (*SZ*), nach dessen Erkenntnissen die Opfer dieser Ordnung bis zu elf Jahre früher sterben als deren Nutznießer. Häufiger krank und schlechter versorgt: arm dran *und* Arm ab.

»Diese Wirtschaft tötet«, verdichtete der neue Armenpapst Franzl-Bergoglio diesen Sachverhalt ins Allgemeingültige und ließ in einem weithin als »Regierungserklärung« aufgefassten »Lehrschreiben« seinem »leftist view of free markets« (*Forbes Magazine*) in geradezu Marxscher Verve die Zügel schießen: »Heute spielt sich alles nach den Kriterien der Konkurrenzfähigkeit und nach dem Gesetz des Stärkeren ab, wo der Mächtigere den Schwächeren zunichte macht. Als Folge dieser Situation sehen sich große Massen der Bevölkerung ausgeschlossen und an den Rand gedrängt: ohne Arbeit, ohne Aussichten, ohne Ausweg. Der Mensch an sich wird wie ein Konsumgut betrachtet, das man gebrauchen und dann wegwerfen kann … Die Ausgeschlossenen sind nicht ›Ausgebeutete‹, sondern Müll, ›Abfall‹.« In welchem Sinne der Koalitionsvertrag zwischen Union und Sozialdemokraten – notabene jenen Parteien, die in früherer Regierungsverantwortung den Menschen an sich im Sinne der Standortsicherung zum Wegwerfprodukt erklärt hatten – als Maßnahmenpaket zur Müllvermeidung gelten muss: »Die Große Koalition hat einen Koalitionsvertrag für die kleinen Leute geschrieben« (Gabriel), und wer gegen alle Erfahrung SPD gewählt hat, um eine gute sozialistische Entwicklung anzustoßen, darf sich freuen über Mietpreisbremse, Mindestlohn und mehr Geld für Leiharbeit, was den Klassenfeind denn auch umgehend zur Weißglut trieb (»Wirtschaft rechnet mit Koalitionsvertrag ab«, focus.de).

Ob ein Mindestlohn von 1500 brutto oder eine Mietpreisbremse, die den toten öffentlichen Wohnungsbau nicht ersetzen kann und die Segregation nach Wohnvierteln nicht aufhalten wird, Armut »von der Wurzel her« angehen und nämlich »die strukturellen Ursachen der Ungleichverteilung der Einkünfte« (Franzl) beseitigen, muss abgewartet werden, wie der Papst selbst dem Vernehmen nach aber auch nicht plant, die Frankfurter Börse von der Schweizergarde ausheben zu lassen; sondern es einfach gern sähe, wenn wieder mehr Nächstenliebe waltete. Weshalb der *Frankfurter Allgemeine* Kirchenredakteur vorbehaltlos freudig auf die Knie fallen konnte, weil Gottes Vize »den Kirchenvater Ambrosius« zitiert hatte »mit dem heute immer noch revolutionär klingenden Satz, das Abendmahl sei nicht eine Belohnung für die Vollkommenen, sondern ein großzügiges Heilmittel und eine Nahrung für die Schwachen«. Ein »Traum« (*FAZ*), der aber gottlob »keine Utopie« (ebd.) ist, weil er halt stracks »aus der Bibel« kommt: »Nun muss er nur noch Wirklichkeit werden.«

Amen.

Der revolutionäre Traum von Messwein und Oblaten als großzügig ausgegebenem Imbiss für den Menschenmüll der Marktgesellschaft müsste freilich nicht so innig geträumt werden, wenn die strukturellen Ursachen der Ungleichverteilung der Einkünfte beseitigt wären, und bis dahin dürfte es der tötenden Wirtschaft durchaus frommen, wenn ihr die päpstliche Caritas die Leichen von der Straße liest. Denn da, auf die Straße, soll die una ecclesia sancta neuerdings hin, als nämlich lt. Lehrschreiben »verbeulte Kirche«, die, »verletzt und schmutzig«, franziskanische Barmherzigkeit lebt, statt erster Klasse zu fliegen und das katholische Milliardenvermögen krisenfest in Vorzugsimmobilien zu investieren, so wie der Münchner Bischof Marx, der in Roms bester Lage für fast zehn Millionen Euro ein Gästehaus gekauft hat, mal eben so, »aus dem Vermögen der Erzdiözese«. Ein Jahr später nannte sich Bergoglio, des Minderen Bruders aus Assisi eingedenk, dann Franziskus, obwohl er zum Chef eines Reiches aufgestiegen war, das ganz von dieser Welt ist. Bzw. eben weil.

»Der neue Papst sieht sich als Vertreter des Schwachsinns«, halt: »der Schwächsten. Die revolutionären Ideen der Befreiungstheologen in Lateinamerika liegen ihm aber fern«, ahnte *Spiegel online* schon im Frühjahr. »Unbequem könnte Franziskus dennoch werden«, so unbequem wie noch alle Mahner und Warner, deren Unbequemlichkeit eine bequeme Methode ist, zwischen Sein und Sollen einen Ausgleich zu finden, der das Sein dem Sollen nicht opfert; ein Opfer, an dem der Vorsitzende der weltgrößten Schwindelfirma sowenig ein Interesse haben kann wie seine politischen Seelenverwandten (»SPD-Chef Sigmar Gabriel sieht Papst Franziskus mit seiner Kapitalismuskritik voll auf der Linie der Sozialdemokraten«, AFP), mit denen zwar die neue Zeit zieht, allerdings unter Berücksichtigung der alten. Und ist der BDI mal nicht ganz einverstanden (»Der Koalitionsvertrag ist eine vertane Chance für Deutschlands Zukunft«), gehört das zum demokratischen Hase-und-Igel-Spiel, in dem der Igel auch dann immer schon all dor ist, wenn er, Verzeihung, als Dax vorstellig wird.

Und aber apropos: »Es ist unglaublich, dass es kein Aufsehen erregt, wenn ein alter Mann, der gezwungen ist, auf der Straße zu leben, erfriert, während eine Baisse um zwei Punkte in der Börse Schlagzeilen macht« (Franzl). Es ist unglaublich, aber wahr, und es wird nicht in dem Maße weniger wahr, in dem der Überbau, der zur Basis gehört wie der Arsch zum Eimer, es unglaublich findet. »Unsere Finanzmarktpolitik gibt der realwirtschaftlichen Dienstleistungsfunktion des Finanzsektors Vorrang vor spekulativen Geschäften« (Koalitionsvertrag), damit die Realwirtschaft, die auch vor Erfindung der spekulativen Finanzgeschäfte alte und nicht so alte Männer dazu zwang, auf der Straße zu leben, dem ökonomisch-ökologisch-sozialen Fortschritt auf die Beine helfen kann, der »im Bannkreis des Systems«, Adorno hat's gewusst, »Altem gleich als immer neues Unheil« ist (»Reflexionen zur Klassentheorie«). Da darf eins den neuen Papst viel weniger zum Fürchten finden als seine Vorgänger und es vorderhand nicht verwerflich, dass es Stundenlöhne von vierfuffzich nicht mehr geben soll, um nicht doch zu argwöhnen, dass die Schafe, die hier antreten, das Menschenrecht zu erkämpfen, vielleicht nicht Wölfe im Schafspelz sind, aber ganz gewiss Schafe; deren Blöken der Wirtschaftsmörderwelt genau den pastoralen Touch verschafft, der ihr wirklich noch gefehlt hat.

Januar 2014

Präsentiert das Gewehr

Warum es nicht mehr um Imperialismus, sondern um Verantwortung, Sicherheit und Recht geht

Laut einer frischen Umfrage sind immer noch drei Viertel der Landsleute der Ansicht, Deutschland tue militärisch im Ausland bereits genug oder gar zuviel; dabei hatte der Bundespräsident doch Tacheles geredet: »Meine Einschätzung ist aber, dass insgesamt wir auf dem Wege sind, doch auch in der Breite der Gesellschaft zu verstehen, dass ein Land unserer Größe mit dieser Außenhandelsorientierung und damit auch Außenhandelsabhängigkeit auch wissen muss, dass im Zweifel, im Notfall auch militärischer Einsatz notwendig ist, um unsere Interessen zu wahren, zum Beispiel freie Handelswege, zum Beispiel ganze regionale Instabilitäten zu verhindern, die mit Sicherheit dann auch auf unsere Chancen zurückschlagen negativ durch Handel, Arbeitsplätze und Einkommen … Es wird wieder sozusagen Todesfälle geben. Nicht nur bei Soldaten, möglicherweise auch durch Unfall mal bei zivilen Aufbauhelfern … Man muss auch um diesen Preis sozusagen seine am Ende Interessen wahren.« Der Bundespräsident hieß Horst Köhler und musste gehen, nachdem er in einem Radiointerview diese reine Wahrheit gesagt hatte. Dann kam ein neuer Präsident, und den lieben sie alle, wenn er dasselbe anders sagt: »Deutschland ist überdurchschnittlich globalisiert und profitiert deshalb überdurchschnittlich von einer offenen Weltordnung – einer Weltordnung, die Deutschland erlaubt, Interessen mit grundlegenden Werten zu verbinden. Aus all dem leitet sich Deutschlands wichtigstes außenpolitisches Interesse im 21. Jahrhundert ab: dieses Ordnungsgefüge, dieses System zu erhalten und zukunftsfähig zu machen.«

Dass der Wunsch, diese Weltordnung zu erhalten, in der Interessen (des Kapitals) mit grundlegenden Werten (wie Freiheit des Kapitals) sich verbunden sehen, dazu führen kann, dass es wiederum sozusagen Todesfälle gibt, verschwieg der Gauck zwar nicht, legte es aber im bewährten Schleim unter der geforderten Bereitschaft ab, »Risiken fair zu teilen«, womit natürlich nicht gemeint war, dass die präsidialen Enkel für die Sicherung der Rohstoffbasis an die Front müssten, sondern bloß, dass man sich nicht länger auf die Amis verlassen will. Denn die überdenken, nach zuletzt bis zu 20 000 eigenen und mindestens 250 000 fremdländischen Kriegstoten (sowie der Erschließung großer heimatlicher Ölreserven), »Ausmaß und Form ihres globalen Engagements«, weshalb bitte keiner glaube, »man könne in Deutschland einfach weitermachen wie bisher« und also stur davon Abstand nehmen, die Söhne und Töchter deutscher Kleinbürger in fernen Weltgegenden für das zu verheizen, was unser aller Oberpfarrer das deutsche »Kerninteresse« nennt.

Das sich auch nicht durch die durchaus gemischte Erfolgsbilanz US-amerikanischer Interventionspolitik von Vietnam bis Afghanistan beirren lassen will, so vergleichbar werte- und interessengeleitet sie bekanntlich gewesen ist; soll es doch, glauben wir z.B. dem Presseoffizier der nationalliberalen *Zeit*, nicht mehr so sein dürfen wie einst, als die deutschen »Ohne-Michel« derlei »Schmutzarbeit«, nämlich »militärische Interventionen in Krisenherden der Welt«, immer nur »Amerikanern, Briten und Franzosen« überließen, die grimmig »Verantwortung« übernahmen, indem sie serbische Krankenhäuser und afghanische Kinder in die Luft jagten, und dies bereits mit voller Unterstützung der deutschen Streitkräfte. Doch dies nicht zu verschweigen hieße, nicht mehr das Ende »selbstgefälliger Selbstbeschränkung« oder auch (laut *FAZ*) »altbundesrepublikanischer Selbstverzwergung« fordern zu können, zum Schaden der nationalen Sicherheit.

Für die sich halt, wie der *Süddeutschen* anlässlich einer Sonderbeilage zur »50. Sicherheitskonferenz in München« auffiel – eine, nebenbei, »private Einrichtung«, u.a. »finanziert von der Rüstungsindustrie« (Albrecht Müller, Nachdenkseiten) –, keine Sau mehr interessiert: »Sehr viele Menschen stellen keinerlei Bezug her zwischen der Militärmission in Afghanistan und der Sicherheit des eigenen Landes«, obwohl der doch so klar ist wie der Bezug zwischen dem Gewitter und dem wieder mal vergessenen Regenschirm. »Ausgeblendet wird, dass das Land vor 9/11 ein rechtsfreier Raum war, in dem die al-Qaida die Anschläge auf den Westen ausgebrütet hatte und die Bevölkerung einer psychopathischen Terrorherrschaft ausgesetzt war«, einer Terrorherrschaft, die der freie Westen durch Waffenlieferungen wider den altbösen Russen überhaupt erst ermöglicht hat, was der Joachim Käppner so gewissenhaft ausblendet wie den Umstand, dass betreffs 9/11 sehr viel weniger Spuren nach Afghanistan als nach Saudi-Arabien führen, in eine Scharia-Diktatur mithin, die dem Gauck, nach eigener Auskunft stolzer »Menschenrechtsverteidiger«, sofort einen Marschbefehl wert sein müsste. Wenn der Handelsweg gottlob nicht ohnehin offen wäre.

Die Deutschen, das muss man ihnen lassen, wollen keine Kriege, doch ihre freie Presse will, dass sie wollen, obwohl selbst die sich nicht die Lüge traut, eine Intervention in Bürgerkriegsgebieten sei etwas anderes als eine Hochrisikoangelegenheit, die selten den Frieden, westliche Demokratie noch viel seltener bringt: »In Syrien wird getötet, jeden Tag, und doch gibt es sicherlich gute Gründe gegen eine Militärintervention. Unbestreitbar ist jedoch auch, dass das Fehlen wenigstens einer ernsthaften Drohung damit die Radikalisierung beider Seiten begünstigt hat. Auf der Strecke bleiben die Syrer, die vor drei Jahren friedlich gegen ihren Gewaltherrscher auf die Straße gingen und sich nun von der Welt im Stich gelassen fühlen« (*Zeit*). Der reine Quatsch von vorn bis hinten, denn ernsthaft drohen kann nur, wer auch Ernst machen will, wie es ein kolonialer Reflex ist zu glauben, wer immer irgendwo für ein besseres Leben auf die Straße gehe, tue dies in der Hoffnung auf westliche Kampfflugzeuge. Zumal da die Definition darüber, was nun Gewaltherrschaft sei und was »Freiheit« (Franz Josef Strauß über das Chile unter Pinochet), nach Marktlage zu wechseln beliebt.

Wenn sich also das westliche Wertesystem, lies: der kapitalistische Rechtsstaat in aller Regel nicht per Splitterbombe schaffen lässt – das Kosovo z.B., welches dem deutschen Leitartikel als Paradebeispiel geglückter Interventionspolitik gilt, ist bis heute ein mafiotisches Loch, und auch Bosnien-Herzegowina, Arbeitslosenquote 44 Prozent, ist faktisch das, was Somalia offiziell ist, ein gescheiterter Staat nämlich –, zeigt das Beispiel Mali, worum es eigentlich geht: »Frankreich kämpft für Europa«, wusste das Online-*Handelsblatt*, aufs gesamteuropäische Interesse an »Benzin und Gas« anspielend, wie es auch ahnte, dass es den Franzosen nicht ganz so dringend um die Bekämpfung des lokalen Islamismus gegangen wäre, wenn die Uranversorgung der französischen Atomwirtschaft nicht von den Minen im benachbarten Niger abhinge. Wie die Zukunft der Marktwirtschaft im Zukunftsmarkt liegt, durchaus auch aus innenpolitischen Gründen:

»Wenn Sie den Bürgerkrieg nicht wollen, müssen Sie Imperialisten werden«, zitiert Lenin in seiner Schrift »Der Imperialismus als höchstes Stadium des Kapitalismus« den britischen Unternehmer und Politiker Cecil Rhodes, der, statt die Produktionsverhältnisse zugunsten seiner unruhigen Arbeiter zu ändern, lieber »neue Absatzgebiete« schaffen wollte »für die Waren, die sie in ihren Fabriken und Minen erzeugen«. Und im selben, seit 120 Jahren unveränderten Sinne muss im Irak Cola getrunken werden und im Senegal Clausthaler, damit sich die Sicherheit jener, die den Mehrwert abschöpfen, vor denen, die ihn schaffen, auch in Zukunft garantieren lasse.

Es ist noch keiner Imperialist, der sich angesichts des weltweit waltenden Elends aus Gewalt, Infamie und Schwachsinn das Dazwischenhauen einer gerechten Weltpolizei wünscht; er billigt Imperialismus aber da, wo er die Interessen der Weltpolizisten unterschlägt oder für »berechtigte« nationale hält, unbekümmert darum, dass es dieselben nationalen Interessen sind, die den Schweinereien erst den Boden bereiten, derentwegen dann gebombt werden soll. »Sicherheit« ist da bloß die Sicherheit der Gated Community, »Verantwortung« eine, die sich darin erschöpft, extra muros für das Mindestmaß an Ruhe zu sorgen, das die Abwicklung der Geschäfte erlaubt, weshalb es auch nur vorderhand ein Widerspruch ist, dass dasselbe Deutsch-Europa, das so theatralisch nach seiner neuen Rolle als Menschenrechts-SEK der Weltpolitik sucht, Tausende von Flüchtlingen an seinen Außengrenzen sterben lässt. Von der »beschämenden Gleichgültigkeit vieler Deutscher gegenüber den Opfern der Massaker, Massenvergewaltigungen und Vertreibungen« (*SZ*) wissen immer jene, die gut dafür bezahlt werden, dass die Gleichgültigkeit der Massen gegenüber dem, was Gaucks Weltordnung

Tag für Tag (z.B. in Mali) anrichtet, ein gewisses Maß nicht unterschreitet, wie das »Recht«, das unsere Pressstrategen in Zukunft auch von der Bundeswehr durchgesetzt wissen wollen, ein Recht ist, das unter den obwaltenden Bedingungen immer nur eines sein kann: das des Stärkeren.

März 2014

Die Stille vor dem Schuss

Gedanken zur *Zeit*

1

Die Zeit, so komplett als Papierstapel, ist ja eher Lektüre für den Zug oder das Flugzeug, denn für die *Zeit* braucht es Zeit, am besten solche, die man nicht anderweitig totschlagen kann. Die *Zeit* war nämlich immer eins zuerst: langweilig. Früher, als das noch en vogue war, war sie linksliberal und langweilig, dann, als linksliberal zu teuer wurde, langweilig und reaktionär; und also ließ, wer nicht auf Reisen ging, den Unsinn (wie den *Spiegel* auch) rechts liegen.

»Wir haben schlechte Nachrichten: Es geht uns gut. Ob Bildung, Familie, Umwelt oder Gesundheit – nie war die Lage besser« – schwer zu sagen, warum diese auf neckische Weise rechtsdrehende, den kritischen Restanspruch ganz offiziell suspendierende Titelbotschaft vom Vorfrühling die Neugier dann doch noch mal zum Köcheln brachte: weil, was ernsthaft seicht ist, witzig tief sein kann (Lichtenberg, Sudelbücher E 54)? Oder ist es bloß das halb amüsierte, halb beklommene Interesse an den Verrenkungen und Autosuggestionen eines sog. Bildungsbürgertums, das sich noch immer in der Rolle des »scharfsinnigen Beobachters« (Svevo, Senilità) gefällt, obwohl es nachweislich immer dümmer wird?

2

Titelschlagzeile der zu Testzwecken erworbenen *Zeit* vom 8. Mai d. J.: »Kauf, Kleine, kauf! Mit perfiden Methoden verwandeln Werbung und Konzerne unsere Kinder in Konsumenten. Je schwächer die Eltern, desto größer der Erfolg. Seite 15–17«. Auf Seite 1 bereits die Eigenwerbung für den »neuen *Zeit*-Studienführer mit dem Uni-Ranking des Centrums für Hochschulentwicklung«, und also: Wenn Kinder nach Konzerninteressen manipuliert werden, ist das perfide, wenn frisch Herangewachsene nach den Maßgaben von Bertelsmann manipuliert und auf den vulgärkapitalistischen Schwachsinn von Universitätshitparaden eingeschworen werden, ist das einen neuen *Zeit*-Studienführer wert. Ganz abgesehen von der Frage, wie perfide es ist, perfide zu nennen, was doch systemlogisch völlig in Ordnung geht, denn »jeder und jede ist Kunde« (Astrid Albrecht-Heide), unsere Demokratie offiziell »marktkonform« (Merkel), und Kinder sind eine Zielgruppe mit stetig wachsender Kaufkraft – wer hier als Bürgerjournalistin das Barmen kriegt, glaubt an den Pelz, der beim Waschen nicht nass wird. »Die für Kinder wichtigsten Rituale – Essen und Geschichtenerzählen – werden kommerzialisiert. Die Unternehmen dringen nicht nur in die Familie und den Sportverein vor, sie versuchen auch, die Gedanken- und Gefühlswelt der Kinder zu besetzen.« Da hilft dann auch kein Fahrradhelm; weswegen *Zeit*-Leser, die Jahr für Jahr aus völlig freien Stücken das I-Phone wechseln, wachsam bleiben mögen.

Tun sie eh. Das Gefühl der Rundumbedrohung durch Mächte, von denen wir unseren Volvo nur geborgt haben, lässt nämlich nicht nach, wie die ständige Klage über Auswuchs, Manipulation und Perfidie nichts weiter ist als die

Ahnung, dass das, was an dieser Welt einmal heil gewesen sein mag, nicht wiederkehrt. Also rückt, wider die immer ungnädiger trumpfende Kultur, die Urhorde in der ersten Person Plural zusammen: unsere Kinder, wir Deutsche. Der Rest (es geht uns gut) ist protestantisches Pfeifen im Wald, das die blasphemische Klage ersetzt; und ging nicht schon Goebbels in den Endkampf ums Reich »wie in einen Gottesdienst«?

3

Unter diesen Voraussetzungen muss ein Volk, unterstützt von seinen Journalen, »die Unterscheidung von Freund und Feind selber bestimmen« (Carl Schmitt) und, so es nicht um Ausländer als Sozialtouristen, sondern kapitalistische Wohltäter (U. Hoeneß) geht, darauf bestehen, »dass der Sündenfall zum Gründungsmythos unserer Religion gehört«, nämlich der vom Giovanni di Lorenzo und seiner Kundschaft, die sich auch um dieses Lagerfeuer gern versammelt. »Die ehemalige Fußballmanagerin Katja Kraus hat in einem kürzlich erschienenen Buch lauter Prominente beschrieben, die einen brutalen Karriereknick erlebt haben,vom früheren Telekom-Chef Ron Sommer bis zum ehemaligen SPD-Politiker Björn Engholm. Die meisten leiden bis heute nicht so sehr am Fehler, über den sie stolperten, sondern daran, dass sich die öffentliche Wahrnehmung auf diesen Fehler fokussiert, wodurch die ganze Lebensleistung verdunkelt wird«, die einmal in einer »Volksaktie« Verdichtung fand, die den deutschen Kleinsparer ein paar Milliarden gekostet hat, ein andermal in der Bereicherung des deutschen Sprachschatzes um die Wendung »ein Stück weit«. Aber di Lorenzo, als ewig junger Gott der Moderation, besteht darauf, dass Lebensleistungen, und seien sie noch so unauffindbar wie bei Käßmanns Margot, nicht Opfer von Trunkenheitsfahrten noch Steuerbetrügereien werden dürfen: »Jede Gesellschaft lebt von Vorbildern. Wenn wir uns aber von dem Gedanken freimachen, dass vorbildliche Menschen dazu verurteilt sind, ihr Leben lang vorbildlich zu bleiben, dann werden wir am Ende freier sein.« Und wer wissen will, wie das geht, sich von einem Gedanken völlig freimachen und im Leitartikel von Deutschlands Bildungsbürgerzentralorgan die Sonntagspredigt in St. Michaelis vorwegnehmen – aus der Verurteilung durch Handeln zur Freiheit, protestantischer geht es nicht –, der ist bei der *Zeit* gut aufgehoben.

Eine Seite weiter trägt der Vordergrundbericht vom Auftakt des Münchner Nazi-Prozesses dann die Schlagzeile »Sehnsucht und Wut«. Es geht uns gut / mit Sehnsucht und Wut: *Die Zeit*, das Amtsblatt fürs Käßmann-Nuhr-Deutschland. Also fürs praktisch ganze.

4

Seite vier, ein »Stück« über, sic, Entspannungspolitik gestern und heute: »… Realpolitik … Egon Bahr … Zusammenbruch des sozialistischen Imperiums … Bundespräsident Joachim Gauck … Sozialdemokraten müssen aufpassen« – »alles ist sich gleich, ein jeder Teil repräsentiert das Ganze« (Lichtenberg F 474), und auch die *Zeit*-Spezialität der reihend Ordnung schaffenden Politikbetrachtung ist gottlob nicht totzukriegen: »Alle Parteien haben sich ansonsten dem rotgrünen Mainstream angepasst, die CDU schon lange und systematisch (die CSU mit bajuwarischen Nuancen), die FDP neuerdings, indem sie nun auch für den Mindestlohn ist und ansonsten programmatisch fast nichts aussagt. Die SPD ist schon froh, wenn ihr Kanzlerkandidat möglichst wenig auffällt, und das rote Programm ist ohnehin grün light. (Mancher fragt sich schon, warum sich die SPD damals überhaupt von den Grünen abgespalten hat.)«

Denn Humor ist, wenn man trotzdem schmunzelt; weshalb der Peter Dausend, ein um Küchenfragen kreisendes *Brigitte*-Interview der Kanzlerin vor Augen, bloß ordnungshalber gallig wird (»Nun treibt die Kanzlerin die gnadenlose Politisierung des Wahlkampfes auf das nächste Level«) und Josef Joffe noch dann zum Lachen lädt, wenn er, der Bedrohungslage ein weiteres Moment hinzufügend, vorm Gestapo-Internet warnt: »In Stasizeiten haben die Opfer vielleicht geahnt, dass ihre Briefe aufgedampft worden sind. Heute schlafen wir ruhig, weil wir nicht wissen, was wir alles preisgeben, wenn wir im Netz Garantie-Formulare ausfüllen«; und sei's auch nur die Postanschrift.

5

Wo sind sie hin, die Zeiten, als Garantiekarten noch Fetzen Papier waren und nicht die Einladung zur Hausdurchsuchung? Wo ist es bloß, das Wahre, Gute, Schöne? Wo ist, mit andern Worten, Helmut Schmidt? Ah, Aufmacher im Feuilleton, ganzseitig: »Zum ersten Mal gezeigt: Die Sammlung Schmidt. Seit seiner Jugend sammelt Helmut Schmidt Werke des deutschen Expressionismus. Heute ist sein Haus in Hamburg-Langenhorn ein beeindruckendes privates Museum«, und solange Schmidt, der Kanzler, der Bach konnte, noch da ist, können die Stürme ruhig kommen: »Die Sammlung Schmidt … wird nicht in alle Winde zerstreut. Sie wird weiter auf stumme Weise sprechen, von vielen Begegnungen und Erfahrungen, von einem kriegerischen Jahrhundert, in dem die Kunst zum Fluchtpunkt wurde, zur Oase«. Stumme Kunst im Eigenheim als oasenhafter Fluchtpunkt in kriegerischen Zeiten – wenn es dann im Wirtschaftsteil noch um Elektrozahnbürsten geht, bei denen sich der Akku nicht entfernen lässt, darf sich das Gefühl verfestigen, dass, wo »der Bürgerkrieg längst in die Metropolen eingewandert« ist (Enzensberger), es sich bei der *Zeit*, ihres publizistischen Klassenauftrags unbeschadet, mittlerweile um eine Art *Landlust* mit Politikteil und Verbraucherschutzfokus handelt, wo selbst das *Magazin* so biedermeierlich trutscht, als vertrage der Patient nun wirklich überhaupt keine Aufregung mehr: »Harald Martenstein kauft sich einen Gartenbuddha – Unser Autotester scheut sich vor dem Fahren – Stil: Frottee gilt jetzt wieder als männlich«, und die Leser auf einer Mitmachseite (»*Zeit* der Leser«) zeigen dürfen, was sie unter innerweltlicher Askese als Vollglück in der Beschränktheit verstehen: »Endlich wärmer! Die Frösche versammeln sich nach und nach in meinem Teich. Es sind zwölf. Sie schauen mit ihren Glotzaugen aus dem Wasser und tauchen ab, sobald sich etwas regt. Sie knarren auch am hellichten Tag. Herrlich! Sabine Gehnen, Großheide, Ostfriesland« / »Was mein Leben reicher macht: Unsere drei wunderbaren Töchter und meine Frau. Norbert Rüther, Adenbüttel, Niedersachsen« – wie immer man sich den typischen *Zeit*-Leser vorgestellt hat: das ist dann doch noch mal ein Abstieg.

»Alle Arten von Lektüre, die anstatt den Geist zu bilden jedem schwachen Kopf Gelegenheit gibt, seine eigene verwirrte Ideen unter der Fahne eines berüchtigten Mannes in Marsch zu setzen, finden heutzutag in unserem Publikum … nur allzuviel Beifall« (F 805). Und sei's von mir, der schon länger den Verdacht hat, das deutsche Bürgertum sei ideell am Ende.

Ich kann die nächste Zugfahrt kaum erwarten.

Juni 2013

Leitwolf im Schafspelz

Über das Spektakuläre an *Spiegel online*

Mittweida ist eine Große Kreisstadt in Mittelsachsen mit 16000 Einwohnern, einem Marktbrunnen samt Jugendstilengel sowie einer Fachhochschule mit einer Fakultät für Medien, die 2007 einen »Medientreffpunkt Mitteldeutschland« verabredete. Dort angekommen, durften »einige Verantwortliche von Online-Medien«, namentlich die Chefs von *Spiegel online*, sueddeutsche.de, dem Online-Angebot der *Leipziger Volkszeitung* und tagesschau.de, eine Podiumsdiskussion mit dem leidlich literaten Titel »Online – wer wird Leitmedium?« bestreiten, aber wer einen Kampf ums Hoheitsrecht erwartet hatte, wurde enttäuscht: »Die Frage nach ihren persönlichen Leitmedien und denen ihrer Redaktionen beantworteten die Herren, wenn auch mit Argwohn, fast einhellig. ›*Spiegel online* ist bei den meisten unserer Redakteure noch Startseite‹, gab [der Chef von sueddeutsche.de] Jakobs zu. … ›Für viele Leute ist diese Website das Maß aller Dinge‹, so der Redaktionsleiter von tagesschau.de«, so die Website der Fakultät.

Und es ist ja auch klar, warum: »Chaotische Verwaltung: Griechenland überweist toten Rentnern Geld«, »Nato-Einsatz in Afghanistan: Die Stimmung kippt«, »Merkel bei Obama: Außen Ehre, innen Leere«, »Exklusiver Kochtipp: Spiegelei für reiche Söhne und Töchter« lauteten einige der streng dem Sensations-, Exklusivitäts- und Nannenschen Wundertütenprinzip verpflichteten Schlagzeilen am 6. Juni 2011, und so altmodisch kann keiner sein, derlei hybride Infosträuße in unseren kommunikationsbewegten Zeiten nicht als vorbildlich zu erkennen.

Denn Netz-Journalismus, sofern er aus wirtschaftlichen Gründen und mit Blick auf Breitestwirkung betrieben wird, ist nicht irgendein Abfallprodukt für die Generation Smartphone, für das ihn der soignierte Qualitätszeitungsleser immer noch halten mag: Er ist, ganz im Gegenteil, Destillat, die Essenz von Journalismus als Geschäft, dessen Prinzip Hermann L. Gremliza vor dreißig Jahren so beschrieben hat: »Der Wettbewerb um die Gunst der Konsumenten zwingt die privatwirtschaftlichen Medien, alles zu unterlassen, was die Instinkte und Vorurteile der Leser, Hörer und Seher stören könnte. Ja, um gar kein Risiko zu laufen, müssen sie immer noch ein Stück tiefer ansetzen. Axel Springer sieht das schon ganz richtig: Wer in diesem Business Erfolg haben will, darf nicht belehren, aufklären, fragen – er muss unterhalten, bestätigen, verdummen.« Heute kann Springers *Bild* mit der Virulenz von Spon schon nicht mehr recht mithalten: Nicht nur sind die Zeiten, als *Bild* über die Kernleserschaft hinaus als cool und zeitgeistig galt, vorbei; auch war *Bild*, außer für ihre Provinzkopien an Rhein und Elbe, nie Vorbild, und sollte sie je Pop gewesen sein, dann als Frivolität und Trash. Das Neue, im Grunde Perfidere am Netz-*Spiegel* ist seine Rolle als Nachrichtensender, die als Draperie fürs kundenbindende Remmidemmi dient (»Logbuch al-Qaida: Showdown im Apfelgarten«, 6.6.) und Imageprobleme kleinhält. Anders als Springers Kettenhund nicht im Schmuddeleck angepflockt, hat *Spon* mit demselben Crossover aus Sex, Crime und Politik (»Türkischer Wahlkampf: Sexvideos und Größenwahn«) paradigmatisch werden können: Nichts hat der allgemeinen Sensationitis und Boulevardisierung im Pressbereich so den Boden bereitet wie die Kopplung des

Nimbus vom ewigen Nachrichtenmagazin ans sexy Atemlose des Netzmediums.

Und so gilt der erste Blick des Qualitätszeitungsredakteurs am Morgen der *Spiegel*-Seite, und da ein Qualitätszeitungsredakteur von dem lebt, was man ihm vorbetet, dauert es nicht lang, und alles klingt, wie es klingen muss, wenn sich eine Schule erst einmal etabliert hat. »Die Parole ersetzt das Komplexe, das Schlagwort die Analyse« (Gunnar Schubert) – die Konsequenz, mit der *Spon* aus den immergleichen Krawallvokabeln (drastisch / dramatisch / extrem / bizarr / Debakel / Desaster / Chaos / Kollaps) montiert wird, hat geradezu konstruktivistischen Charme (»Die Warnungen klangen dramatisch – doch das Benzin-Chaos zu Ostern blieb aus«), und auch hier liegt das Verhängnis in der Reichweite: Denn die Profis bei der Konkurrenz, die, wenn sie »Zicken-Zoff« schreiben, das als augenzwinkernden Rekurs aufs Boulevardgeblödel verstanden wissen wollen, sind i.a.R. ja doch zu doof, die subtileren Signale schlechten, weil manipulativen Journalismus zu erkennen und vielleicht ausnahmsweise mal nicht zu kopieren. Also wird nach Kräften nachgeplappert und mitgehämmert, und es ist, je nach Perspektive, entweder spaßig oder niederschmetternd, wie in bspw. der *Süddeutschen Zeitung*, seit *Spiegel online* auf Sendung ist und den Takt vorgibt, alles zum dramatisch Drastischen drängt, ob es nun um Ehec-Gurken, Vergewaltigungsprozesse oder Internetverkehr geht: Da hat Sony seine Sicherheitssysteme »drastisch verbessert« (mit dramatisch großen Vorhängeschlössern womöglich), Zuschüsse für ungewollt kinderlose Paare sind »drastisch zusammengestrichen worden« (statt das Zusammenstreichen zur Abwechslung mal undrastisch, ja sensibel anzugehen), und wenn die Geburtenziffern sinken und statt zehn Blagen nur mehr neun geboren werden, ist das, je nun, ein »drastischer Geburteneinbruch«.

»Mehr geht leider nicht« (H. Grönemeyer, 1986).

Neben der semantisch-syntaktischen Verknappung (»Westen hadert mit Ägypten-Umsturz«) ist die Personalisierung das zweite bewährte Boulevardinstrument, das bei *Spiegel online* selbst dann für gute Laune sorgt, wenn die infektiöse Kacke am Dampfen ist: »Bahrs Ehec-Krisenmanagement: Verseucht, verheddert, vermurkst« – nicht nur »die alte journalistische Untugend des Überschriften-Stabreims« (Stefan Niggemeier), die *Spon*, in ironischer Dialektik, als Markenzeichen versteht (»König Klose kapituliert«), zieht aller Glaubwürdigkeit sofort den Stecker, auch die Verengung eines komplexen Sachverhalts zu einer Skandalgeschichte mit einer prominenten Hauptperson ist bestes Unterhaltungshandwerk: »›Der Feind im Essen‹, titelt der *Spiegel*, die Nation fragt sich: Was können wir noch essen? Natürlich hat Bahr darauf keine Antwort, das wäre auch zu viel verlangt von ihm. Aber das Gefühl drängt sich schon auf, dass der FDP-Politiker – Amtszeit knapp ein Monat – in der Ehec-Krise ein bisschen überfordert ist« – da müssen sich die Redakteure schon gar keine Mühe mehr geben, die Fadenscheinigkeit des Anwurfs zu verhehlen: Es reicht, wenn sich ein Gefühl aufdrängt, dass der Herr Minister ein bisschen überfordert ist, und interessierte Kreise, die diesen Verdacht gern bestätigen (»›Das Krisenmanagement von Gesundheitsminister Bahr ist wenig überzeugend‹, findet Thomas Oppermann, Fraktionsgeschäftsführer der SPD-Bundestagsfraktion«), sind allzeit schnell gefunden. Im Rest des Artikels, der ein Dickicht von Zuständigkeiten beklagt, kommt der Minister dann kaum noch vor. Egal, seinen Auftritt als Türöffner und Watschenaugust hat er ja gehabt.

Einen Tag drauf »rechnet Europa mit deutschem Krisenmanagement ab«: »EU-Politiker beschweren sich massiv über den Umgang der deutschen Behörden mit Ehec, vor allem das Hickhack zwischen Bund und Ländern empört die Volksvertreter.« Und tatsächlich, es war ein Strafgericht: »Was in Deutschland fehlt, ist aus Sicht vieler EU-Parlamentarier eine klare Kompetenzaufteilung zwischen Bund und Ländern. In den USA gebe es eine zentrale Seuchenbekämpfungsbehörde in Atlanta, sagte die Fraktionschefin der Grünen im EU-Parlament, Rebecca Harms … Die SPD-Abgeordnete Dagmar Roth-Behrendt prangerte im Europaparlament ein ›Kommunikationschaos‹ in Deutschland an. Ihr Fraktionskollege Jo Leinen fand es ›inakzeptabel, dass man drei Wochen nach Ausbruch der Krise immer noch nicht weiß, woher der Erreger kommt‹.« Dies also die massive Abrechnung eines empörten Europas: Namenlose Parlamentarier und eine halbe Handvoll deutsche Hinterbänkler, die Opposition markieren – besser weiß auch *Bild* nicht, wie man aus einer dürren Agenturmeldung einen Knaller macht.

Aber zum postmodernen Leitmedium gehört eben die Bereitschaft zum Spektakel, das Aufklärung ans tautologische, im engen Sinne bedeutungslose Gelärme verrät; der Verdacht liegt nahe, dass dieses simulatorische Sperrfeuer der eigentliche Zweck der sog. Informationsgesellschaft als Endlosquatschschleife ist – kein Zufall, dass die adjuvanten Will, Maischberger und Plasberg von *Spon* stets mit ausführlichen Fernsehkritiken bedacht werden. Der alte Print-*Spiegel* glaubte immerhin noch daran, »Sturmgeschütz der Demokratie« zu sein; unmöglich zu sagen, was sein virtueller Ableger als »postdemokratische« (Enzensberger) Hirnwaschmaschine noch wollen können sollte, als die gängigsten Axiome der Kulturkritik von

Kraus über Adorno/Horkheimer bis Guy Debord stündlich frisch zu illustrieren: »Die durch das Spektakel prinzipiell geforderte Haltung ist diese passive Hinnahme, die es schon durch seine Art, unwiderlegbar zu erscheinen, durch sein Monopol des Scheins faktisch erwirkt hat … Im Spektakel … ist das Endziel nichts, die Entwicklung alles. Das Spektakel will es zu nichts anderem bringen als zu sich selbst«, und es unterliegt keinem Zweifel, dass kein Medium in Deutschland in diesem Sinne spektakulärer ist als *Spiegel online*. Das muss man anerkennen.

Juli 2011

Die Stunde der Nullen

oder Vom Geist der Kooperation: Der *Spiegel*-Leitartikel und ob er sich überleben lässt

1 »Abonnementzeitungen und vor allem die überregionalen Tageszeitungen veröffentlichen in jeder Ausgabe einen Leitartikel.« (Wikipedia)

Früher, als man noch Kind war, wollte man mitunter Sachen haben, nur weil andere Kinder diese Sachen hatten. Man sagte: »Alle haben diese Sachen!«, und der oder die Erziehungsberechtigte sagte dann: »Soso. Wenn alle vom Balkon springen, springst du wohl auch vom Balkon!« Und man verstand gar nicht, was das eine mit dem anderen zu tun hatte.

Der *Spiegel*, das *deutsche Nachrichtenmagazin*, weiß es auch nicht. Oder jedenfalls nicht mehr. Der *Spiegel* war ja gewissermaßen angetreten, um den Leitartikel aus der Welt zu schaffen, den Leitartikel, der ex cathedra zu ordnen versuchte, was in der entzauberten, journalisierten Welt nun einmal »Chaos« (*Der Spiegel*) war. Die Gelbe Gefahr, Elend Pubertät, Schuldenrepublik Jammerdeutschland – Crime und Sex und Politics, das war die Welt, durch die cool distanzierende *Spiegel*-Brille betrachtet, und im fröhlichen Durch- und Ineinander von Radau, Report, Häme und Suggestion war alles Nachricht und alles Meinung.

Jetzt gibt es noch einen Leitartikel dazu. Warum, weiß niemand.

2 »Der Leitartikel gehört zu den meinungsorientierten Darstellungsformen. Er ist ein besonders herausgestellter Meinungsartikel.«

Ein Leitartikel im Nachrichtenmagazin Der *Spiegel* ist also ein besonders herausgestellter Meinungsartikel in einem latent meinungssatten Umfeld, der eben deshalb einer extra besonderen Herausstellung bedarf. Deswegen steht »Leitartikel« darüber, was einigermaßen bräsig wirkt. »Bräsig«, muss man wissen, war ein populäres *Spiegel*-Wort während der »Kohl-Ära« (*Der Spiegel*), das zur Kennzeichnung des als provinziell, täppisch und selbstverliebt empfundenen Kanzlers diente. Unter Kohl war laut *Spiegel* so gut wie alles bräsig. Nichts hingegen in, an oder auch nur unter Kohl war so bräsig, wie über einen Leitartikel »Leitartikel« zu schreiben. Warum das beim *Spiegel*, der sich doch mal für Avantgarde hielt, Speerspitze oder wenigstens Sturmgeschütz, so durchgewinkt worden ist, weiß abermals niemand, aber die geistig-moralische Wende hat ja schließlich stattgefunden; und wie bei der Heimatzeitung ganz einfach »Meinung« (oder, noch besser, »Standpunkt«) hinzukleben wäre halt wiederum frivol gewesen.

3 »Leitartikel befassen sich abseits von tagesaktueller Aufgeregtheit auf eine grundsätzlichere Art mit gesellschaftlichen, politischen, wirtschaftlichen, kulturellen oder auch sportlichen Entwicklungen der letzten Zeit oder (spekulativ) mit sich abzeichnenden Entwicklungen der näheren Zukunft.«

Der Antwort auf die Frage, was in drei Teufels Namen ein »Leitartikel« genannter Leitartikel im »Revolverblatt«

(Benn) *Der Spiegel* verloren hat, kommen wir näher, wenn wir abseits von tages- bzw. wochenaktueller Aufgeregtheit suchen. Das ist für ein Magazin der ständigen Aufgeregtheiten nämlich mal eine Herausforderung, etwas völlig Neues, geradezu Kontraintuitives, und bis der »probate« (*Spiegel* 39/2014) Predigtsound eines Prantl draufgeschafft ist, muss erst einmal mit Versatzstücken aus dem Großen Leitartikelbaukasten gearbeitet werden: »Dann ist die Schmerzgrenze für die Zivilgesellschaft erreicht.« / »Das ist die fatale Logik dieses Krieges.« / »Das darf bezweifelt werden.« / »Fällig wäre ein politischer Kassensturz.« / »Nun ist es Zeit für eine Klärung.«

»Gewiss« (*Spiegel* 35/2014), die Eisen, die mit solch extrafesten Isolierhandschuhen und einer sehr langen, roboterunterstützten Greifzange angefasst werden, sind unbesehen heiße: Euro, Merkel, Terror, Internet, wobei Terror und Internet ja beinahe schon dasselbe sind oder jedenfalls zwei Seiten einer Medaille: »Eine freie Gesellschaft muss die Freiheit auch aushalten, denn man kann über das Internet genauso gut Grundschulunterricht in entlegenen Gegenden Afghanistans organisieren, wie man Dschihadisten in Europa für den IS anwerben kann. Das eine vom anderen zu trennen ist nicht die Aufgabe des Internets, sondern der Politik. An ihr liegt es, im Rahmen der Rechte, die sie schützen muss, die Freiheit des einzelnen zu bewahren, anstatt sie im Bedarfsfall einzuengen.« Die Politik (Berlin) muss jetzt handeln, und sie handelt nur, wenn der Leitartikel sie dazu anhält. Ohne Leitartikel keine Politik, ohne Politik keine Trennung von afghanischem Grundschul- und europäischem Dschihad-Internet und auch niemand, der im Bedarfsfall sowie im Rahmen von Rechten die Freiheit des einzelnen schützt. Mit dem Leitartikel, das erklärt den Kanzelton, steht und fällt die Welt, en gros und en détail: »Die Kräfte des Irrsinns sind einzudämmen. Der erste Schritt ist ein Waffenstillstand, den jeder auf seiner Seite durchsetzen muss … Der Osten will schon am 11. Mai über die Loslösung abstimmen, die Regierung in Kiew will das gesamte Land am 25. Mai wählen lassen. Beides kommt zu früh. Die Ukraine braucht Zeit, braucht Ruhe, denn eingeschüchterte Bürger sind in ihrer Entscheidung nicht frei. Drei Monate mehr wären gut. Erst Entwaffnung und Befriedung, dann das Referendum, dann Wahlen.« So – und nur so – geht es. Um Aufmerksamkeit wird gebeten. » Auch der Westen hat Fehler gemacht, aber nun muss eine Stunde null ausgerufen werden. Danach sollte auf beiden Seiten der Geist der Kooperation herrschen, der Wille zum Frieden.«

Amen.

4 »Die Redaktion vergibt den Schreibauftrag an das Mitglied, das am kompetentesten die Meinung der Redaktion wiederzugeben vermag, wobei – anders als beim Kommentar – unterschiedliche Positionen (redaktionsinterner Meinungswiderstreit) im Leitartikel durchaus aufscheinen dürfen.«

Wieder ein unique selling point für den Leitartikel, den Ort, an dem der Leser, die Leserin von einem so kompetenten wie anonymen Mitglied der *Spiegel*-Redaktion (einem Kollektiv?) über unterschiedliche, ja konträre Gedanken informiert werden, in Sachen Internet (»Möglichkeitsraum« oder »Freiheitszumutung«?), Syrien/Assad (»muss man die schwere Frage diskutieren, was wichtiger ist: die Moral oder die eigenen Interessen«) oder Negerasyl: »In Deutschland stehen sich in solchen humanitären Fällen regelmäßig zwei Lager gegenüber: hier die Wir-müssenden-armen-Menschen-doch-helfen-Idealisten – dort die Das-Boot-ist-voll-Fatalisten. Die einen verlangen nach mehr Anstand, die anderen wollen den Wohlstand nicht teilen. Es ist an der Zeit, Antworten zu geben, die darüber hinausgehen.« Indes: »In Wahrheit gibt es in der Flüchtlingspolitik keine Unschuld. Jeder, der sich damit beschäftigt, gerät in ein fundamentales Dilemma.« Nämlich entweder den Flüchtling ersaufen zu lassen oder hinzunehmen, dass die Fatalisten AfD wählen müssen.

Ohne Leitartikel wäre hier kein Weiterkommen; mit aber schon: »Das Dilemma, in dem jede Flüchtlingspolitik steckt, legt eine Doppelstrategie nahe. Die EU muss den neuen« – nämlich nicht-letalen, auf Arbeitsverwendungstauglichkeit prüfenden – »Umgang mit Flüchtlingen durch eine verstärkte Grenzkontrolle ergänzen.« Vom Entweder-oder zum Sowohl-als-auch: diese Merkelsche, auf Kante verzichtende Generallinie kann das Blatt, im Sinne zeitgenössisch biedermeierlicher Saturiertheit, jetzt gemütlich fahren, ob in puncto Sterbehilfe (»pauschale Regelungen verbieten sich«) oder eines Russlands, dem man leider nicht mit Weltkrieg drohen kann: »Das ist ein«, schon wieder, »fundamentales Dilemma, dem die Allianz nur mit einer für alle Seiten berechenbaren Strategie entkommen kann.« Einer »Doppelstrategie« wiederum, wie sich ja gerade die fundamentalen Dilemmata nur mit berechenbaren Mehrfachstrategien oder wenigstens exquisiten Nullgedanken stemmen lassen: »Dazu gehört vor allem viel ›soft power‹, also Diplomatie, Gespräche und neue Formen der Zusammenarbeit«, aber eben auch die allfällige »Verlegung von Bündnistruppen in die osteuropäischen Staaten. Das muss man nicht einen neuen Nato-Doppelbeschluss nennen. Aber man kann es.« Wenn man denn spinnt und genügend Zeit hat.

Es darf also bezweifelt werden, dass es dem *Spiegel* nicht glücken sollte, mit derlei aufgeschwemmtem Gequake zur ersten Riege der bedenkensatten Orientierungsberichterstattung (Prantl/Joffe) aufzuschließen. Denn wenn sich noch jede Zwickmühle doppelstrategisch auflösen lässt, kann alles brav so weitergehen, obwohl sich alles ändern muss: »Nur ist eben der nächste Föhn automatisch besser als der alte. Was soll daran schlimm sein?« (Umweltministerin Hendricks, *SZ*, 29.11.)

5 »Ein Leitartikel sollte mit einem Fazit abschließen.«

Etwas Öderes, Lähmenderes, Hirnzerbeißenderes als die Leitartikel im *Spiegel* ist nicht vorstellbar, und wenn der alte Klaus Harpprecht den Leitartikel via *Cicero* schon beerdigt hat: »Alles in allem hält sich die Trauer über seinen Dahinschied in Grenzen. Er zählt (dies nebenbei) bei den Tagesblättern zu den Stücken, die am wenigsten gelesen werden«, dann schreibt der *Spiegel* Woche für Woche neue Totenreden, deren staatstragendes, an Fischerjockels Essaykünste gemahnendes Verlautbarungsgeschmarre den Geist der Zeiten plausibel abbilden mag, aber doch durchweg an der Parodie siedelt. Was nicht unbedingt für die Zeiten spricht: »Hier sind sieben Leitlinien für die Auslandseinsätze der Bundeswehr: Erstens ...«

Dann lieber Altenbockum in der *FAZ*. Wirklich.

Januar 2015

Wir sind geimpft

Über asozialen Widerstand im kapitalistischen Reizklima

Zuerst die gute Nachricht: »Psychische Krankheiten seien so schlimm wie noch nie, heißt es. Der Schuldige ist längst gefunden – der ach so böse Kapitalismus. Selten wurde so viel Quatsch geredet.« Und da weiß Bettina Weiguny in der *FAZ* natürlich, wovon sie spricht, und kann die richtigen Fragen stellen: »Warum leiden wir jetzt wieder an der Seele, wo es uns besser geht denn je? Warum verdammen wir den Kapitalismus, gerade jenes Wirtschaftssystem, das uns den Wohlstand beschert, den wir heute genießen? Wir arbeiten viel weniger als unsere Eltern und Großeltern. Sind seltener krank. Die Zahlen der Frühverrentung sinken seit vielen Jahren. Wir haben mehr Urlaub, interessantere Tätigkeiten und viel mehr Freiheiten als früher. Trotzdem wird die neue Freiheit in der Burnout-Diskussion als Übel schlechthin gegeißelt. Weil sie uns Entscheidungen abverlangt. Eigeninitiative. Ja, sogar Leistung.« Die erbringen zu müssen ohnehin »99 Prozent aller Deutschen« nicht überfordere, denn »›nur 0,3 Prozent haben Burnout‹, schreibt der Soziologe und Therapeut Martin Dornes in seinem Aufsatz ›Macht der Kapitalismus depressiv?‹. Das Leben sei zwar in mancherlei Hinsicht anstrengender geworden. ›Es gibt aber keine Belege dafür, dass eine wachsende Anzahl der Menschen damit seelisch überfordert wäre.‹«

Außer der wachsenden Anzahl der Menschen vielleicht, die die Hupe ihres Kraftfahrzeugs viel häufiger benutzen als ihren Blinker; die erst eine Energiewende herbeiwählen, um sich dann in zähen Abwehrkämpfen gegen Windräder, Pumpspeicherwerke und Starkstromtrassen zu wehren; die im Internet Aufknüpf-Aufrufe wider Politiker starten, die auf legale Bilder unbekleideter Knaben stehen; die hunderttausendfach Rückzugsmagazine wie *Flow* kaufen, weil es darin diese hübschen Klebebilder und spannenden Relax-Anleitungen gibt und überhaupt so zugeht, als sei die Kundschaft elf und nicht bei Trost; die ihre Kinder mit Militärfahrzeugen in Schulen und Universitäten abliefern, wo Entscheidungen und Initiative zugunsten selbstzweckmäßiger Leistung abgeschafft sind; die sich zwanghaft selbst fotografieren und ihre Kinder nicht impfen lassen, weil in der Dritten Welt zwar Millionen Kinder an Infektionskrankheiten sterben, man hierzulande aber flächendeckend verlernt hat, zwischen tatsächlich Kritikwürdigem und *fucking first world problems* zu unterscheiden.

Dass in der entwickelten kapitalistischen Gesellschaft die erste Wahl nicht die zwischen CDU und SPD, sondern zwischen Aggression und Regression ist, ist hier bereits bemerkt worden, und wo sie zusammenschießen: beim Lichthupen, beim Shitstormen, beim freundschaftlichen Online-Streit (»Sie sollten sich schämen für den Müll, den Sie sich da aus der Birne gekratzt haben. Wird so was beim Scheißen auf dem Klo geschrieben?«), da erscheint das Substrat dieser sich für weiß Gott wie aufgeklärt haltenden Gesellschaft, deren habituelle Selbstgewissheit von den Trassen-, Islam- oder Impfgegnern (»Studie zeigt: Trotz obligatorischer Windpockenimpfung mehr Erkrankungen«) ja bloß kopiert wird. Wie die reklusive Ignoranz der *Flow*-Kundin (»Wir basteln dieses Mal fluffige Pompons und machen eine Girlande daraus. Und die hängen wir uns überall dorthin, wo wir uns ein bisschen mehr Farbe im

Leben wünschen«, echtes Zitat) ihre Entsprechung in der Vernageltheit des Überbaus findet, der nur das sieht, was er sehen will, und etwas anderes als das Akkumulationsprinzip schon gar nicht mehr zur Kenntnis nehmen kann: »›Ich habe klargemacht, dass wir das Freihandelsabkommen wollen und dass der politische Rahmen 2015 fertig sein sollte‹, sagte Merkel … [TTIP] sei wichtig für Wirtschaftswachstum und Arbeitsplätze« (*Süddeutsche*, 5.2.). »Eine langgehegte Ansicht aufzugeben«, hatte es im Dezember ebenda geheißen, »bereitet Unbehagen. So erklärt sich wohl auch die Beobachtung, dass sich Impfgegner einer Immunisierung noch heftiger verweigern, wenn sie eines ihrer Argumente verlieren. Die Ablehnung ganz aufzugeben bedeutet nämlich, einen lange verteidigten Fehler mit potenziell gravierenden Folgen für sich und die eigenen Kinder einzugestehen. Das schmerzt, außer man behält die Meinung trotz widerlegter Argumente bei.« Für den wirtschaftspolitischen Leitartikel gilt das freilich nicht weniger.

So offiziell alternativlos der gängige Kapitalismus, so apodiktisch die Haltung derer, die sich ihren kritischen Schneid nicht zweimal abkaufen lassen wollen, und während die Postdemokratie im Zug nach Nirgendwo sitzt, zetert der Wut- und Wohlstandsbürger so lauthals basisdemokratisch auf den Nebengleisen herum, dass unseren Schrankenwärtern angst und bange wird: »Der eigentliche Kern der Impfkritik ist nicht wissenschaftlich, sondern nur ideologisch zu verstehen. Der Neoobskurantismus der Gegenvirologen geht Hand in Hand mit Kapitalismuskritik, linkem Naturkitsch und einem ökologisch gefärbten Mutterkult, der alles verdächtigt, was nicht nach Baumwollwindeln, Kirschmolke und Pastinake riecht« (Fleischhauer, *Spon*) – das stimmt und stimmt auch wieder nicht, denn

Kapitalismuskritik geht mit dem Neoobskurantismus nur als verkürzte, entkernte, gleichermaßen obskure einher, die von Analyse und Marx nichts, von Verschwörungsdenken und Zion aber alles weiß, so wie der Impfskeptiker gegen Big Pharma stänkert, damit der Mittelstand als Standortfaktor erhalten bleiben kann. Wie restlos immanent und systemisch konform diese Kritiken sind, zeigt sich durchweg daran, dass sie sich im paradoxalen Doppelsinn als Mainstreamkritik artikulieren: als Kritik, die vom Mainstream am Mainstream geübt wird und deren Alternativen obskur sein *müssen.* »Kritisches Bewusstsein ist verkrüppelt zum trüben Hang, hinter die Kulissen zu sehen«, schrieb Adorno in der »Theorie der Halbbildung«. »Das Gefühl, an die Macht des Bestehenden doch nicht heranzureichen, vor ihm kapitulieren zu müssen, lähmt auch die Triebregungen der Erkenntnis. Fetischisiert, undurchdringlich, unverstanden wird, was dem Subjekt als unabänderlich sich darstellt.« Diese Halbbildung, »welche die objektiv mögliche Einsicht unmöglich macht«, ist »objektiv produziert« und nämlich noch da, wo sie als systemfeindlich sich aufspielt, systemisch so nützlich wie die leutselig-doppelbödige Anti-Pegida-Haltung, die, kaum ist die Demo rum, wieder fürs Gymnasium streitet, auf dem der Nachwuchs möglichst unbehelligt unter sich ist.

Dafür jedenfalls, dass es den Leuten zu 99 Prozent blendend geht, haben sie ihr Triebleben immer weniger in der Gewalt, und freudianisch dürfte das mit dem Eindruck zu tun haben, dass es nicht reiche, für die dem Über-Ich überschriebenen Affekte immer bloß Fernsehen, DomRep und Spielkram zurückzukriegen: »Marcel Reif ist binnen weniger Tage zweimal attackiert worden«, meldete die *Süddeutsche* am 6.3. unter der Überschrift »Reizklima« und wusste weiter, dass es längst keine Ausnahme mehr sei, einem Sportreporter für eine missliebige Ansicht an den Kragen zu gehen oder sonstwie gewaltsam mitzuteilen, dass der »auf Touren gebrachte Kleinbürger« (Adorno a.a.O.) gar nicht weiß, wohin mit seiner Zufriedenheit: »Immer häufiger, in Stuttgart etwa, derzeit letzter der Bundesliga, treffen gebeutelte Spieler am Zaun auf hasserfüllte Fans. Der 1. FC Köln, von hoher Strafe bedroht, weil Zuschauer neulich den Platz in Mönchengladbach stürmten, sieht ›existenzgefährdende‹ Entwicklungen« (*SZ*), und im Internet, diesem »absolut asozialen Ort« (Andrew Keen), wird sowieso »gepöbelt, was das Zeug hält« (*SZ*).

Weil es uns besser geht denn je.

Kritik, die in der alternativlosen Gesellschaft kein Ziel mehr hat, sucht sich ihre Objekte selbst, und wenn ein Fußballreporter für ein Spielergebnis so sinnlos haftbar gemacht wird wie der Jud' fürs Arbeitsamt, dann weil die Ohnmacht von Kritik anders nicht ins Bild zu bringen ist. Widerstand, begriffslos, wie er ist, wird zur aktionistisch-zirkulären, blindwütigen Privatsache, und ob handgreiflich auf Reporter oder per Shitstorm auf Impfbefürworter eingedroschen wird, stets wird auf Fakten verzichtet und gibt es nur ein hermetisches Innen und ein feindliches Außen. Das ist in Wahnsystemen ganz selbstverständlich, in politischen Talkshows mit DDR- oder Griechenlandbezug allerdings auch. Hat (um einen Satz von Peter Hacks zu variieren) die Gesellschaft keinen Platz für den Menschen, hat der Mensch keinen Platz für die Gesellschaft, und »extreme Selbstbezogenheit« stellte der Blog schockfaktor.de denn auch nach einem »Besuch bei den Impfgegnern« auf Facebook fest; was in der Sache liegt, denn Impfen ist, umgekehrt, »ein solidarischer Akt« (*SZ*). Weshalb der *FAZ* zur rundum solidarischen Impfpflicht in der DDR auch bloß das Dümmste, die Alternativlosigkeit denunziatorisch Feiernde einfiel: »Auch an dieser Front wurde der Klassenkampf geführt«; und wird ja bis heute bitter damit bezahlt, dass es »gerade im Nordosten Deutschlands nur eine Handvoll Masernfälle gibt«.

So ist das mit den langgehegten Ansichten: Die einen können sie nicht aufgeben, und wir anderen müssen sie uns immer und immer wieder anhören. Sagen wir von Glück, dass der Kapitalismus nicht depressiv macht.

April 2015

Dicht

Draußen zuhause: Neue Überlegungen zur Mittelschichtsuniform der Deutschen

1

Das »zwischen Müdigkeit und Verzweiflung schwankende Gefühl eines Medienkritikers, wie sinnlos sein Tun ist« beklagte der müde, verzweifelte Stefan Niggemeier am 29.3. in der *Frankfurter Allgemeinen Sonntagszeitung*, weil er halt wieder nicht dazu gekommen war, mal zwei Sätze Kraus zu lesen, und deshalb die »Fehler und Grenzüberschreitungen« beim sensationsfixierten Berichten über den lebensmüden »Todespiloten« (focus.de) von Seyne-les-Alpes als unjournalistisch (und nicht etwa das Gegenteil) beklagen musste. Plausibler schien da dem kritischen Zeitungskunden das eigene Schwanken gewesen zu sein, als die Funktionsjackenfreunde, vom frühen Aprilwetter angestachelt, den Heimweg vom Bahnhofskiosk derart geschlossen bevölkert hatten, dass ich mir vorgekommen war wie Veronica Cartwright am Schluss von »Invasion of the Body Snatchers« (1978), als sie merkt, dass alle, wirklich alle von Weltraummikroben in Untote verwandelt worden sind.

Fürs rettungslose Umprogrammiertsein dieser meist noch kaufkräftigen Seelen spricht, dass seit der Fundamentalkritik Mark-Stefan Tietzes in *Titanic* 10/2010 (»Überleben um jeden Preis«) alles womöglich noch schlimmer geworden ist und die wasserdichte Mischung aus Selbstaufgabe, Effizienzgesinnung und latenter Militanz den öffentlichen Raum so fugenfrei dominiert, dass die Einschätzung des Kollegen, die »Outdoorklamottenträger« stellten sich »bewusst außerhalb unserer Gemeinschaft«, fast überholt scheint, wo die Zeit- und Klassengenossen längst mehrheitlich die Bereitschaft signalisieren, jederzeit im Wald zu schlafen: »Sie lehnen unsere Zivilisation, die seit jeher auf der ständigen Verfeinerung der Geschmackssinne beruht, nicht nur ab – sie hassen sie … Was sich hier als vorgebliche Liebe zur Natur und äußerste Individualität äußert, ist der uralte Affekt gegen den Pöbel, die Massengesellschaft und die Demokratie … Der Outdoormensch [träumt] von einer Freizeit, die komplett unter dem Diktat des Leistungszwangs steht. Allein oder in kleinen Teams will er den Lauf im Hamsterrad selbstbestimmt fortsetzen, will da draußen emsig Abenteuer erleben, fleißig Natur erschließen, erobern und kolonialisieren … Es ist etwas eminent Soldatisches an dieser Haltung … Die Funktion dieser Kleidung ist klar: Sie demonstriert Militanz und soll das Überleben sichern, das Überleben in einer als durchgehend feindlich wahrgenommenen Umwelt.« In welcher der Mittelschichtler sich bekanntlich zwischen »Anzugträgern« oben und »Ballonseideproleten« unten eingeklemmt sieht, deren Moden die gute Gesellschaft (Anzug) oder die schlechte Gesellschaft (Ballonseide) zitieren, während Funktionskleidung die wilde Freiheit des Naturzustands feiert, die schon den Germanen wider die Römer zum Vorteil gereichte und die der Deutsche, gerade wo er die Dinge unpolitisch betrachtet, gern gegen eine Zivilisation in Stellung bringt, die mit Kultur, wie er sie versteht, noch niemals recht in Deckung zu bringen war.

2

Gleichzeitig ist das Defensive, Geduckte aller Funktionsgesinnung evident, und die Attraktion von Funktionskleidung ist, dass sie den Traum vom vital zu zwingenden Naturparadies mit dem ganz gegenteiligen von frisch-cleaner Unkörperlichkeit verschränkt: »leicht und flexibel in Kombination … Leichtigkeit trifft Atmungsaktivität« (Jack Wolfskin, Sommerkatalog 2015). Noch da, wo sie sich neonblau oder lavarot in die Seh- und Geschmacksnerven brennt, lässt die Funktionsklamotte – die, anders als Mode schlechthin, nie die geringste Ambition vorschützt, auf »Persönlichkeit« oder »Individualität« zu wirken – ihre Trägerin so unterm Technozwirn verschwinden wie der mit Assistenzsystemen vollgestopfte Luftfederungs-SUV seinen komfortsüchtigen Fahrer, und wenn *FAS*-Redakteur Maak mit der S-Bahn in die Vororte fährt und anhand von Lederjacken Sozialphänomenologie betreibt, dann fällt ihm der Anteil Projektion daran nicht auf: »Lederjacken und Anzüge können, müssen dort«, im urbanen Zentrum, »so aussehen, als seien sie auf den wohlgeformten Yogaworkoutkörper aufgemalt, während die Peripherie auf der Tatsache zu beharren scheint, dass Anziehen Verhüllen bedeutet. Je näher man der Endstation kommt, desto höher wachsen auch die Kragen der Lederjacken, als wollten sie ihren vom Leben gebeutelten Insassen von der feindlichen Welt abschirmen. Die Lederjacke ist hier – anders als im Zentrum, wo sie als Ankündigung von Abenteuerbereitschaft zu verstehen ist – tatsächlich Schutzkleidung … Solche Jacken zieht an, wer befürchtet, bald draußen schlafen zu müssen«, der vom Leben gebeutelte Prolo nämlich, während der im »Leben«- oder Reiseteil der Sonntagszeitung blätternde North-Face-Mittelschichtler zwar dieselbe Angst vor der Endstation hat, aber noch genügend Geld für jene Art Schutzkleidung erübrigen kann, die gleichzeitig seine prinzipielle Abenteuerbereitschaft meldet: Andere *müssen* draußen schlafen, ich hingegen *kann*.

Funktionsjackentum wäre mithin so was wie der Snobismus der dummen Kerls (und freilich *Mädels*), wenn Snobismus nicht höheren Geschmack voraussetzte, während Funktionskleidung die radikale, geradewegs calvinistische Ablehnung von Geschmack ist: Praktisch soll Kleidung sein und keine Ansprüche stellen, denn wer das Geld verdienen muss, das Ober- und Unterschicht Tag für Tag aus dem Fenster juxen, der hat nicht die Zeit, die unsere Society-Damen bei Gucci und die Türkenmädchen bei Primark so lustvoll verplempern.

Es ist also mehr als bloße Freudlosigkeit, was die Leute am heiligen Sonntag ihren Familienkuchen in trümmergrauer Trekkingmontur besorgen lässt; es ist die pfahlbürgerliche Interpretation von Ohnmacht und Beschränkung »als gelungene Einpassung ins Unvermeidliche und als unvergrübelt praktischer Sinn« (Adorno). Wer Angst hat, vom Weg abzukommen, ist schon semantisch für Extravaganz nicht zu haben und macht die sportiv kaschierte optische Anonymität zur Tugend in der Not: nur nicht auffallen, die Reihen fest geschlossen halten.

Wie beim Discounter, wo laut Markus Metz und Georg Seeßlen »die Ware keineswegs durch Differenz, sondern durch Ähnlichkeit zu[schlägt]«, wird Arbeitskraft in der Kolonne als bei Wind und Wetter verfügbar offeriert, und wer dazu das Softshell-Modell »Resilient Dynamic« trägt, hat entweder einen feinen Sinn für Ironie oder überhaupt keinen. Dass, unterm frühen Dauerfeuer der Bildungsrepublik, bereits Kita-Kinder sich tatzenbejackt als flexibel und strapazierfähig ausweisen müssen, mag da als deprimierend empfunden werden, ist aber lediglich konsequent.

3

Auch andere Kleidungsstücke sind freilich uniform, und Jeans und Lederjacke machen nicht automatisch zu James Dean. Ihr Differentes ist ihnen allerdings nicht auszutreiben. Eine Outdoorjacke dagegen ist in ihrer funktionalen, unzweideutigen Hermetik (eben!) das nicht Umzudeutende oder zu Transzendierende, das Erwachsene und Uncoole schlechthin: das Gegenteil von Pop, für jugend- oder subkulturelle Codierungen geschlossen. Nach Georg Simmels »Psychologie der Mode« kommt diese ja stets »von außen« und wird von den höheren Ständen (heute: Stilikonen) nach unten durchgereicht; Funktionskleidung hingegen ist die autarke (wiederum: eben!) Idee der arbeitenden Mittelschicht und auch in dieser Hinsicht arretiert und immobil: die Garderobe der prekär Arrivierten und jenes tiers état, der längst nicht mehr Simmels »Stand der eigentlichen Variabilität« ist, sondern sich vorm ständigen Anpassungs- und Leistungsdruck vor den »Tatort« flüchtet und montags wieder per Texapore zu überleben hofft.

»Interessant« fand ein faz.net-Nutzer nach dem Krebstod des Tuchträgers Helmut Dietl dies: »Wenn ein Linker stirbt, darf sogar das Wort ›volkstümlich‹ benutzt werden« – zu solcherart paranoiden Null- und Aftermeinungen passt dann die den Kopf vor jeglicher Frischluft bewahrende Elementartrotzjacke wie die Faust aufs Auge griechischer Faulpelze, und die Sehnsucht nach der simplen Lösung ist der Entschluss zum Outdooroutfit, an dem ja gleichfalls alles spurlos abperlt: »Dein Schutz gegen alle Wetter« (Wolfskin op. cit.) bzw. »Ich bin raus« (Slogan Fa.

Schöffel), und zwar nicht aus dem Meeting oder der Teeküche, sondern aus Diskurs, Gesellschaft und was immer noch die Übersicht gefährdet. Die Begeisterung fürs nuancenlos-praktische Vokabular aus zeitnah, spannend, nachvollziehen korrespondiert damit plausibel.

Aller Mode, heißt es bei Simmel weiter, ist es »zwar wesentlich, dass sie alle Individualitäten über einen Kamm scheert; allein immer doch so, dass sie nicht den ganzen Menschen ergreift; sie bleibt ihm, wegen ihrer Veränderlichkeit, die gerade an der Beständigkeit des Ichgefühles ihren Maßstab hat, immer etwas relativ äußerliches, gegen das er seine Persönlichkeit als pièce de résistance empfindet, wenigstens im Nothfall empfinden kann.« Diesen Befund zu invertieren heißt, zur Wahrheit über die uniformen, uniformierten Träume jener zu gelangen, die lieber draußen allein sind als im Büro: Ist das Ichgefühl im Arsch, weil »in der Gesellschaft der Blödmaschinen ein scharfes Ich [nicht] zu denken ist« (Metz/Seeßlen), wird's die Jacke richten müssen, als strapazierfähige pièce de resignation, die noch da Atmungsaktivität behauptet, wo es ihren Opfern längst die Luft abschnürt.

Mai 2015

Es gibt Grenzen

Deutscher Klimawandel: Über den Flüchtlings- als nationalen Opferdiskurs

Man soll nicht sagen, der *Spiegel* habe kein Mitgefühl. Er ist, was Empathie belangt, sogar überaus akkurat und gibt acht, dass niemand übersehen wird. Wenn z.B. Samuel Osei, 21, aus Ghana Angst hat, weil ihn in seinem Greifswalder Asyl »zwei Neonazis« bis vor die Wohnung verfolgt, beschimpft und seinen Briefkasten demoliert haben, dann wird das in der Ausgabe 31/2015 (»Fremdenhass vergiftet Deutschland«) nicht unterschlagen. Wenn indes eine »Nation«, und gar die deutsche, sich fürchtet, und zwar vor ein, zwei, vielen Oseis, dann muss man ebenda ein bisschen ausholen dürfen: »Aber da ist auch die Angst, dass es zuviel wird. Die Angst von Menschen, die zwar geben wollen, aber nur so viel, dass es ihnen nicht wehtut. Menschen, die teilen möchten, ohne wirklich etwas zu verlieren. Und deshalb bei aller Großzügigkeit schon der Meinung sind, dass es auch Grenzen geben muss, eine Begrenzung des Zuzugs … Die Lage der Nation also? Wenn es um Flüchtlinge geht, ein Zustand der Verunsicherung … Die vermutlich 400 000 Asylbewerber in diesem Jahr sind der Härtetest für die neue Willkommenskultur. Hält sie das aus, hält sie das durch?«

Es steht mithin schlecht um Deutschland, und während statistisch jeden Tag eine Flüchtlingsunterkunft angegriffen oder gar angesteckt wird, und zwar nicht allein von Neonazis – »viele Tatverdächtige sind zuvor nie als Extremisten aufgefallen« (*Spiegel online*) –, und das Bundeskriminalamt, für rechtsaußen betreffenden Alarmismus eher nicht bekannt, »völkische Ideologie« anzeigt, hat das Land Angst, ist tief verunsichert, ringt mit sich und seiner Willkommenskultur. So schlimm steht es, dass die Sozialdemokratie schon wieder Gewehr bei Fuß steht: »In der Diskussion über Maßnahmen gegen die stark steigenden Flüchtlings- und Asylbewerberzahlen hat sich der baden-württembergische SPD-Vorsitzende Nils Schmid bereit gezeigt, die Abschiebung in weitere Balkanstaaten zu vereinfachen. ›Da bin ich offen. Es wäre jedenfalls ein Signal an die dort lebenden Menschen, dass sie nicht über das Asylrecht kommen können, sondern allenfalls die Chance der legalen Zuwanderung haben, wenn sie hier in den Arbeitsmarkt passen‹« (faz.net). Und schon »kippelt die Stimmung« (*Spiegel*), denn »halb Afrika ist auf dem Sprung« (*Stuttgarter Nachrichten*), ja fühlt sich laut *Zeit* Altaußengauner Genscher an seine Kindheit erinnert und sieht vorm geistigen Auge »brennende Synagogen und zerstörte jüdische Ladengeschäfte«. Während im niedersächsischen Aufnahmelager Bramsche »zwei Sanitärcontainer« (faz.net) in Flammen aufgehen.

Dem guten Deutschland können solche Meldungen nicht genehm sein, dem Land, das seine Untaten nur verübt, um aus ihnen zu lernen, und das stets begehrt, nicht schuld an ihnen zu sein; und wenn der *Spiegel* »das Wunderbare dieses Landes« beleuchten will, das schließlich »erwachsen geworden« sei, dann erinnert er geradezu gern an die dunklen Jahre 1992ff., an Rostock, Mölln und Solingen, an die noch kindische »Rohheit eines Landes, das sich nach dem Mauerfall durchschüttelte und viele Deutsche aus ihrem alten Leben warf. Es war eine Zeit, als die Angst, zu kurz zu kommen, zur Massenparanoia wurde und manche die Zivilisation niederbrennen wollten.« Versailles mithin reloaded; und unterm Druck durchschüttelnder Verhältnisse tut man schon mal Dinge, für die sich hernach gut schämen ist: »In einer dunklen Stunde der Ausländerpolitik einigten sich Union, SPD und FDP auf den Asylkompromiss; sie schränkten den Asylartikel so ein, dass de facto nicht mehr viel übrig blieb«, und daran, an die Drittstaatenregelung nämlich, »muss man heute erinnern, um zu begreifen, welch weiten Weg das Land danach ging. Was seitdem gewonnen wurde und was nun, im Jahr 2015, wieder verloren zu gehen droht – ein Kulturwandel, Klimawandel, ein Kopfwandel.«

So dunkel kann die Stunde also nicht gewesen sein, wenn sie, wie die sagenhafte Stunde null, doch dafür gut war, das von Asylantenhorden unbehelligte Land einen weiten Weg gehen zu lassen; denn »als die Asylbewerberzahlen jahrelang um 30 000 lagen und Ausländerpolitik im politischen Streit kaum noch eine Rolle spielte«, ließ sich leicht das Bleiberecht liberalisieren und konnten mit allerlei Sprach- und Integrationskursen Bonbons verteilt werden, weil kein Autochthoner Angst haben musste, ihm fresse wer die Süßigkeiten weg. Weg aber ist plötzlich die europäische Solidarität, die aus deutscher Sicht darin bestand, halb Afrika im sicheren Drittstaat anlanden zu lassen, und wenn Briten und Balten den Spieß jetzt umdrehen, dann ist es vielleicht eine rhetorische, aber gute Frage, ob nicht »am Ende die Gutwilligen doch wieder nur die Naiven, die Dummen« sind. Und damit sind nicht die Schweden gemeint, die, gemessen an der Bevölkerungszahl, mehr als dreimal so viele Menschen aufnehmen. Von der Türkei, die »ohne viel Tamtam« (*SZ*) anderthalb Millionen syrische Flüchtlinge beherbergt, zu schweigen.

Die deutsche Flüchtlings- und Asylerzählung, zumal in der National-Illustrierten *Der Spiegel*, ist also eine des dreifachen Opfers, welche die primären Opfer bedauert (»ob Mohammed J., 27, aus Syrien, der aus dem zerstörten Kobane floh, oder Oltiana D., 26, aus Albanien, die sich nichts mehr wünscht als Arbeit und eine Schule für ihre Kinder«), um darauf zu bestehen, dass die Einheimischen, so opferwillig und hitlerfern sie neuerdings sind, ein natürliches Recht haben, nicht zum Opfer von die »Wohlstandsinsel Deutschland« überrennenden Habenichtsen zu werden, und dass die Reaktionen, wie hässlich und unerwünscht auch immer, eben nur Reaktionen sind: »Der Hass und die Heime« – aber eben kein Hass ohne Heime. Und dafür, dass jetzt allüberall Heime stehen, halten sich die Landsleute doch eigentlich ganz gut: »Es spricht für die Deutschen, dass die Zahl 400 000 die Stimmung noch nicht zum Kippen gebracht hat.« Dass also nur hier und da mal Container brennen und noch nicht die, für die sie gedacht sind.

Dabei kann eine Stimmung freilich leicht kippen, wo sie, unter generöser Verwendung der gängigen Propagandavokabeln (»Asylmissbrauch«), gemacht und politisch ausgenutzt wird, und wenn Politik, wo sie Horst (»Wessel«) Seehofers »harten Kurs« (*SZ*) verfolgt, bloß »vor der Realität kapituliert«, wie der *Spiegel* infam insinuiert, dann steht diese Realität natürlich nur auszugsweise in der Zeitung. Immerhin wusste *Spiegel online* vom Balkan als ganz und gar nicht sicherer Herkunftsregion, mindestens für Sinti und Roma, die ein Drittel der balkanischen Flüchtlinge stellen und von Frankreich als »gruppenspezifisch Verfolgte« anerkannt werden, und wer aus dem Kosovo flieht, der flieht aus einem mafiotischen Armenhaus, das einzurichten Deutschland an vorderster Front mitgewirkt hat. Überhaupt ist der Anwurf, Europa schaffe im Ausland die Armut, vor der die Leute Reißaus nehmen, nicht so gratis, wie er klingen mag. »Zum Zwecke effektiver Plünderung zwingt die EU afrikanischen Staaten Freihandelsabkommen auf«, berichtete *Konkret*: Mit Zuckerbrot und Peitsche werde Afrika »für die gnadenlos überlegene europäische Konkurrenz« geöffnet. Das Beispiel mit den Geflügelresten, die, in Europa unverkäuflich, die afrikanischen Märkte ruinieren, ist das bekannteste, aber nicht das einzige: Auch der Export von Milchpulver oder das Leerfischen afrikanischer Gewässer durch westliche Fischereikonzerne lässt Millionen arbeits- und perspektivlos (wenn nicht hungrig) zurück, und vor dieser »rücksichtslosen Interessenpolitik der EU« (ebd.) wird die Rede vom »Konsens der begrenzten Barmherzigkeit« (*Spiegel*), den aufzukündigen sich das nationale Interesse vorbehält, halt schon ein wenig schmutzig.

Wenn deutsche Aufnahmelager sowohl attackiert als auch von Spenden und ehrenamtlichem Engagement überrollt werden, dann hat die »Gutwerdung der Deutschen« (Eike Geisel), die nicht gut sein können, ohne deutsch zu bleiben, ins Bild gefunden, und dass lt. *Spiegel* »der Traum vom besseren Leben« als Asylgrund jedenfalls ausfalle, ist noch so ein Konsens, der nicht wissen will, wo das schlechte Leben, das so viele fliehen, seinen Grund hat. Diese systemisch nötige Ignoranz lässt sich gut mit dem völkischen Gedanken verschränken, der »im Land, das Fremden die Hand reicht« (*Die Zeit*), noch immer versprengte Anhänger hat: »Ein Einwanderungsgesetz darf nicht als falsches Willkommenssignal an die vielen verstanden werden, die man nicht einladen kann, ohne die eigene Gesellschaft, das eigene Volk (ja, das gibt es noch) zu gefährden« (Reinhard Müller, *FAZ*), weshalb die vielen Bürgerbegehren widers Flüchtlingsheim nebenan diese Einladung auch so lauthals dementieren. Wie auch die hohe Politik verlässlich volkstümlich wird, wenn es gegen Ortsfremde geht, und die Signale so gut hört wie zu vergangenen, rohen Zeiten: »Anfang Juli, wenige Tage nachdem in Meißen die Asylunterkunft brannte, hat der Bundestag eine Verschärfung des Asylrechts beschlossen. Künftig können Flüchtlinge … inhaftiert werden. Bundesinnenminister Thomas de Mazière (CDU) sagt, die Härte gegenüber Neuankömmlingen sei nötig, um ›die Zustimmung zur Zuwanderung und der Aufnahme von Schutzbedüftigen in Deutschland zu sichern‹. Als würden die Bürger die Asylpolitik eher akzeptieren, wenn manche Flüchtlinge interniert werden.«

Und dass er das nicht glaubt, glaubt der *Spiegel* freilich selbst nicht.

September 2015

Willkommen und Abschub

Vom Land der Hoffnung in die multiethnische Volksgemeinschaft: eine Reisewarnung

»Und doch, welch Glück, geliebt zu werden,
Und lieben, Götter, welch ein Glück!«
Goethe

Was dem einen Eule, ist dem anderen Nachtigall, und so ist es gar kein Widerspruch, wenn Deutschland, dessen »schamlos arschlöcherige Gegenwart« man mit Magnus Klaue beklagen durfte, neuerdings das »Land der Hoffnung« mit »gutem Image« (Merkel) ist; das sich, soweit es die »Flüchtlingsmisere« (*Spiegel online*) betrifft, entscheiden darf, ob es dem ungarischen Faschisten Orbán die Leviten lesen will dafür, Flüchtlinge in die BRD durchzuwinken, oder doch eher dankbar sein, dass er Deutschland, vor Wochen noch eurohalber das Oberarschloch, als Hoffnungsland Nummer eins sich auszeichnen lässt. Auch wenn in diesem Land, wie ein ungarischer Staatssekretär im *SZ*-Interview in aller gebotenen Mokanz bemerkte, »das Buch von Thilo Sarrazin … in fast zwei Millionen Exemplaren verkauft [wurde]. Und dann sagte Frau Merkel, Multikulti sei ›gescheitert‹. Da gibt es offensichtlich eine neue, realistischere Sichtweise der Deutschen, aus der die Ungarn die Lehre ziehen können, dass das alles so wunderbar einfach nicht ist mit der Integration anderer Menschen und Religionen.«

So kommt zum Schaden Spott. Das hat man im »Vierten Reich der Moral« (Eike Geisel) nämlich nun davon, dass sich die Kunde von der deutschen Durchzivilisiertheit, die aus Auschwitz ein Sommermärchen werden ließ, in der Peripherie herumgesprochen hat und das Ziel der zeitgenössischen »Völkerwanderung« (*Die Welt*) Deutschland heißt. Und weil das so ist und aus dieser Nummer kein Herauskommen (»Deutschland tut das, was moralisch und rechtlich geboten ist«, Merkel), kann man von all den »wunderbaren Negern« (CSU-Herrmann) schon gar nicht mehr genug bekommen – nicht obwohl, sondern weil »die Gewalt gegen Flüchtlinge nicht abreißt« (*Süddeutsche*), und nicht obwohl, sondern weil sich der Chef der CSU-Landtagsfraktion bei einem Arbeitsbesuch in der Schweiz übers dortige Asyl-Hauruckverfahren informiert, das auch die Kanzlerin, bei aller guten Hoffnung, als Vorbild preist. Und als vorbildlich freilich preisen kann, weil und während die sog. Zivilgesellschaft (oder wenigstens ihr engagiertes Zehntel) einen geradezu entfesselten Hilfswillen zeigt: »Refugees welcome«.

Denn auch in nationaler Dialektik ist das Vaterland ja mittlerweile Weltmeister: Das gute Deutschland ist immer so gut, wie das schlechte schlecht ist, und wo das schlechte Tag für Tag Fremde anzuzünden versucht, kommen Patrioten nicht nur mit der Gulaschkanone zur Hilfe: »Womöglich hat der sich um Volksnähe bemühende Sigmar Gabriel die Extremisten am meisten getroffen, als er von den ›undeutschesten Typen‹ sprach, die er sich vorstellen könne«, sprach der Deutschtumsexperte Müller in seiner *Frankfurter Allgemeinen*. »In der Tat: Gewalt gegen Hilfesuchende ist nicht patriotisch, und Rassisten können sich nicht auf die Nation berufen«. Auf den proletarischen Internationalismus allerdings noch weniger; dafür aber auf den Auflagenmillionario Sarrazin. So dass zwar einerseits der Vorbehalt wider Parallelgesellschaft, Allah und Ehrenmord groß genug ist, um an einem Schulsystem festzuhalten, das Muselmanen und andere Bürger zweiter Klasse systematisch benachteiligt, andererseits der *Stern* die »Bildungschancen« für die neuen Migranten zur nationalen Solidaritätsaufgabe erklären kann. Denn wenn Deutschland zum Einwanderungsland werden muss: »Die deutsche Wirtschaft leidet schon jetzt unter Arbeitskräftemangel. Der wird sich in der Zukunft massiv verstärken. Die Bundesagentur für Arbeit hat ausgerechnet: Ohne Zuwanderer verfügt der deutsche Arbeitsmarkt bis 2030 über neun Millionen potenzielle Arbeitskräfte weniger als heute«, lässt sich die neue Chancengesellschaft als multiethnische Volksgemeinschaft installieren, in der junge, dankbare, willige Flüchtlinge (»Sie bringen der Gesellschaft ihre Jugend, ihre Tatkraft«) die seit Generationen Abgehängten – laut einer älteren Diagnose des *Stern*- und Buchautors Wüllenweber: die seit Generationen Abhängenden, nämlich »Asozialen«, die als Unterschicht »unser Land ruinieren« (München 2012) – aus dem Getto noch viel älter aussehen lassen. Und je segregierter, sozial bereinigter eine Stadt wie München ist, desto stürmischer die Liebe zu jenen Nächsten, denen zu helfen eins nicht aufs Hasenbergl, sondern bloß zum Hauptbahnhof muss: »Die Spendenbereitschaft der Münchner für die Zugflüchtlinge aus Ungarn ist so groß, dass jetzt sogar Kleider, Lebensmittel und Hygieneartikel übrig sind« (*SZ*). Und dann fließen, laut Tagesthemen vom 5.9., sogar Tränen. Bei den Deutschen, die es rührt, dass sie Ausländern Guten Tag sagen.

Dabei sind die Flüchtlinge im deutschen Bürgerdiskurs auch darum die Guten, weil sie den hochmoralisch sanktionierten Rückgriff aufs Neoliberale erlauben, das ja zuletzt etwas in Verruf geraten war. Es gibt Nützlinge (aus Syrien) und Schädlinge (vom Balkan), und zuviel Staat ist ungesund. »Deutsche Gründlichkeit ist super. Aber jetzt ist deutsche Flexibilität gefragt«, lautete die Parole, unter der die Bundeskanzlerin laut *FAZ* vom 31.8. »Rechtsextremen den Kampf an[sagte]«: »Beim Brandschutz oder Emissionsschutz« müsse der Staat »vom Standard abweichen können, um die Einrichtung von Flüchtlingsunterkünften zu vereinfachen«, was freilich nicht als Witz gemeint war. Die Asylverfahren müssten »schneller werden«, wie sich auch das Amtsblatt *Der Spiegel* für sein »neues Deutschland« in aller Vorfreude »pragmatische, unkonventionelle, schnelle Lösungen« ausmalte, die schließlich »unausweichlich« seien, womit sich so manche Abschiebung als alternativlos herausstellen dürfte.

Genauso hoffnungsvoll ahnte der *Stern*-Deuter Wüllenweber einen »Verteilungskampf« um Wohnraum und Sozialleistungen, und sein Kollege Peters wusste zu melden, »ein Großteil der Asylantenkinder« sei »ausgesprochen gut vorgebildet und den deutschen Mitschülern in Mathematik und Naturwissenschaften oft haushoch überlegen«. Weshalb z.B. »an der Berliner Müggelschlösschen-Grundschule«, wo die Integrationsbereitschaft ja bereits im Namen allen Niederschlag findet, Eltern gedroht hätten, »ihre Kleinen wegen der vielen Flüchtlingskinder von der Schule zu nehmen«, denn die sind, wie's ausschaut, zu dumm bzw. zu klug: »Die oder wir – mancherorts hat der Verteilungskampf um die Ressource Bildung längst begonnen.«

Warum Bildung aber überhaupt eine Ressource ist und eine endliche obendrein, um die gekämpft werden muss, bleibt das Geheimnis der freiheitlich-demokratischen Grundordnung, deren Nutznießer zwar Teddybären an Flüchtlingskinder verteilen, das Eingemachte allerdings lieber bei sich wissen. Schließlich werden bekanntlich Facharbeiter benötigt, und dazu braucht's kein Abitur.

»Ein Gutes hat der Klimawandel: Wenn Bayern zum Dschungel wird und Mitteldeutschland zur Halbwüste, gehen die Flüchtlinge woanders hin!« (Leserkommenar auf faz.net) – damit niemand merke, wie wenig exklusiv das Ressentiment bei der Kundschaft von Springer und RTL zuhause ist, wird, was nicht ins Bild vom »Volk, … hunderttausendfach hilfsbereit« (*FAZ*) passt, in den proletarischen Nazi-Osten abgeschoben. Nur allzu gern dozierte Jochen Staadt vom Berliner »Forschungsverbund SED-Staat« in der *Frankfurter Allgemeinen Sonntagszeitung* über »Rechtsextreme in der DDR« und den dortigen »deutschnationalen Eigendünkel«: »In der Nachkriegszeit war der Weg vom völkischen zum volkseigenen Nationalismus nur kurz. Per Befehl beendete die sowjetische Besatzungsmacht schon 1947 die Entnazifizierung. Einfache NSDAP-Mitglieder durften fortan in die SED aufgenommen werden – was DDR-weit rasch und lautlos geschah«, und jedenfalls mit weniger Getöse als die massenweise Aufnahme von Parteigenossen in CDU und FDP oder die Beförderung von Kommentatoren der Rassegesetze zu Staatssekretären im Bundeskanzleramt. »In der zweiten Hälfte der sechziger Jahre kam es parallel zu den Wahlerfolgen der NPD in den westdeutschen Landtagswahlen zu einer Welle von Hakenkreuzschmierereien in der DDR. Als Täter ermittelte die Staatssicherheit vorwiegend Lehrlinge und junge Arbeiter, die in kleinen Gruppen oder unorganisiert handelten.« Da möchte man, nach dem legendären »Versagen« der zuständigen Stellen im Fall des NSU, finden: Immerhin ermittelte hier wer; aber wichtiger fürs *FAS*-Publikum war zu erfahren, dass Ausländerhass eine Sache zonaler Nichtgymnasiasten sei, bis heute. Und so bringt die Gaucksche Formel vom hellen Deutschland hie und Dunkeldeutschland da – so nannte Oma ganz selbstverständlich ihre »Ostzone« – fürs bürgerliche Wahlvolk alles wieder auf den Begriff und in die bekannte Ordnung; wie im kriminell klitternden TV-Mehrteiler »Unsere Mütter, unsere Väter« die einzige echte Judenhasserin ja auch schon eine Arbeiterfrau war. Während die Gymnasiasten am Führer verzweifelten.

Deren Enkel und Urenkelinnen holen den Flüchtling heute heim ins Reich des guten Willens. Und wenn der stets geneigten Welt demonstriert werden kann, dass Deutschland nicht Heidenau sei (noch Lübeck, Neustadt, Remchingen ff.), schlägt Dialektik flugs zurück: Denn wo klatschend und tanzend das Arme, Hilflose, Fremde gefeiert wird, kann's im Alltagsbetrieb mit der Kriminalisierung von Armut, Schwäche und Fremdheit munter weitergehen. Und zwar unter der glitzernden Ironie, dass das Hartz-IV-Regiment das Surplus bereitstellt, das der »schweigenden Mehrheit« (*Spiegel*) ermöglicht, den rechten Rand zu halten.

Bis auf weiteres.

Oktober 2015

Außer Kontrolle

Rahmenbedingungen für Schamlos-Taktik: Über die Volksgemeinschaft als Rechtsstaat

»Wie man eine Masse anspricht, so fühlt sie sich.«
Kurt Tucholsky, 1932

Es ist ja nicht so, dass an dieser Stelle unserem Qualitätsjournalismus viel Übersicht zugetraut würde; aber wenn die Herren und Damen auch so stur in die simpelsten Denkfallen tappen: »Einen solch brisanten Stoff fürs Fernsehen zu verfilmen«, nämlich Houllebecqs Frankreich-wird-islamisch-Schocker »Unterwerfung«, »ist ein unerschrockener, respektabler und intellektuell erfreulicher Akt, vollbracht vom Rundfunk Berlin-Brandenburg«, jubelte in der *Süddeutschen* eine Christine Dössel, die fand, die Romanvorlage sei ein »gedanklicher Anreger: Was ist uns westlichen Individualisten unsere Kultur, unsere Demokratie eigentlich (noch) wert? Dass ›Unterwerfung‹ in seiner ganzen experimentellen Ungewöhnlichkeit und Theater-Bezugnahme auch noch zur besten Sendezeit um 20.15 Uhr ausgestrahlt wird, grenzt an ein Wunder.«

Da Wunder aber viel seltener sind als gute (oder schlechte) Gründe, könnte man sich aber sogar noch dümmer stellen und fragen: Wenn ein experimenteller, ungewöhnlicher Film mit Theater-Bezugnahme nicht wie üblich früh um zwei, sondern zur besten Sendezeit ausgestrahlt wird, hat das dann vielleicht damit zu tun, dass das Szenenfoto einen irritierten, ängstlichen Edgar Selge inmitten von schwarzen Burka-Damen zeigt? Und wenn anschließend Sandra Maischberger über die Angst vorm Morgenland und die Wahrscheinlichkeit des Gesehenen kakelt, bedeutet das tatsächlich, dass die ARD ein heikles Thema »pfleglich« (Dössel) behandle, oder eher, dass die arglose Frage nach dem bösen Islam wie stets bereits die Antwort weiß?

Direkt unter Dössels respektabler Unterwerfung beleuchtete nämlich, der Weltgeist ist ein Eichhorn, das Interview mit dem Kommunikationswissenschaftler und Buchautor Johannes Hillje (»Propaganda 4.0. Wie rechte Populisten Politik machen«) das sog. »Framing« bei Polittalkshows, weil der dumme Plasberg wegen einer besonders krawalligen Sendungsankündigung mal in die Kritik geraten war: »Flüchtlinge und Kriminalität – die Diskussion! Junge Männer, geflohen aus Krieg und archaischen Gesellschaften – für viele hierzulande Grund zu Sorge und Angst. Können solche Flüchtlinge überhaupt integriert werden? Wie unsicher wird Deutschland dadurch?« Für Hillje, der den »Einfluss der Rechtspopulisten auf unsere öffentlichen Debatten« beklagt, zweifellos »Suggestivfragen, bei denen eine ganz bestimmte Interpretation schon mitgeliefert wird«, so wie es, wir erinnern uns, einst Walter van Rossum für die stilbildende Sabine Christiansen diagnostiziert hatte, deren allsonntägliches »Palaver« allein dazu diente, »Deutschland erst in Gefahr zu wiegen, um es anschließend zu retten«.

Damals bedrohte der Wohlfahrtssozialismus das Vaterland, heute dräuen Kopftuchmädchen und arabische Taugenichtse, weshalb sich der christlich soziale Reichsheimatminister beeilte, aus einer Rangelei zwischen Abschiebepolizei und Flüchtlingen einen »Schlag ins Gesicht der rechtstreuen Bevölkerung« werden zu lassen, und 1200 Asylsuchende, die die Bremer Außenstelle des Bundesamtes für Migration und Flüchtlinge zu leichtfertig (oder sogar gegen Geld) mit Asylbewilligungen versorgt haben soll, für ein politisches und publizistisches Gezeter sorgten, als sei bekannt geworden, dass die Bienen sterben oder Lobbyverbände Gesetze schreiben. Von »Gift für den sozialen Frieden« giftete bei *Spon* der Vorsitzende der Innenministerkonferenz mit dem guten Namen Holger Stahlknecht, denn es sei hier abermals »der Eindruck eines Kontrollverlustes entstanden. Und wenn jetzt ein Skandal wie dieser bekannt wird, dann verfestigt sich dieser Eindruck, und das Vertrauen in den Rechtsstaat leidet«, den man halt als Rechts-Staat schätzt; und auch die Sozialdemokraten Stegner und Schäfer-Gümbel beschwerten sich (im *Tagesspiegel*) über die »katastrophale Überforderung des Bamf« und den »Kontrollverlust der wichtigsten Behörde in der Flüchtlingspolitik«.

Dass die lustvolle, mit Theweleits Männerphantasien sogar faschistische Rede vom Kontrollverlust dem oben skizzierten Framing dient, darauf gab nicht nur die *Bild*-Zeitung einen Hinweis, indem sie die Beschwerde des ehemaligen Bamf-Chefs Weise, es habe in seinem Haus weder »ein funktionierendes internes Kontrollsystem noch eine arbeitsfähige Interne Revision« gegeben, nur zu gern unters griffige Rubrum packte (»Kontrollverlust«); auch die AfD-Nazisse Weidel hatte keine Mühe, den »internen Kontrollverlust beim Bamf« mit dem »staatlichen Kontrollverlust an den Grenzen« kurzzuschließen. Die 1200 Menschen, die, wenn die Vorwürfe wahr wären, ohne korrekte Prüfung und wider geltendes Recht Papiere erhalten hätten, wären also nicht welche, denen Schlamperei, Überforderung oder sogar Korruption die rettende Lücke in einem immer rigideren Asylregime (»Kein Abschiebestopp mehr für Afghanen. Kanzlerin Merkel will alle abgelehnten Asylbewerber wieder zurückschicken können«, *SZ*, 7.6.) geöffnet hätte, sondern ein weiterer Schlag ins Gesicht des rechtstreuen Volkes, das, sofern es noch etwa Zeitung liest, es immer schon hat ahnen dürfen: »Darunter sollen sich auch notorische Kriminelle, Islamisten und Personen mit angeblichen Verbindungen zur Terrormiliz Islamischer Staat befunden haben, so heißt es bei Kennern der Vorgänge« (*Gießener Allgemeine*). Die es ja wissen müssen; sonst wär'n sie ja keine Kenner, noch dazu grundlos anonyme.

Dass die Bremer »Unregelmäßigkeiten« (Hessenschau, 23.5.) bloß wieder der AfD helfen, wie für viele der Champions-League-Satiriker Welke in seiner »Heute-Show« anmerkte, nachdem er den Abschiebestaat durch (auf angeblichen Asyl-Tourismus nach Bremen anspielende) Späße wie »Bamf-Tours – denn legal kann jeder« geadelt hatte, ist so wahr wie das Gegenteil: »Die Zeit des Flüchtlingsschutzes in Europa geht zu Ende« (Prantl, 7.6.), und noch die saubere Exekution von dessen Resten bedient die Stimmung, der seine Abschaffung entgegenkommt und die auch unsere öffentlich-rechtlichen Fernsehkasper so treudoof schüren: »Überforderte, neuerdings korrupte Behörden sind aktive Wahlkampfhilfe für die AfD. Das wär'n so Probleme, die wir mal lösen müssten. Statt dessen Kreuzpflicht in Amtsstuben«, die sich aber doch der CSU-konkurrenten AfD verdankt, die sich den vielen Islamerern verdankt, die wir den überforderten, neuerdings korrupten Behörden verdanken. Ist also, recht besehen, dasselbe Problem. Journalismus und Übersicht, wir hatten das.

Nichts hätte also der Gemeinschaft aus Völkischen hie und westlichen Individualisten da gelegener kommen können als ein Skandal, von dem schon niemand mehr wissen will, ob er überhaupt einer ist; könnte ja immerhin sein, die 1200 Menschen, um die es geht, sind, wie NDR, Radio Bremen und *SZ* herausgefunden haben wollen, in den Genuss eines offiziell vereinfachten Asylverfahrens für Syrer und irakische Jesiden gekommen: »Statt persönlicher Anhörung und erkennungsdienstlicher Behandlung genügte das Ausfüllen eines Fragebogens« (*Frankfurter Rundschau*, 4.6.). Die Busreisen nach Bremen hat es wohl gegeben, aber nur »weil andere Außenstellen überlastet gewesen seien. Der niedersächsische Landkreis Cuxhaven bestätigte dem Rechercheverbund, dass für Asylbewerber aus dem Landkreis zumindest im Jahr 2015 Bremen zuständig gewesen sei. Sie seien mit Bussen dorthin gebracht worden; den Transport hätten die Gemeinden organisiert« (dies.). Fachleute für Asylrecht halten das Amt in Bremen und seine geschasste Chefin sogar für eine »positive Ausnahme«, weil dort nicht wie üblich »mit Textbausteinen« gearbeitet worden sei, sondern es Anstrengungen gegeben habe, »auf die Einzelschicksale einzugehen« (zit. nach ebd.), wie Ulrike B. den Ruf gehabt haben soll, »Asylanträge nicht bürokratisch, sondern vor allem aus menschlichen Motiven beschieden zu haben« (hr-inforadio.de, 29.5.). Was freilich der allerbeste Grund ist, sich jetzt Bamf-Außenstellen mit zu hohen »Schutzquoten« etwa in Gießen, Karlsruhe oder Bingen vorzunehmen, denn wo kommen wir da hin, wenn uns die Kaffer die Bude einrennen, nur weil in deutschen Ämtern plötzlich aus menschlichen Motiven entschieden wird!

Also nutzen die Unmenschen vom Schlage Söder, Seehofer, ggf. Merkel (die immerhin am 11.6. das »Grenzen dicht« in Seehofers »Masterplan« verweigerte) die Gunst der Stunde und schaffen fort und riegeln ab und rüsten auf, um die Faschisten da zu schlagen, wo man sie treffen kann, beim Faschismus nämlich; weswegen focus.de seine Skandalberichterstattung, schon sprachlich eine Feier deutscher Heimat (»SPD nutzt Bamf-Skandal für Merkel-Kritik: Schamlos-Taktik könnte zum Bumerang werden«), mit der passenden, vor autoritärcharakterlicher Geil- und Kaputtheit dampfenden Umfrage garnierte: »Welche Maßnahme würde Ihrer Meinung nach die Innere Sicherheit in Deutschland am meisten verbessern? Mehr Polizisten; mehr Videoüberwachung; mehr Vorratsdatenspeicherung; schärfere deutsche Grenzkontrollen; härtere Strafen; etwas anderes; weiß nicht«.

Die Option »keine Maßnahmen nötig« fehlte bereits.

Juli 2018

Ein Echo

Warum sich in Deutschland immer alles von links nach rechts schreibt

Humanistische Grundposition würde es ja nahelegen, die qualitätsmediale Nachberichterstattung zum wöchentlichen Polittalkshowkrawall für so verächtlich zu halten wie die Sendungen selbst, erführe man aus beiden nicht, was die Oberen wünschen, dass gedacht wird, wie das, was Leute denken, die sich am Ende noch in der Rolle gefallen, ganz anders zu denken als das, was gedacht werden soll.

Also saß der Kabarettist Serdar Somuncu am 2.9. bei Anne Will herum und sah ein Legitimitätsproblem bei Kanzlerin und Regierung in Sachen »Wir schaffen das«, womit er beim Frankfurter Allgemeinen Beobachter Lübberding tags drauf auf ziemliche Zustimmung stieß: »Tatsächlich trifft Somuncu den Nagel auf den Kopf. Niemand habe sich ›Gedanken darüber gemacht, wie wir mit solchen Menschen umgehen‹«, auch wenn dafür, dass sich niemand Gedanken gemacht hat, doch das allermeiste friedlich, gesittet und in Teilen sogar erfolgreich verlaufen ist und es im christlich-jüdischen Abendland doch sowieso so sein sollte, dass, braucht jemand Hilfe, sie ihm auch als gedankenlose gewährt wird. Der »innenpolitische Grundsatzstreit« jedenfalls habe »mit der einsamen Entscheidung der Bundeskanzlerin in jener Nacht vor genau drei Jahren zu tun, die Somuncu ein Dekret nennt. Bis heute ist die Legitimation dieser Entscheidung umstritten. Sie wird in weiten Teilen der Bevölkerung immer noch nicht akzeptiert«, was damit zusammenhängen mag, dass die Erzählung von der »einsamen Entscheidung«, von Ukas und »Dekret«, die so schön an die Diktatur der gutmenschelnden Eliten gemahnt, so leidenschaftlich weitergetragen wird, obwohl bzw. eben weil sie gar nicht stimmt. Von der »Dolchstoßlegende unserer Zeit« hat mit einigem Recht der Grüne Konstantin von Notz gesprochen, wie die Rechtsredaktion der ARD die Formel von der Grenzöffnung als »grundfalsch« kritisierte, »weil es schon seit Jahren keine geschlossenen Grenzen mehr gibt innerhalb des sogenannten Schengen-Raums. Es konnten also im Jahr 2015 auch keine Grenzen geöffnet werden.« Der »Faktenfinder« des Online-Angebots der Tagesschau erlaubt auch den Blick in ein Gutachten des wissenschaftlichen Dienstes des Bundestages, wonach sich die Pflicht der Exekutive, das Parlament zu beteiligen, »im konkreten Fall ... nur schwer ermitteln« lässt. Bleibt das Versäumnis, die Flüchtenden nicht gemäß dem Dublin-Abkommen in die Länder ihrer Ankunft zurückgeschickt zu haben; aber selbst das ist, fand auch der Europäische Gerichtshof, kein Muss, zumal dann, wenn es humanitär heikel wird und auch nicht mehr recht festzustellen ist, wer wann wessen Boden erreicht hat.

Es gibt also, was den berüchtigten Tag im September 2015 angeht, keinen Rechtsbruch und kein übergangenes Parlament. Es gibt Flüchtlinge, die einfach losmarschiert sind, und die Entscheidung der deutschen Bundeskanzlerin und des österreichischen Bundeskanzlers, »dass Österreich und Deutschland aus humanitären Gründen ihre Grenzen nicht verschließen könnten«, weil »die Menschen sich nur mit Gewalt von ihrem Ziel abhalten lassen würden« (tagesschau.de). Und drei Jahre später, als die Flüchtlingspolitik längst wieder zu bewährter Gewaltsamkeit zurückgefunden hat und der Fach- und Hilfskräftemangel sich ohne migrantische Hilfe nicht beheben lassen wird, geht immer noch die hysterische Rede vom »Überstülpen« (Somuncu) der sog. Willkommenskultur, und »die sei in ihren Ausprägungen ›genauso extrem, wie die Ausländerfeindlichkeit der rechtsextremen Parteien‹. Das klingt unerhört. Tatsächlich definierte sich die ›Willkommenskultur‹ von Anfang an als Gegenentwurf zum Rechtsextremismus« (Lübberding) und definiert sich die deutsche Mitte, jedenfalls soweit sie von der *Frankfurter Allgemeinen* vertreten wird, als Gegenentwurf zur Willkommenskultur. Und kaum laufen 6000 Nazis mit Hitlergruß und kanakenjagend durch Chemnitz (und hat der höchste Verfassungsschützer des Bundes aber nichts Böses gesehen); hat sich ein Pegida-Provokateur als Mitarbeiter des sächsischen Landeskriminalamts entpuppt; hat ein Beamter des Strafvollzugs den Haftbefehl gegen einen des Totschlags angeklagten Asylbewerber öffentlich gemacht und sich die sächsische Polizei den Spottnamen »Pegizei« verdient, werden die »anständigen Menschen« in Schutz genommen, die der sächsische Ministerpräsident Kretschmer in Chemnitz zuhause weiß, zumal da, wie die *FAZ* am 1.9. half, »die Grenze zum Extremismus« eine wiederum offene ist: »Was ist mit den vielen Chemnitzern, die sich niemals als Rechte bezeichnen lassen würden, aber trotzdem ganz offen sagen, dass alle Flüchtlinge am besten sofort gehen müssten?«

Das sind im Zweifel die, deren Sorgen und Ängste Politik ja stets ernstzunehmen verspricht, während die geneigte Publizistik und Volksnähe suchende Kabarettisten »Legitimationskrisen« entdecken, und zwar ausdrücklich nicht bei Kapitalistischem wie »der Zukunft von Pflege und Rente« oder »Globalisierung, Digitalisierung und dem Klimawandel«, wo alle gleichermaßen mitsprechen und mitregieren dürfen: »Niemand bezweifelt bei diesen Themen ernsthaft die Legitimation politischer Verfahren« (Lübberding), sondern »nur« – nur! – »seit drei Jahren in der Flüchtlingspolitik«; und wer sich da gegen Kontrollverlust und Kopftuch zur Wehr setzt, ist der nicht, seine legitimen Rechte als Souverän wahrnehmend, Demokrat?

»AfD-Wähler mögen ein schlichtes Weltbild haben, ihnen pauschal Nazitum zu unterstellen ist aber nicht minder schlicht«, dekretierte seinerseits der *FAZ*-Redakteur für queeres Leben am 4.9. »Ist es nicht viel naheliegender, ihren Protest als demokratisch-populistische Gegenbewegung zu begreifen? Aber gegen was?« Bzw., deutsch, wogegen nur? Doch sicher gegen was Linkes, Volksschädliches, sonst wär's ja keine richtige Bewegung, nicht wahr; und allzu originell darf es auch nicht sein, sonst wär's nicht J. v. Altenbockum. Also ist Chemnitz grosso modo »Ergebnis einer Politik, die in der ›Identität‹ angeblich unterdrückter Gruppen einen Auftrag zur Erziehung der Mehrheitsgesellschaft sieht – die linke und die neuartige rechte Identitätspolitik«, falls nicht doch andersherum, »schenken sich da nicht viel, nur hat die linke über Jahre einen Ton angeschlagen, der jetzt ein entsprechend lautes Echo hat.« Das »logische und faktische Prius« hat Ernst Nolte das mal genannt, und wenn es rechts brüllt, marschiert und totschlägt, ist der Grund allemal und nach wie vor ein linker; oder sogar bloß linksliberaler.

Dass rechte und linke Identitätspolitik im Kern dasselbe seien, haben auch Wohlmeinende kritisiert, wobei der Unterschied, dass ein Haufen Nazis meist gefährlicher ist als eine Transgender-Demo, vielleicht in Rechnung gestellt werden muss; abgesehen davon, dass rechts die böse Theorie zur bösen Praxis führt und es links des doch immerhin Guten zuviel ist, wenn sich Frauen durch Wandgedichte molestiert fühlen und das Bemühen um Anerkennung ggf.

in die Hartherzigkeit führt. Linker Moralfaschismus als gesellschaftliche Macht und Nazi-Treibsatz, das ist angesichts ganz gegenteiliger und publikumswirksamer Versuche, »die Grenzen des Sagbaren auszuweiten« (»Vogelschiss«-Gauland via *FAZ*, 7.6.), und bei sich stetig verschärfenden Polizeigesetzen eine hübsche Projektion, wie auch ein (um das Fremdwort »importieren« verlegener) Gesellschaftsforscher auf *Spiegel online* fand: »Die Herrschaft des sogenannten ›Juste Milieu‹ oder eben der ›Political Correctness‹ musste nicht umsonst erst unter Verwendung von Fremdwörtern herbeifantasiert werden. Sie hat nie existiert und stellt in Deutschland außerhalb des Berliner S-Bahn-Rings die große Ausnahme dar«, und auch wenn das forsch fehlformuliert und also mit Salz zu lesen ist, bürgt alle Empirie für die »Nähe der Institutionen zur Rechten« als das eigentlich Bedrohliche, ob bei der wehrmachtsseligen Bundeswehr oder beim NSU-Akten schreddernden Verfassungsschutz mit seinen »Dienstleistungen für die AfD … wie Politikberatung und Beschaffung von Hintergrundinformationen über Parteimitglieder«, von der Polizei zu schweigen; während der öffentliche Dienst auch da, wo er lange Zeit eher linksliberal war, nämlich bei Lehrern und Professoren, heute als Rekrutierungspool für AfD-Personal gelten müsse (Björn Höcke, Jörg Meuthen).

Ob es nun wirklich »eine neue Dimension der Verflechtung des öffentlichen Diensts mit der Rechten« (a.a.O.) gibt oder ob das nicht die bewährte Staats- und Volkstreue deutschen Beamtentums ist – des »Herrenmenschen« (*SZ*, 30.8.) Sarrazin frisches Buch, das lustvoll den »eugenischen Weltbürgerkrieg« (ebd.) beschwört, war in Zeiten, in denen die Linke sich übers Echo nicht beschweren soll, jedenfalls schon vor Erscheinen ein Bestseller, und einen Tag bevor Kollege Leo Fischer im *Neuen Deutschland* der deutschen Medialpraxis applaudierte, Nazis auf gar keinen Fall Nazis zu nennen, war die *SZ*-Rezensentin fast soweit: Denn was, wenn »Sarrazin gerade mit der Anrufung alter Ängste um Reinheit und Blut einen Nerv trifft? Wenn also, anders ausgedrückt, manche Vorbehalte gegen den Islam nichts mit Religion oder Kopftuch oder Terror zu tun haben, mit kultureller Überfremdung und schon gar nicht mit westlichen Werten, sondern darin eine uneingestandene Furcht zutage träte, etwas nie Bewältigtes, historisch Vererbtes, was jede Debatte über Integration zur Kulissenschieberei macht? Die Antwort auf diese Frage könnte unerträglich sein.«

Gut, dass sie keiner gibt, die Antwort.

Oktober 2018

Merkel

Eine Bilanz

Mir fällt zu Merkel nichts ein, was aber nicht daran liegt, dass es sich bei ihr, wie *FAZ*-Herausgeber Jürgen Kaube in seiner tränenwarmen Abschiedseloge fand, um »die feuilletonistisch unergiebigste Politikerin seit Menschengedenken« handelt. Eher ist sogar das Gegenteil wahr, eben weil hier eine, in den Zeiten des entgrenzten »Darstellungskapitalismus« (Jürgen Roth) unerhört genug, »fast desinteressiert an der eigenen Außenwirkung« (Kaube) gewesen ist, was aber nur dann stimmt, wenn man die Maxime vergisst, es lasse sich nicht *nicht* kommunizieren. Denn das war ja die Botschaft, die im traditionell politikskeptischen Deutschland so schön aufging: dass Regierung das ist, was man nicht spürt, eine Art Hausmeisterservice, der einem nur dann auffällt, wenn er mal ausfällt.

»Weniger magisch wurde selten regiert« (Kaube), doch eben dies der alte Preußengeist, in welchem die märkische Physikerin Dr. Merkel als »Staatsdienerin« (ders.) fungierte; und dass Politik keine Zauberveranstaltung sein sollte, ist ja eine der sog. Lektionen der Geschichte, jedenfalls der hiesigen, deren spezieller Verlauf sich bekanntlich einem demagogischen Dompteur und dessen (laut Sebastian Haffner) »hypnotischer Fähigkeit« verdankt, die Massen zu einem »kollektiven Orgasmus« zu bringen. Und obwohl Merkel, was ihre legendäre Redekunst betrifft, sich vorm Führer und dessen »lachhaftem Stil« (ders.) gar nicht groß verstecken muss: »Hitlers Reden liefen langsam und stockend an, hatten wenig logischen Aufbau und manchmal kaum einen klaren Inhalt«, fehlte ihr es doch entschieden an dessen stimulierendem Genie, denn wenn die Stolperei auch ihre hypnotische Wirkung gehabt haben mag, dann keine genitale, und das muss ja auch nicht sein. »Ich bin tief beeindruckt und auch im Namen Deutschlands mit tiefer Scham erfüllt«, sprach die Kanzlerin, man erinnert sich, in Yad Vashem. »Diese Beziehungen werden immer besondere Beziehungen in Erinnerung an die einzigartigen Vorfälle bleiben.« Gremliza fand sinngemäß, nach derlei hätten die Toten auferstehen und Merkel in den Allerwertesten treten müssen; dabei war aus ihr bloß die Wahrheit gesuppt. Denn wenn es nach Auschwitz schon weiterging mit Deutschland, und zwar mehr oder minder so, als wäre nichts passiert, dann ist die Kennzeichnung »Katastrophe«, was ja »Umschlag« heißt, so irreführend, wie von einem »Verbrechen« zu reden, wenn von Millionen Schuldigen niemand belangt wird. Also handelt es sich um einen Vorfall, aber immerhin einen einzigartigen, weil Deutschland seine Lektion gelernt und seine Geschichte so vorbildlich aufgearbeitet hat, dass es zum beliebtesten Land der Weltgeschichte hat aufsteigen müssen, sehr im Gegensatz zu Israel. (Ob das nun eine hässliche Ironie der Geschichte ist oder ihre Konsequenz, ist Geschmackssache.)

2011 freute sich die Bundeskanzlerin über den Tod Osama bin Ladens, genauer darüber, »dass einer der Köpfe des internationalen Terrorismus, der so vielen Menschen auch schon das Leben gekostet hat, gefasst, also getötet wurde. Und damit auch nicht weiter tätig sein kann.« Und wieder stimmte alles, denn in einer Welt, die so eingerichtet ist, dass Terrorismus zum Geschäft gehört, ist einer, der dieses Geschäft betrieben hat, nach dem Ausscheiden ganz richtig nicht mehr tätig. Die Russisch-Olympionikin aus Templin war auch darin Kohls Mädchen, dass bei ihr Sprache weniger Mittel der Bewegung denn Ausdruck eines Zustands war, und war es beim »Macher« Helmut Schmidt schon so gewesen, dass der kapitalistische Lauf der Welt soviel Machen gar nicht mehr erlaubte (und der deutsche Kultkanzler aus Langeweile dann eine sog. Rüstungslücke erfand), wurde Kohl dann der, der die Dinge aussaß; und zwar nicht bloß Peinlichkeiten und Affären, sondern die Dinge ganz allgemein, »weil er sehr gern Kanzler war«, so der Kollege Roth abermals, der weiters dafür plädiert, den »Kohlschen Gemütlichkeitsmuff (das Leben als eine Art ewig geöffnete Schankwirtschaft)« für weitaus verträglicher zu halten als das, was folgte, nämlich die institutionalisierte Ungemütlichkeit, in Worten: Hartz IV.

Mit Gemütlichkeit allein lässt sich nämlich die dritt- oder viertgrößte Volkswirtschaft auf Erden nicht auf Trab halten, schon gar nicht, wenn sie sich um ein heillos konkurrenzunfähiges Beitrittsgebiet erweitert hat, dessen Wirtschaftsleistung, wussten die ARD-»Kontraste« am 1.11.2018, noch heute eher den Vergleich mit Rumänien als mit Bayern herausfordert. Der nächste Kanzler musste deshalb ein Niedersache sein, denn die SPD, daran erinnerte Walter Boehlich damals, »darf bei uns nur an die Macht kommen, wenn die CDU sich die Hände nicht zu dreckig machen will«, und Gerhard (»Ehemann«) Schröder hatte nicht die mindesten Bedenken, seinen Aufstieg mit dem Ruin seiner Partei zu bezahlen. Und als die Drecksarbeit dann getan war, kam Merkel, deren fehlende »Ambition auf etwas anderes als Machtgebrauch nach demokratischen Prinzipien« (Kaube) der Notwendigkeit entgegenkam, den neuen »Almosenstaat« (Prantl) zu verwalten, vielleicht sogar so, dass es nach den kalten, ironischen Jahren unter dem Machoduo Schröder/Fischer für hygge gelten konnte, dass da, wo Politik gewesen war, jetzt Bertelsmann und »marktkonforme Demokratie« walteten und die Leute der Not überhoben, sich um andere als ihre höchstpersönlichen Angelegenheiten (Konsum, Familie) zu kümmern. Der Spott-, später Kosename »Mutti« traf es, denn Familie, man weiß es, lässt sich nicht entkommen, und am besten hat es getroffen, wer das gar nicht will. Gemütlichkeit mithin reloaded, aber nicht à la Schankwirt Kohl, sondern nach Art der milde städtischen, naturwissenschaftlich gebildeten Ostfrau; und wer immer anfangs mit der Phrase von der »Physikerin der Macht« hausieren ging – und es waren freilich praktisch alle –, der akzeptierte das quasi Naturgesetzliche einer Ordnung, der prinzipiell nicht beizukommen, nach deren Regeln allerdings zu spielen ist, und beruhigte sich über dem Gedanken, dass da nun eine Fachfrau die Sache beaufsichtigte. Der Historiker Kohl, der Jurist Schröder mochten für Verhältnisse getaugt haben, die auf die eine oder andere Art noch verhandelbar gewesen waren, in denen es Interessen und historische Pflichten gegeben hatte; was aber nun herrschte, war das in letzter begrifflicher Konsequenz Gegebene, nämlich das, was der (kapitalistische) Fall war.

Das nun wiederum kam den Flüchtlingen zugute, die sich im Herbst 2015 in Ungarn auf den Weg machten. Sie waren der Fall, und Mutti ließ der Sache ihren Lauf und die Kindlein zu sich ins heilige Deutschland kommen, das Gustav Seibt (*SZ*) gottlob rechtzeitig mit dem braven, in losen Grenzen vor sich hin dösenden Alten Reich verglichen hatte. Dass Merkel von rechts, wo man es eher mit dem Zweiten und Dritten als etwas weniger braven Reichen hat, so gehasst wird, und zwar, als etwa »Hexe«, mit deutlich misogynen Untertönen, hat natürlich damit zu tun, dass die deutsche Mutter, zumal als Mutter der Nation, zur Pflege des Blutes verpflichtet ist und nicht einfach der

»Durchrassung« (Stoiber) Tür und Tor öffnen darf. Falls Friedrich Merz, »in der alten, westdeutschen CDU verankert« (*Spon*), Erfinder der legendären Leitkultur und laut Nazi Gauland »ein kluger Mann und ein kluger Politiker«, nicht darüber stolpert, dass er beim weltgrößten, leider auch noch US-amerikanischen Vermögensverwalter im Aufsichtsrat sitzt, steht er samt »Überlegenheitskomplex« (Leo Fischer) für die Hoffnung, »dass alles wieder so werden könnte, wie es einmal war« (*SZ*, 30.10.), nämlich männlich-konturiert und ohne das weiche Gespreize, das sich Merkels relativer ideologischer Gleichgültigkeit, ihrem vielgerühmten »Pragmatismus« verdankt hat.

Folgerichtig gilt der Superwessi Merz, der schon wieder von Identität und Nation faselt, im AfD-Land jenseits der Elbe als Hoffnungsträger; dort berichten christdemokratische Bundestagsabgeordnete bereits, Merz habe »Strahlkraft«: »Die Menschen attestierten ihm eine ›weiße Weste‹, weil er mit all den Entscheidungen der vergangenen Jahre von Atomausstieg über Homo-Ehe bis Flüchtlingskrise, die für die Konservativen so schmerzlich waren, nichts zu tun hatte« (*FAZ*) und also den ganzen schwulen Kram nicht mitgemacht hat. Den der Konkurrent Spahn, dessen per Bewerbungsschreiben ebd. ausgebreitete Furcht vor »ungeordneter, männlicher Zuwanderung« wie bei Theweleit abgeschrieben klang, auch nicht mehr mitmachen will, schon um nicht in Verdacht zu geraten, und wenn Kramp-Karrenbauer, die das eigentliche Kohlsche Mädchen ist, den Kram noch mitmacht, dann nicht ohne den Gegenentwurf des strähnchenfrisurhaft Provinziellen.

Angela Merkel, diese verharmlosende Verkörperung des So-Seins, die in Zeiten von Trump und Orbán die repressiv tolerante Reaktion als Fortschritt hat verkaufen können, war so etwas wie der spätdemokratischen Weisheit letzter

Schluss, und wenn Merkel fort ist, wird es im Ernst wieder ehrlicher zugehen in der deutschen Politik: Denn so harmlos, neutral und freundlich, wie auch Merkel nie war, ist dieses Land auf keinen Fall; und wenn es in den Spiegel sieht, dann soll es sich auch sehen.

Dezember 2018

Mehr Beefsteak wagen

Wie Friedrich Merz (CDU) einmal bei sich nachlas, was jetzt zu tun sei. Ein gerechtes, buchstabengetreues Protokoll

Gut, dachte Friedrich Merz und kippte eine extragroße Tasse von dem hundsteuren Katzenkaffee in den Ficus, dann wollte er mal wieder. Wollte antreten, loslegen und aufräumen, den Bolschewismus beenden und überhaupt endlich durchgreifen, als Parteivorsitzender der (er überlegte kurz, kam dann aber drauf) Christlich Demokratischen Union Deutschlands und, nach erfolgter sowie erfolgreicher Bundestagswahl, Bundeskanzler der Bundesrepublik Deutschland. Das war sein Ziel, war es immer gewesen, schon als er damals, wie er sich ungenau und möglicherweise extrem falsch erinnerte, im heimatlichen Sauerland auf dem Mofa um die Ecken gepest war und an der Wurstbude Fritten rot-weiß geraucht hatte. Und jetzt: war es bald soweit bzw. würde es bald soweit sein, wo AKK, diese Hausfrau in Menschengestalt, diese saarländische Karnevalsprinzessin aufgegeben, in den Sack gehauen, kapituliert hatte; und wie um sicherzugehen, dass nun wirklich er, FM, an der Reihe sei, katapultierte er sich durch herzhaft doppelten Armdruck aus dem De Sede-Lovechair, den er sich nach einer Blackrock-Sonderzahlung gegönnt hatte, und kam wie von selbst vor der Bücherwand seines Arbeitszimmers zu stehen.

Gut, dachte er versehentlich abermals, Bücherwand, das war vielleicht zuviel gesagt. Regal traf es wohl eher. Die schwarze Kunst, sie blieb zwar wichtig, aber doch zuerst als christlich demokratische oder eben bei Blackrock; und wenn er in der Hauptsache Sachbücher las, dann weil er Sachpolitiker war, Sach- und Machpolitik betrieb. Hier z.B., Stendhal, »Rot und Schwarz«, da hatte er die erste Hälfte aus programmatischen Gründen übersprungen und die zweite dann natürlich nicht kapiert. Oder »Der Zauberberg«, ein Geschenk seiner Frau: Junge Männer, die jahrelang in Sanatorien auf der faulen Haut lagen, wo gab es denn so etwas!

Er fuhr zusammen, wie erwischt. Hier, dachte es abgrundtief und regelrecht gähnend in ihm, hier gab es das, in der Bundesrepublik Deutschland. Das Wort »Gesindel« fiel ihm ein, aber damit hatte er ja neulich erst etwas anderes gemeint. Erst etwas anderes, und dann noch einmal etwas anderes; er hatte sich sogar entschuldigen müssen. Planvoll durchsuchte er die Oberstube nach einem Wort, das wieder Ordnung schüfe und die Erinnerung, ja Überzeugung untermauern hülfe, dass das Gesindel jedenfalls jene seien, die das Geld verfrühstückten, das die Leistungsträger verdienten, Leute wie er, Leute bei Blackrock oder im Vorstand von Daimler, Zahnärzte auch. Es musste dies in einem seiner so zahlreichen wie vergriffenen Bücher stehen, und zielgewiss schoss sein Arm hervor und fand gleich sein liebstes, mutmaßlich gelungenstes: »Mehr Kapitalismus wagen. Wege zu einer gerechten Gesellschaft«.

Er fasste es fast selber nicht. Was für ein Bombentitel! Was wichtig war, gab sich die Hand: Kapitalismus, Gerechtigkeit, Friedrich Merz, und dass sich Gerechtigkeit und Kapitalismus ausschlössen, war damit quasi ausgeschlossen. »Mehr Beefsteak wagen. Wege in die vegane Gesellschaft«, »Mehr Israelkritik wagen. Wege aus dem Antisemitismus«, das waren vielleicht oder sogar zweifellos ebenfalls brauchbare Buchtitel; doch seiner war bestimmt der beste.

Geradezu gierig begann er zu blättern, es ging auch sofort sehr gut los: »Ich möchte … den Versuch unternehmen, einigen Vorurteilen und Fehleinschätzungen zu begegnen, die meiner Generation und vor allem der Generation meiner Kinder teuer zu stehen kommen, wenn sie endgültig zur Grundlage der Politik in Deutschland werden.« Denn das würden seine Kinder werden, waren sie eigentlich schon: Grundlage der Politik in Deutschland, und da galt es erst recht, Vorurteile und Fehleinschätzungen auszuräumen. Etwa dass er, Merz, nicht der weltbeste Parteichef und Kanzlerkandidat von allen wäre! Lohend erbost, wie vorsorglich gekränkt las er weiter: »Der Kapitalismus hat in Deutschland einen schlechten Ruf. ›Kapitalist‹ ist ein böses Schimpfwort, und ›neoliberaler Turbokapitalismus‹ ist geradezu verachtenswert«, jaja, alles richtig, aber wo war das Wort, das Zauberwort?

Da war es, Gott sei Dank, auf Seite 13: »Die Zahl der Leistungsempfänger nimmt kontinuierlich zu, die Zahl der Beitragszahler kontinuierlich ab.« Leistungsempfänger, und es schüttelte ihn innerlich, wie das schon klang; wie nach dem Gegenteil von (und ihm ging explosionsartig sein Lieblingslicht auf) Leistungsträger. Die trugen die Leistung, verdienten das Geld, während die anderen die Hand aufhielten, Leistungen empfingen. Hahaha! lachte es bitter oder auch tendenziell teuflisch in ihm, eine Leistung empfangen, wie das wohl aussah! Schrecklich, schrecklich sah es aus, und gerecht war es auch nicht; und er erinnerte sich klingenscharf, wie er in der Schule nie wen hatte abschreiben lassen, seine, Merzens, Leistung zu empfangen, die er sich schließlich persönlich in die Birne gepaukt hatte, Satz des Thukydides, Kriegsschuldlüge, Kurvendebatte, den ganzen Quatsch und Quack, bloß dass irgendein Faulpelz, Schwächling und Leistungsempfänger sich an ihm, Merz, mästete und auf seine Kosten eine Eins plus …

Ungerecht. Das war es: ungerecht. Und in fliegender, gleichzeitig Merz-typisch kontrollierter Hast blätterte er weiter und hatte schon, was er suchte: »Aristoteles«, du lieber Himmel, wo hatte er denn diesen Penner damals her! Hatte es 2008 schon Wikipedia gegeben? Egal: Aristoteles »unterscheidet zwischen ›ausgleichender Gerechtigkeit‹ und ›verteilender Gerechtigkeit‹ … Wenn wir bedenken, dass in der politischen Auseinandersetzung unserer Zeit nahezu nur noch von Verteilungsgerechtigkeit die Rede ist …, dann lässt sich ansatzweise ermessen, was für ein verkümmerter Gerechtigkeitsbegriff unsere Köpfe und Diskussionen mittlerweile bestimmt.«

Er gab sich alle Mühe, nicht ansatzweise loszujuchzen; las statt dessen lieber weiter, der Mund wurde ihm trocken: »Soweit unsere Marktwirtschaft von Wettbewerb und Eigentum lebt, lebt sie zum einen von der natürlichen Ungleichheit, die uns alle zu einzigartigen, unterschiedlich begabten Individuen macht«, nämlich zu ihm, Merz, dem politischen Vollprofi und Bierdeckelvisionär einer- und Spacken wie Lasch und Jensi andererseits, die es nicht konnten, nie können würden. Ungleichheit, das war es doch, hier lag des Pudels Pfirsichkern: »Und sie lebt zum anderen von der materiellen Ungleichheit, die sich aus dem freien Wettbewerb um die besten Ideen, Innovationen und Produkte notwendigerweise ergibt. Die Konsequenz, die daraus folgt, ist zwar nicht populär«, aber einer, dachte es gleichwie gurgelnd in ihm, muss den Leuten die Wahrheit sagen, die Wahrheit als daraus folgende Konsequenz!, »doch es ist ein Gebot der politischen Aufrichtigkeit, sie zu formulieren: Die Minderung materieller Ungleichheit ist in einem marktwirtschaftlich organisierten Gemeinwesen kein politischer Selbstzweck.«

Er stand erschüttert, vergaß das Atmen. Was für ein Satz. Er, Friedrich Merz, war ja – Gott! Oder jedenfalls, der Katholik in ihm besann sich rasch, ein Gott, ein Gott der unbequemen, gleichwohl glänzend formulierten Wahrheiten! Die Minderung materieller Ungleichheit kein politischer Selbstzweck – bums, da fiel die Lampe um, da biss der Kommunismus, diese lumpige Schweinerei, das Seil nicht durch, das die freien Menschen als freie Unternehmer fesselte, ja strangulierte. Die einen hatten viel, die anderen wenig, so war's gerecht und folglich richtig. Er, Merz, fühlte, wie es in ihm knisterte; denn diesmal, mit diesem Ei des Columbo in der Hose, würde es klappen, musste es klappen. Es ging praktisch gar nicht anders! Denn den Leuten die Wahrheit zu sagen, darauf kam es an, und wenn er erst einmal damit anfinge und mit der unbequemen Wahrheit über Leistungsempfänger, Faulpelze, Ausländer herausrückte, dann wären die 50 Prozent AfD-Wähler, die er heim ins Reich der Mitte zurückzuholen versprochen hatte, ja geradezu ein Klacks! Ein Witz wären die!

»Gerechtigkeit, richtig verstanden, orientiert sich daher primär an der Schaffung von Arbeitsplätzen sowie an effizienten Anreizen für die Menschen, bestehende Arbeitsangebote wahrzunehmen.« So war es prim- und sekundär; denn Gerechtigkeit war keine Einbahnstraße, war kein Sackbahnhof. Es gab den gerechten Unternehmer, der Arbeit schaffte, und es gab den armen Willi, der diese Arbeit gerechterweise anzunehmen hatte, weil er sonst ihm, Merz, und seinen Kindern auf der Tasche lag. – Hatte er das so in seinem Wahnsinnsbuch formuliert? So gut wie fast: »Wenn Gerechtigkeit ... nicht primär etwas mit staatlicher Fürsorge, sondern mit der Einsichtsfähigkeit und Lebensführung von Individuen zu tun hat, dann folgt daraus, dass wir den Menschen immer zuerst als mündigen und eigenverantwortlichen Bürger verstehen sollten, ihn auf diese Freiheit aber auch ausdrücklich verpflichten müssen.«

Glänzend. Bzw. das war der mündige, eigenverantwortliche Bürger, der einsah, dass er seine Lebensführung gefälligst so einzurichten hatte, dass er Geld brachte und keins kostete. So einfach war das! Und so einfach war es, dass er, Merz, gar nicht mehr recht bei der Sache war, als er, mehr aus Spaß und wie pro forma, noch in einem zweiten seiner Superseller blätterte, den er später mit dem verlässlichen Arbeiterverräter Clement zusammengenagelt hatte, »Was jetzt zu tun ist. Deutschland 2.0«, und wo es schon wieder »um Konsolidierung und um Wachstum« ging: »Ohne Wirtschaftswachstum werden wir das Land nicht für die Zukunft rüsten können. Nur ein höheres Wachstum wird dafür sorgen, dass die Folgen der Krise, der demografische Wandel und die Herausforderungen der Umweltpolitik ordentlich bewältigt werden können.«

Wachstum. Wachstumwachstumwachstum. Wie oft sollte er es denn noch sagen! Sie hörten ja nicht auf ihn (2,04 Meter); hörten lieber auf irgendwelche Klimamädchen und -forscher mit »all den apokalyptischen Beschwörungen und Schreckensgemälden«, ja sogar »Schummeleien«, denn »Fragen und Fragwürdiges zu diesem Thema wurden auch in Deutschland kaum zur Kenntnis genommen«, weil »die Debatte um die Erderwärmung aufgeladen ist«, nämlich mit »Leidenschaft und auch Hysterie« – und er unterdrückte den Drang, einen Stift zu suchen, um den langvermissten Leitgedanken, den neuen Claim und Slogan für die neue, die neue alte CDU zu notieren und unvergesslich zu machen, denn er konnte ihn genauso gut in seinem Kopf drin speichern, genauso gut und sicher wie, es war ihm eben zugeflogen, »Konjunkturklimakatastrophe«:

»Gerecht ist, was der Wirtschaft nutzt: CDU.«

Das war zwar vollinhaltlich richtig, klang aber zu sehr nach FDP; also vielleicht besser:

»Wirtschaft ist Heimat. CDU.«

Das war es noch nicht ganz, denn in der Wirtschaft zu Hause und am Stehausschank, das waren die Leistungsempfänger schließlich auch. Das sozusagen Ganz Andere wollte beschworen, dabei das Heimatgefühl nicht vergessen sein, das eine mit dem andern aufzufangen –

und da war es. Und Friedrich Merz fiel hintenüber in den Lovechair, streckte die langen Beine von sich und schloss erschöpft, gleichwohl zufrieden die Augen:

»CDU. Die Alternative für Deutschland.«

Jetzt ging es los.

Februar 2020

Auf dem Friedhof

Ein Abschied

Es dauert ja hoffentlich noch ein bisschen; aber wenn mir die Stunde dereinst einmal schlägt, dann möchte ich zuvor Abstand genommen haben von der Idee, in einem Fried- oder Ruhewald zu liegen zu kommen, unter einem Baum, an dem dann eine Plakette mit meinem Namen hängt. Das schien mir lange Zeit plausibel, von wegen Kreislauf der Natur und so und weil mir Nachbarn immer suspekt gewesen sind; und überdies als Zeichen frommer Bescheidenheit, die bekanntlich das sicherste Zeichen für Eitelkeit ist.

Aber nun, wo alle sich in Geländeauto und Funktionsoutfit gefallen (unfassbar, in welchen im Wortsinn abenteuerlichen Monturen die Leute in den Zoo gehen) und also auch der Friedwald, fragt man mich, in den Ruch des Outdoor- als »Resilienz«- und Alles-niedertrampel-Fanatikertums geraten ist (geraten musste), stelle ich hiermit fest, dass es, kommt die Zeit, doch ein Friedhof sein muss. Denn Zivilisation beginnt da, wo Menschen sich bestatten, und festigt sich, wenn die Grabstätte nicht irgendwo im Gelände oder unter einem Baum ist, der dann per Schild noch einer Menschheit unterstellt wird, deren Naturfeindschaft und -ferne sich durch ihre wetterfesten Kunstklamotten so recht bestätigt. (Beim Waschen eines Outdoor-Fleeces gelangt soviel Mikroplastik in die Umwelt, dass Fachleute dringend empfehlen, einen Waschsack zu verwenden. Macht selbstredend keiner, hey.)

Die Entscheidung für das Prinzip Friedhof kann ich auch deshalb so leichtherzig verkünden, weil ich nicht mehr im

Badischen lebe; in dessen Zentrum nämlich ist der Hauptfriedhof, wie das ZDF-Heute-Journal am Totensonntag 2017 berichtete, einer von jenen quickmodernen Friedhöfen geworden, die, der Konkurrenz durch die Bestattungswälder zu trotzen, »sich ganz bewusst an die Lebenden wenden« und »dabei auch neue Gestaltungswege gehen«. Wo nicht sogar ganz neu gestaltete Wege wie den »ungewöhnlichen Trauerweg« in Karlsruhe, wo »verzweifelte Hinterbliebene« dann etwa auf spitzen Steinen herumlaufen und sich einbilden können, das Modeln einer Ruhestätte zu einem protestantischen Abenteuer- und Metaphernspielplatz mache irgend etwas irgend besser. Statt unbedingt im Gegenteil.

»Kein Friedhof, wie man ihn kennt, kaum Mauern und gerade Wege«, weil verzweifelte Hinterbliebene ja nun eh schon vor der Mauer ihrer Trauer stehen und kein gerader Weg in die Zukunft führt, nicht wahr; dies etwa das, was Käßmann und Konsorten vom einst stolzen Protestantismus übriggelassen haben. Auftritt des Verantwortlichen, der, wie das ZDF einverstanden meldet, sowieso »mit alten Strukturen brechen« will, als gäbe es an der Struktur, Tote an einem diskreten Ort zu versammeln und in mildem Ritual zu betrauern, viel auszusetzen, es sei denn, man möchte den Tod, diesen Verneiner und Spielverderber schlechthin, im Zuge der »allgemeinen Positivierung der Welt« (Byung-Chul Han) noch auf dem Friedhof lieber eskamotieren, der, noch einmal zum Mitschreiben oder Weghören, laut Fernsehen »ein Ort für Lebende« ist, »das heißt für die lebenden Menschen, die diesen Ort brauchen, einmal zur Trauerarbeit, zur Trauerbewältigung, aber es soll natürlich auch ein Ort sein, der im Hinblick auf den Verstorbenen das Gefühl vermittelt, dass es ein guter Ort ist, ein schöner Ort«. Sagt der Leiter des Friedhofsamtes, der den wundersam passenden Namen Matthäus Vogel trägt, und an diesem guten Ort, den Matthäus Vogel verantwortet, sind die Grab- und Schmucksteine dann mit schönen Blumen bemalt, Blumen, die Hoffnung geben, Mut und Kraft und was immer sonst noch auf Kirchentagen beim Händchenhalten versprochen wird.

Alles kann, nichts muss, denn Vogel, »ein Friedhofsrebell, nimmt es mit der Friedhofssatzung nicht so genau: ›Ich brauch keine Satzung, weil für mich der Mensch des A und des O isch, das heißt also, ich nehm jeden Wunsch zunächst ernscht‹«, zumal den verständlichen nach »Gräbern, die gestaltet sind, so wie es zu den Angehörigen und zu dem Verstorbenen passt« (ZDF). In dieser Reihenfolge, versteht sich, denn der Friedhof ist ja ein Ort für die Lebenden, denen freilich Gelegenheit gegeben werden muss, ihre kunsthandwerkliche Leidenschaft auf Kosten wehrloser Dritter öffentlich zu machen. So dass, wenn die knappen Szenen aus dem Heute-Journal nicht trügen, aus dem Hauptfriedhof Karlsruhe in stiller Konsequenz ein Friedhof für Sparkassenkunst werden wird, weil die Ausführung der Ideen für die Ewigkeit weder notwendig noch regelmäßig den Profis überlassen wird, warum auch. Adornos wegen: »Der Unsinn des ›Mach es selber‹ … liegt auf der Hand« ja nun sicher nicht.

»Mittendrin, zwischen den Gräbern, ein Spielplatz für Kinder«, freut sich die Filmberichterstatterin, denn so durchlässig können Geschlechtergrenzen gar nicht werden, dass derlei Storys nicht verlässlich Frauensache bleiben. »Es soll kein Schreckensort sein, wo Opa und Oma liegen«, als wäre ein städtischer Friedhof so was wie Treblinka und als interessierten sich nicht schon kleine Kinder dafür, wo Opa und Oma sind, wenn sie nicht mehr sind, und als könnte man Kindern, statt sie eilfertig im Fun-Bereich abzugeben, das nicht erklären. Oder sie einfach machen lassen. (In der Morgenzeitung erinnert sich der Keyboarder von Rammstein an das Berliner Haus seiner Kindheit, in dem er wieder wohnt: »Gegenüber ist ein Friedhof, auf dem haben wir als Kinder auch gespielt. Jeden Morgen sah ich aus dem Fenster den Beerdigungen zu. Man hatte das Gefühl, dass ständig gestorben wird, dass der Tod einem nicht nur einmal im Leben begegnet, sondern immer da ist.« Kindliche Bildung, liebe Blödis.)

Aber »den Tod gibt es doch gar nicht. Es gibt doch nur das Leben«, wie bereits Marquard Bohm in Wim Wenders' »Im Lauf der Zeit« (1976) bemerkt, bloß dass das Leben heut' allein noch als Remmidemmi vorstellbar ist, und zwar über den Tod hinaus.

»Ich will nicht rumjammern«, sagt eine Frau, die zwei jungerwachsene Söhne verloren hat und die einem gleich zweimal leidtut, wie sie da so über den dummen Karlsruher Trauerweg stapft, dem bloß ein schmiedeeisernes »Why?« noch fehlt. »Weil, meine Buben würden das nicht wollen. Die würden sagen: Mutter, hau rein, Mutter, mach dich geschmeidig. Und das versuche ich für meine Buben, aber letztendlich: für mich selber.«

»Da wandle die verwachsenen Pfade noch / zum Hügel auf und steh bei den Kreuzen lang, / und blick nach Westen, wo das letzte / Feuer versinkt in ein armes Glühen« (Johannes Bobrowski, »Der Friedhof«). Oder hau rein und mach dich geschmeidig, es kommt ja alles gar nicht mehr drauf an. Wer nach einem Friedhofsbesuch tatsächlich reinzuhauen wünscht, der möge, wenn er kann, sich fragen, »warum alle menschlichen Tätigkeiten in der Spätmoderne auf das Niveau des Arbeitens absinken, warum es darüber hinaus zu einer so nervösen Hektik kommt« (Han); und ob das nicht genau jenem »Mangel an Sein« (ders.)

geschuldet ist, für den serviceorientierte Lebensanwälte wie Matthäus (»Lothar«) Vogel so frohgemut einstehen, auch noch die allerletzte Ruhe zu zerschießen.

2018

Biller vs. Bernhard

Ein Erregung

»Das Arschloch Thomas Bernhard, und das sage ich, obwohl ich ungern schlecht über Tote rede, das Arschloch Bernhard hat ziemlich sicher nur ein einziges gutes Buch geschrieben. Dieses Buch erscheint erst jetzt, obwohl er es schon 1980 geschrieben hat, und es zeigt, was für ein Arschloch er war, und vielleicht wollte er darum nicht, dass es erscheint, solange er noch lebte – und wenn ich wollte, könnte ich in diesem einschläfernden, alles und nichts sagenden Thomas-Bernhard-Ton endlos weitermachen, denn nichts ist einfacher, als so zu schreiben, ich meine, gedankenlos einen Satz an den anderen zu hängen« – es besteht ja keinerlei Verpflichtung, Thomas Bernhard für einen Jahrhundertschriftsteller zu halten, und nichts gegen eine nach allen Regeln der Kunst durchgeführte Autorenbeschimpfung. Aber warum die *FAS* dem Maxim Biller eine ganze Feuilleton-Startseite einräumt, nur damit er Bernhard, nach einem erstaunlich missglückten Versuch in Bernhard-Parodistik, anlässlich des jüngst erschienenen Bandes »Meine Preise« (Suhrkamp) mit der notorischen Verve »Arschloch«, »Heuchler«, »Doppelmoralist«, »auch sexuell ein Heuchler«, »opportunistischer Kaffeehaus-Schreihals«, »Oberheuchler« bzw. »verlogener Held« nennen kann, weil der Preise zwar hasste, sie aber annahm und überdies »weltabgewandte Un-Literatur« geschrieben habe, so wie Hölderlin, Thomas Mann (!) und R. Goetz eben auch – das wüsste man dann doch gern. »›Was wir veröffentlichen …, ist nicht identisch mit dem, was ist, die Erschütterung ist eine andere, die Existenz ist eine andere.‹ Wenn Saul Bellow, Denis Johnson oder Pasternak das hören, würden sie nicht glauben, dass es eine Sprache auf der Welt gibt, in der man sich trauen kann, ein solches irreguläres, unehrliches, dämliches, ängstliches, amateurhaftes Literaturkonzept zu formulieren, ohne vom Podium verjagt zu werden.«

Dass Biller ein ständig mit seinem Outsidertum kokettierender (»ich, ein nicht ganz so deutscher Dichter und Denker«), eminent witzloser (im strengen Gegensatz zu Arschloch Bernhard) und überhaupt ziemlich regulärer Angeber und angry young Luftsack ist, war bekannt; aber soviel Selbstentblößung war nie: »denn ich selbst bin alles andere als ein Mitläufer mit geballter Faust in der Tasche«, nämlich einer, der seinen weltzugewandten New Journalism in das unangepasste Blatt rührt, das im Politikteil enthusiastisch »das Grauen von Gaza« ausmalt und seinen Weinverkoster ohne Umstände das Nazi-Wort »aufnorden« gebrauchen lässt; einer, dessen Literaturkonzept über Journalismus kaum hinausgeht und der also auch Ror Wolf, Flann O'Brien und J. L. Borges für weltabgewandte Arschlöcher halten dürfte; und der beschränkt genug ist, den Verteidigern seines verbotenen »Esra«-Romans, die Literatur als per se eigene und mit dem Leben nicht ohne weiteres abgleichbare Sphäre bestimmten, post festum noch in den Rücken zu fallen: Was ich veröffentliche, ist identisch mit dem, was ist.

Und soweit es den zeitgenössischen Hang zum ungut Krakeelenden betrifft, stimmt das ja auch.

Februar 2009

Definitely maybe

Judith Hermanns Stimmungsprosa

Es war mir nicht angenehm, dass der hochgeschätzte Qualitätszeitungskollege E. auf dem Messefest über den ersten »Roman« des Berliner Dauerfräuleins J. Hermann ins Rasen kam: hohle Nuss, trübe Tasse, und mein alter bester Schreibtischkumpel, der E.s ca. gleichlautende, mir unbekannte Rezension belobigt hatte, nur deswegen nicht applaudierte, weil er Bier trinken musste; unangenehm, weil ich nicht mitschimpfen konnte. Obwohl ich den »Roman« gelesen hatte. Aber mir ist von so vielen anderen Büchern im Leben schlecht geworden, und ich bilde mir ein, die schlechten Bücher an den ersten zwei Sätzen erkennen zu können, und mir war von »Aller Liebe Anfang« eben nicht schlecht geworden, obwohl ich wusste, dass mir eigentlich hätte schlecht werden müssen, und so stand ich zwischen diesen beiden klugen Menschen und wich auf die lahme Formel aus, dieser »Roman« sei, na ja, Durchschnitt? »Das ist ja fast ein Ritterschlag«, wunderte sich E., »wenn du das sagst.« Er hält mich für streng, und das machte es mir noch unangenehmer, weil ich's ja offenbar nicht war.

Als professioneller Meinungsaussteller quält es mich naturgemäß, keine rechte Meinung zu haben, und so las ich, kaum zuhause, E.s Rezension: Der Hermann Buch sei überhaupt kein Roman, allenfalls eine Erzählung, voller aufgerüschter Trivialitäten, psychologisch ganz und gar unfundiert, im Detail fehlerhaft und sowieso redundant. Sie, die Hermann, habe nämlich nichts und wieder nichts mitzuteilen, und schreiben könne sie halt auch nicht, es sei alles ganz furchtbar. Der Zufall wollte es, dass Frau und Schwiegervater gerade auf dem DVD-Sofa saßen und sich über Helge Schneiders »Jazzclub« ausschütteten, einen Film, der auf ein psychologisches Fundament bekanntlich völlig verzichtet, den Unterschied zwischen trivial und bedeutsam ganz selbstverständlich ignoriert und praktisch nichts mitzuteilen hat, es sei denn eben das. Ein Meisterwerk.

Das ist »Aller Liebe Anfang«, die Geschichte um eine (natürlich) unzufriedene Frau und einen Stalker, der diese Unzufriedenheit ins Bild setzt, freilich nicht. Es ist eine gewohnheitsmäßig epigonale, nach allen Carverschen Regeln summende Kurzsatzlitanei, nach einer einzigen (nämlich ebendieser) Stilidee tänzelnde November- und Teelichtprosa, deren Zentralwort, versteht sich, »vielleicht« sein muss, was schon deshalb ganz praktisch ist, weil auf der sachlichen Ebene manches wackelt, wie ja schon die wahnsinnigen Namen der Hauptfiguren, eigentlich, vorn und hinten nicht stimmen: Stella, Jason, Ava, wie man halt so heißt in Berlin oder dem (vage amerikanischen) Märchenland, in dem (wie E. moniert) der Papa nicht Architekt, Ingenieur oder Maurer ist, sondern »Häuser baut«. Und da haben wir es aber dann: »Aller Liebe Anfang« ist sowenig psychologischer Realismus, wie es ein »Roman« ist, das ist nur Etikett. Es ist ein dunkel gemeintes Märchen für die Sorte Erwachsene, die in unseren Städten hockt und sich fürchtet, weil sie manchmal ahnt, dass sich das Unglück nicht bannen lässt, indem man seine Kinder Ava nennt. Es gibt nichts mitzuteilen, man weiß nicht mal, was denken, denn denken ist Kritik, und die kommt nicht infrage. Man könnte mal, man müsste mal, / indessen: Immanenz total. Also steht immer alles auf der Kippe, und der Witz ist, es stimmt ja auch.

E. liebt Thomas Mann, aber Thomas Mann könnte heute nicht mehr schreiben, jedenfalls den »Zauberberg« nicht. Man kann selbstredend trotzdem origineller und besser schreiben als Judith Hermann, denn die kann nur Stimmung, aber ist das heute nicht alles, Stimmung? Und wenn Literatur ja vielleicht doch ein bisschen dazu da ist, etwas über die Welt zu erfahren, in der man es aushalten muss: ist sie nicht gerade so, die Welt, trivial, stillgestellt, redundant, suggestiv? Ganz so wie z.B. die *Brigitte*; aber wer allein das *Kursbuch* läse, der wüsste ja rein gar nichts.

Oktober 2014

Undicht in Pödelwitz

Clemens Meyer eröffnet die nicht stattfindenden Ruhrfestspiele

Üblicherweise liegen in Schreibtischschubladen Festplatten, Kuverts, Kalender, Notizbücher und DRK-Postkarten; manchmal (und freilich metaphorisch) liegen da aber auch unterhaltliche Romane, fix, fertig und unverkauft, weil mutmaßlich (oder angeblich) unverkäuflich: In einer Skihütte treffen zeitgenössische Schriftsteller verschiedener Nationalität und beiderlei Geschlechts zu einer Art Workshop zusammen, in dessen Verlauf sich eine nach dem anderen in Luft auflöst, vielleicht sogar einem Verbrechen zum Opfer fällt. Ein gewisser Sylvio Maybock ist der erste, der fehlt, taucht aber am Schluss bei einer Hauptfigur namens Christian Beerbaum (in einer frühen, radikaleren Version: »Daniel Kuhlmann«) wieder auf, die Kopien von Herta Müller, Stephenie Meyer, Juli Zeh und Ildikó von Kürthy bleiben verschwunden. Ein Meisterwerk, »kunstvoll, hart, einfühlsam, ehrlich, fesselnd und herzergreifend«, wie die Ruhrfestspiele über Clemens Meyer schreiben, den ich kunstvoll, hart, einfühlsam, ehrlich, fesselnd und herzergreifend als Ostzonen-Bukowski porträtiert hatte, halb Kind, halb Macho; eine Imago, die entweder völlig falsch war oder sich, Jahre später, gewandelt hat, ja sozusagen entscheidend gewandelt hat.

Maybock oder jedenfalls Meyer nämlich, »eine der prägenden Stimmen der deutschen Gegenwartsliteratur«, wie die Ruhrfestspiele finden, hatte zu diesen Festspielen die Eröffnungsrede halten sollen und sicher auch wollen. Jetzt finden die Ruhrfestspiele nicht statt, und Meyer läuft statt dessen durch einen knapp halbstündigen Film und liest ein Manuskript vor, in dem es u.a. um den »Verlust der Bilder« geht, den Peter Handke mal als Urverlust beklagt habe.

Ein heißes Thema oder sogar Eisen in unserer medialen Welt, keine Frage, nur macht Meyer den Fehler, einen eigenen Text vorzutragen und keinen von, sagen wir, Handke. Meyers Text will so etwas wie ein Bewusstseinsstrom sein, ein Fluss der Assoziation, und nach einer fein verreimten Corona-Klage zum Auftakt: »Vor leeren Hallen stehen wir. Von leeren Bühnen schimpfen wir. Ins Nichts, in den Äther. Kunst mit Katheter? Unten nicht dicht und oben kein Licht« notieren wir u.a. die Stichworte Buchenwald, Lampenschirm, Goethe, NSU, Seuche, Empathie, Empathieverlust, Grauen, Alltag, Canetti, Drähte »von den Augen direkt ins Netz«, Fernsehen, falsche Realität, augenlose Krüppel, »es waren einmal Bilder«, Bomben, Großmutter, Hitler, Tito, und das ist erst der Anfang. »Eine Seuche geht um. Sie geht seit 10 000 Jahren«, erfahren wir und nicken wissend, und es ist so, wie es bei der versuchsweisen Lektüre Meyers immer gewesen ist: langweilig. Denn diese prägende Stimme der deutschen Gegenwartsliteratur ist hauptsächlich Geräusch, Stimmung, Pose, wie es halt auch mutig ist, über so etwas Abgefrühstücktes wie den Bildverlust noch was zu sagen. Jedoch und wiederum: Der Meyer, dieser harte Hund, traut sich was. »Maybock«, heißt es im Schubladenroman, der die deutsche Gegenwartsliteratur zu prägen wohl nie Gelegenheit haben wird, »sah jetzt wieder wie der Halbstarke vor der Direktorin aus, der zwar von der Schule fliegt, aber für ein absolut cooles Ding.« Jetzt latscht er im großkarierten Sakko durch die »verlassene Geisterstadt Pödelwitz im Landkreis Leipzig …, die für den Braunkohleabbau geräumt wurde«

(Ruhrfestspiele) und erweitert die Bildverlustanzeige um »eine eindringliche und schmerzhafte Befragung deutscher Geschichte«, was so schmerzhaft ist, wie es klingt. Als hätte man's geahnt: »Ich will doch nur wissen, wo hier die Geschichte ist« (Maybock, Manuskript, S. 180).

Sie ist jetzt wohl in Pödelwitz, und da gehört sie hin.

Juni 2020

Athene, hilf!

Alles kommt vor, alles ist eingebaut: Stichworte zur literarischen Lage

> »Wir haben eben ein schlechtes Publikum und eine halb-idiotische Kritik … Es ist einfach ein konstitutioneller Fehler dieser Nation.« Walter Boehlich, 1963

1 Preise

So schön und dankbar es für den zumal jungen Kritiker war, etwa den Hölderlin-Preis für Juli Zeh in Beziehung zu ihrer unendlich hölderlinfernen Prosa zu setzen – Fallhöhe nämlich extrem: »Manchmal, wenn ich in die Luft starrte, anstatt zu arbeiten, stellte ich mir zum Spaß vor, ihr perfekt rosafarbener Mund würde sich plötzlich verspannen und durch die aufeinandergepressten Lippen würde sich aus ihrem Gesicht heraus eine dicke braune Wurst Scheiße schieben« –, so unsinnig und verkehrt ist es. Denn ein Hölderlin-Preis für Jule Zeh, ein Thomas-Mann-Preis für Nora Bossong oder ein Büchner-Preis für Lutz Seiler (hier ist ein Witz versteckt, und der Witz ist, dass man eigentlich nicht wissen kann, wo) setzen kein Gleichheitszeichen zwischen Preisträger/in und Preispatron, sondern zwischen Patron und Publikum, adelt der Literaturpreis doch weniger die Fähigkeit des Autors oder der Autorin denn den Geschmack des Publikums, das bloß Zeh bezahlen, aber Hölderlin bekommen will. Selbst Thomas Mann liest ja kein Aas mehr, sie lesen Bossong, und das mag man sich gar nicht ausmalen: wer in hundert Jahren dann die ganzen Lutz-Seiler-Preise abkriegt.

Dabei hat Literatur nach wie vor Signalwirkung. Die bestand auch früher schon darin, dass Bücher selbst dann nützlich sind, wenn sie nur als Klassiker- und Gesamtausgabe die Stube schmücken. Wissen ist Macht, und das stimmt ja nun unmittelbar gesellschaftlich: Zumal in Deutschland ist bürgerliche Herrschaft stets als die des Geistes verstanden worden, und wer früher kein Griechisch konnte, galt schon als Prolet.

Heute gilt für alle, »dass noch nie so viele Möglichkeiten der Unterhaltung existierten« (Dieter Nuhr), und da sind Distinktionsgewinne zwar um so nötiger, aber auch schnell erzielt. Jenny Erpenbecks neuer Roman »Kairos« (S. Fischer) etwa ist ein Buch, das schon per Titel »Niveau verbreitet, nicht wahr? Und das sofort demonstriert, in welcher Haushaltung man sich da befindet« (Polt, »In der Buchhandlung«), nämlich einer, in der Mozart, Bach, Chopin, Aischylos, Brecht, Eisler, Heine, Goya, Schiller, Hölderlin, Picasso, Tizian und Heiner Müller zum Inventar gehören, spätestens mit dem Erwerb des Buchs. Bester Dialog:

»Nein, mir geht's gut, sagt er, ich hör das 5. Klavierkonzert.

Mit Zimmermann?

Nein, mit Gulda.«

Dass der Roman in der Ostberliner Künstler- und Intellektuellenszene vor 1989 spielt, in einem Bildungsbürgertum, das von den Unterhaltungsmöglichkeiten noch nicht korrumpiert war, mag das alles erden/begründen; doch wie blendend funktioniert das heute als spätbürgerliche Eigenwerbung, wenn der Einbruch des totalen Kommerzes als Schock inszeniert wird, als pöbeleske Störung von Geist und Geschmack, die übrigens auch – oder gerade – in der späten klassenlosen Gesellschaft nicht unbedrängt bleiben konnten: »Tagsüber macht die Familie eine Radtour aufs Festland hinüber, am Wegesrand eine Bungalowsiedlung, zwei Exemplare der Arbeiterklasse schlagen mit Hämmern eine Eisenstange krumm, fürs Gartentor. Bierbäuche, gerippte Unterhemden, kurze Hosen, behaarte Beine, Schweiß glänzt unter den Achseln und auf dem Nacken … All das nimmt Hans im Vorbeifahren wahr und will's nicht, will sich retten in den Gedanken an die Anmut der Athene, 15 Uhr vor dem Pergamonaltar, mit Katharina im Herbst vor zwei Jahren, damals noch im Glück, ein Schlag mit dem Hammer, und noch einer, und ein dritter, die Arbeiterklasse drischt ein auf seine Erinnerung, Mozart? Und noch ein Schlag mit dem Hammer, und noch einer.«

Er hat's nicht leicht, der dritte Stand: Oben sind irgendwelche oben, unten dreschen sie auf Mozart ein, und dazwischen hilft nicht mal mehr Athene. Mindestens soviel hat sich nach '89 nicht geändert. »die kunst des westens«, schrieb Schernikau, »wird von gymnasiasten gemacht, das darf man nicht vergessen«, und auch wenn Erpenbeck bloß auf der Erweiterten Oberschule war, bedient sie doch, bis in die sexualen Explizitäten hinein, mit festem Strich (und dem Autorinnenfoto vor dorischer Säule) die Bedürfnisse ihrer gymnasialen Kundschaft, und gibt es denn andere?

3 Kritik

»Kairos« ist, überraschend genug, kein ernstlich schlechtes Buch, schon weil in ihm die späte DDR weniger Thema (Bautzen) denn Teilnehmendes ist. Was der Roman aber sicher nicht ist, ist »vertrackt« (*Süddeutsche Zeitung*), denn Erpenbecks gepflegter, dem suggestiven Effekt von Pause und Wiederholung vertrauender Ton ist von jenem gängigen Realismus, der erst im sanften Maß seiner Verfremdung zum vollauf bürgerlichen wird. Noch wenn der gebildete Schriftsteller dem jungen Mädchen die Welt erklärt, tut er's nie so, dass jemand nicht mitkäme: »Aber im Weglassen, im Verschweigen, im Umgehen ist das Weggelassene, das Verschwiegene, das Umgangene in seiner Luftgestalt ja für immer bewahrt – aufgehoben in dreierlei Sinn, wie bei Hegel beschrieben. In der glücklichen Zeit ihres Zusammenlebens hat Hans ihr diese Passage manchmal vorgelesen: ›aufgehoben‹ erstens im Sinne von ›beendet‹, zweitens so etwas wie ›in Verwandlung bewahrt‹ und drittens ›auf eine andere, höhere Stufe gehoben‹.« Und das gilt natürlich genauso für die unselige deutsche Nazivergangenheit, die sich auch bei Erpenbeck gut aufgehoben findet.

Aber einen Text vertrackt heißen und gleich darauf seine simple Wahrheit aussprechen ist für die professionelle Kritik kein Widerspruch: Die besinnungslose Liebe zwischen dem alternden Schriftsteller und dem blutjungen Mädchen im vergehenden Realsozialismus »ist eine utopische Entgrenzung, aber gleichzeitig durchtränkt vom Wissen um die Vergeblichkeit«, und was uns die Dichterin damit sagen will, wird auch der Grundkurs leicht herauslesen. Monieren darf man, dass die Agonie der Liebe etwas sehr direkt und quälend lang auf den Text umgelegt wird; begrüßen muss man, dass Erpenbeck vergleichsweise fair mit dem Osten umgeht und die Erwartungen des Feuilletons löblich enttäuscht: »Von den gesellschaftlichen Verwerfungen ist hier nirgendwo die Rede, statt dessen wird das sowjetisch-lebenspralle Moskau in glühenden Liebesfarben geschildert, wie man es sonst allenfalls bei amerikanischen Literaten über Paris findet. Realistisch ist in ›Kairos‹ weder das Moskau-Bild noch die Darstellung der DDR, und es ist hier nirgends zu ahnen, dass es die DDR-Bürger selber waren, die bei ihren ersten freien Wahlen 1990 mit 48,1 Prozent die ›Allianz für Deutschland‹ wählten, also Helmut Kohl und die Treuhandanstalt.« Wie allerdings genausowenig zu ahnen ist, wer sonst die Allianz hätte wählen sollen, wenn nicht die Bürger selbst, aber bleibt wo was offen, werden der Rezensent und seine fehlende Phantasie misstrauisch. Auch scheint der Helmut Böttiger vorauszusetzen, es gäbe ein allgemeingültiges realistisches Moskau-Bild, das getroffen oder verfehlt werden kann, ganz unabhängig davon, ob die ästhetische Logik nahelegt, Verliebtheit in Liebesfarben zu schildern, wie er auch übel nimmt, dass die gesellschaftlichen Verwerfungen, auf die sich der Roman konzentriert, mit dem Mauerfall eher beginnen als enden.

Leserinnen haben Erwartungen, Kritiker haben Erwartungen: das muss man ihnen noch nicht vorwerfen. Was man der Kritik vorwerfen muss, ist die Weigerung, ein Artefakt an mehr zu messen als an seiner Fähigkeit, Wirklichkeit abzubilden, eine Weigerung, die noch hinter Aristoteles zurückfällt und beim positivistisch getrimmten Publikum freilich notorisch ist: »Dinge, die kein Äquivalent haben, die für sich stehen, scheinen suspekt« (Georg Seeßlen/Markus Metz, »Wir Kleinbürger 4.0. Die neue Koalition und ihre Gesellschaft«, Berlin 2021). Und also kann Diogenes' bestsellender Hausjurist Bernhard Schlink zugunsten seines neuen, ächz, Ost-West-Romans vorbringen: »Seit Januar 1990 habe ich Verfassungsrecht unterrichtet, ich habe außerdem den Runden Tisch für eine neue Verfassung der DDR beraten. Ich habe die Phasen der Wende erlebt, den deutsch-deutschen Liebesfrühling der ersten Monate, die Hoffnung auf ein anderes, besseres Deutschland, die wechselseitigen Enttäuschungen, westliche Arroganz und östliche Bitterkeit, erfolgreiche und gescheiterte wendegezeichnete Biographien.«

Hier kennt sich einer aus, keine Frage, wie die zu ihrer Zeit vielgelesene Jana Hensel (»Zonenkinder«) mal in vollem Ernst klagte, die Jungen hätten keine zur Verschriftlichung taugenden Erlebnisse mehr: »Sie riskieren nichts, sondern erfinden statt dessen irgendwelche Geschichten, denken sich irgendeine Handlung aus«; und noch wenn Erpenbeck sich, wie heute üblich, »für erhellende Einblicke in Dokumente, Materialien und Akten bei der Recherche zu diesem Buch« bedankt, kommt sie dem positivistischen Vorbehalt entgegen. Letztlich wollen die Leute Sachbücher und Biographisches lesen, also Schirach und Knausgård, allenfalls noch Annie Ernaux – »verinhaltlichung von kunst« hat Schernikau das genannt –, und die so dumme wie nicht auszurottende Angewohnheit der Kritik, Inhaltliches und biographische Bezüge ausführlich, Formales allenfalls am Rande und per Phrase zu behandeln (»ein aufregend komponiertes Buch«), trägt dem schlicht Rechnung.

4 Fiktion

Thomas Mann, Namensgeber des bekannten Thomas-Mann-Preises, hat für seinen »Doktor Faustus« noch bei Adorno geklaut und erst einmal kein Wort darüber verloren, was Adorno gegenüber womöglich nicht nett, aber nur selbstverständlich war: Der Roman, so wie er schließlich in der Welt ist, weiß nichts von Quellen, Helfern, Unterstützung, und was man über ihn wissen kann, steht drin.

Eine idealistische Sicht, mag sein. Im Magazin der *SZ* erinnert sich Bret Easton Ellis an das Erscheinen von »American Psycho« vor 30 Jahren, dem Roman, in dem der New Yorker Yuppie Patrick Bateman Frauen bestialisch umbringt; ob er die Morde tatsächlich verübt oder bloß halluziniert, weiß er vielleicht selbst nicht. Unbeschadet dieser naheliegenden Lesart, die die Fiktion als in sich selbst gespiegelt wahrnehmen durfte, war »American Psycho« ein Skandal, von der Kritik vernichtet, von Feministinnen geächtet, in Deutschland indiziert. Im Interview sagt Ellis heute das, was dazu (und zu ähnlichen Fällen jüngeren Datums) zu sagen ist: »Es ist Fiktion, Leute! Es ist nur Fiktion!« Jüngeren Datums ist indes auch sein deutscher Gesprächspartner: »Sie machen es sich etwas einfach. Dass Leserinnen und Leser sich durch Batemans Gräueltaten verstört fühlen, ist doch logisch.« Ellis: »Aber ich wusste doch, und ich weiß immer noch, dass eine Darstellung von Frauenfeindlichkeit keine aktive Frauenfeindlichkeit ist!« Er weiß es, ich weiß es, Max Fellmann weiß es nicht: »Die Kunst ist nie die Realität – das ist aber schon das letzte Rückzugsargument, oder?« Ellis: »Ist nun mal so.«

Sollte man denken; und es, wenn auch aus Gründen, nicht allein für Formalismus halten, wie Walter Boehlich (im *Spiegel*) Rainer Werner Fassbinder gegen den Vorwurf verteidigte, sein Stück »Die Stadt, der Müll und der Tod« und die Figur des jüdischen Immobilienspekulanten seien antisemitisch: »Mit dem ›reichen Juden‹ ist nicht, wie die vulgäre Verabredung will, ein bestimmter, identifizierbarer Frankfurter Jude gemeint, sondern dieser ist nichts als die Spiegelung dessen, was die anderen Figuren des Stückes sich unter ihm vorstellen. Er ist eine Projektion des Vorurteils … Nein, ein realistisches Stück ist das wirklich nicht, und auch kein Stück über oder gegen einen jüdischen Spekulanten, sondern wie meist bei Fassbinder ein Stück über die Angst und den Tod, die Unmöglichkeit zu leben, das entfremdete Leben überhaupt« als nämlich eines, das von sich selbst partout nicht mehr absehen kann.

5 Funk

Von der Verstörung durch Gräueltaten sollte sich zeitgenössisches Publikum wohl entfernt haben, wenn in einer Folge von »Game of Thrones«, in die man beim Zappen gerät, ein Elternpaar zusieht, wie seine halbwüchsige Tochter auf den Scheiterhaufen geführt wird. Der Scheiterhaufen wird entzündet, wir hören ihre Schreie, aber das ist Fiktion, Leute, es ist nur Fiktion, und als verstörend empfinden Studentinnen (angeblich) eher »Lolita«. Verstörung scheint überhaupt eines der Hauptwörter der Zeit zu sein, denn verstört ist der Weltlauf, und wer da nicht seine Ruhe haben will, muss am Ende Adorno lesen, was die Verstörung allerdings vergrößert.

Da braucht es Bewährtes. Braucht es Stanišić (Heimatroman), Despentes (harter Gegenwartsroman) oder Dave Eggers, für dessen einfachsprachliche Big-Data-Abrechnung »The Circle« ein Algorithmus der Uni Stanford das Prädikat »paradigmatischer Roman der Gegenwart« errechnet hat. Es braucht, kurz, immer neues formal Unbesorgtes über »Kleinstadtenttäuschung, Hitler, DDR, Krebs und solchen Unsinn« (Dietmar Dath), über Mutti (Christian Kracht, »Eurotrash«), Vati (»Vati«, Monika Helfer) oder Familiengedöns im Osten (Seiler), und falls es für irgendwas davon nicht den Deutschen Buchpreis gibt, dann für Krampf, der sich mit Kunst verwechselt, wie Anne Webers »Annette« oder Antje Rachmaninov Strubels »Blaue Frau«. Über Mithu Sanyals »Identitti«, dieses Jahr auf der Shortlist und ein sog. Buch der Stunde, hat die Autorin (und mittlerweile *SZ*-Kraft) Nele Pollatschek in einem »SWR lesenswert Quartett« immerhin schulmäßig geurteilt: »Die absolute Gegenwärtigkeit in diesem Buch ist brillant. Es kommen alle Mediengestalten der Jahre 2018 bis 2020 vor, Twitter ist eingebaut, die teilweise internationalen Reaktionen … sind eingebaut und das ist alles handwerklich brillant gemacht«, falls nicht sogar aufregend komponiert. Ironisch dann, dass ausgerechnet der Werbefachmann Scheck ebd. monieren musste, der Roman sei bloß »wegen seiner Thematik hochgehalten« worden, als »Crashkurs in Identitätspolitik … Es ist aber gleichzeitig – und das ist das Schöne an diesem Debütroman – eine Screwball Comedy … Sanyal kann perfekt Dialoge, sie hat ein perfektes Gespür für Timing«, und kaum lässt sich Öffentlich-Rechtliches mal auf Literatur als Form ein, verschwindet alles gleich im Reklamegebell perfekt konsumabler Häppchenkritik. Und dass Sanyal allenfalls perfekt Gebrauchsprosa kann, deren poetischer Gehalt den eines mittelbrillanten Essays nicht übersteigt, macht dann alles wieder rund.

6 Fazit

Ob die Sendezeit für Literarisches knapp und immer knapper wird, weil ein stetig illiterater werdendes Publikum sowieso bloß Fitzek liest, oder umgekehrt: die Zeiten sind vorbei, da die *Brigitte* – jawohl, die *Brigitte*! – vertrackte Romane von Brigitte Kronauer nicht nur rezensierte, sondern sogar verstand, und zwar derart lange her, dass im

Land der Blinden ein »Literarisches Quartett« unter dem symptomatischen Vorsitz von Thea Dorn allenfalls ein Vier-Augen-Gespräch ist.

»Literatur? Betrieb!«, und bei dieser Jürgen Roth entlehnten Formel muss man's wohl bewenden lassen und sich über die Fälle kundiger Besprechung so freuen wie über die Sturheit, mit der es bei der Kunstbetrachtung nicht um Kunst geht. In Heinz Strunks Roman »Es ist immer so schön mit dir« erlebt ein beschädigter Mittvierziger einen Liebesfrühling mit einer jungen, magersüchtigen, insgesamt eher schwierigen Frau. Die Rezensionen handelten folgerichtig davon, dass es im neuen Roman von Heinz Strunk um eine Strunk-Figur geht, die einen Liebesfrühling mit einer jungen, magersüchtigen, insgesamt eher schwierigen Frau erlebt. Vom literarischen Verfahren und seiner ausdrücklichen, ganz unironischen, nachgerade konstruktivistischen Selbstreferentialität kein Wort, aber wer Houellebecq möge, sei hier gut bedient.

Es ist schlicht alles Amazon.

Dezember 2021

Krawehl, zweifrei

Schwellender Dunst: Bedeutende Gedichte von Gerhard Falkner und Sascha Anderson

Gerhard Falkner, das muss man wissen, »geboren 1951, zählt zu den bedeutendsten Dichtern der Gegenwart« (Klappentext), also nicht bloß deutscher Zunge, sondern sogar überhaupt, und wer ihn vielleicht trotzdem nicht kennt, ja noch nie von ihm gehört hat, wird von der ausführlichen biographischen Information profitieren, die, das muss man ebenfalls wissen, keineswegs von Loriots Poetenkarikatur Lothar Frohwein (»Krawehl, krawehl«) stammt, sondern die reine, dabei bittere, freilich auch komische Wahrheit ist: »Er veröffentlichte zahlreiche Lyrikbände, u.a. ›Hölderlin Reparatur‹, für den er 2009 den Peter-Huchel-Preis erhielt, und ›Ignatien‹ (2004). Für seine Novelle ›Bruno‹ wurde ihm 2008 der Kranichsteiner Literaturpreis verliehen. … Seine Romane ›Apollokalypse‹ (2016) und ›Romeo oder Julia‹ (2017) standen auf der Long- bzw. Shortlist des Deutschen Buchpreises und wurden von der Kritik gefeiert. Gerhard Falkner lebt in Berlin und Bayern.« Und hat natürlich auch die Villa Massimo hinter sich gebracht, ja erfolgreichst absolviert.

Was man dem frischen Gedichtband »Schorfheide. Gedichte en plein air« unbedingt anhört: »Mein Herz / ist ein aus dem Gehirn ausgebrochenes Pferd / aus grünem Licht / Galopp. Mi corazón. Galopp«, und das hat Loriot (»Taubtrüber Ginst am Musenhain / Trübtauber Hain am Musenginst / Krawehl, krawehl!«) nicht besser gemacht; und bewiesen jetzt auch, dass das mit der Unendlichkeit des Universums nicht stimmen kann, misst es doch genau die Strecke zwischen bedeutenden Dichtern (»Astern – schwälende Tage, / alte Beschwörung, Bann, / die Götter halten die Waage / eine zögernde Stunde an«) und bedeutendsten Gegenwartsdichtern, die für Romantitel wie »Apollokalypse« nicht ausgelacht und mit Lebensmitteln beworfen werden und also vollauf Carte blanche haben: »Keuche den leuchtenden Honig ins Antlitz der Herde / … / Alles löst sich aus dem Bann, will weiter / Der Dunst, der in den Büschen schwillt, leistet Beihilfe / zu einem bahnbrechenden Hirsch« – dass es sich bei G. Falkner um einen bahnbrechenden Esel handelt, der nicht merken würde, was Poesie ist, wenn sie ihm mit dem Hintern ins Gesicht spränge, und aber haargenau weiß, welche fußlahmen Simulationen und selbstbewussten Unverschämtheiten man den Zuständigen als »epistemisches Gefunkel« unterjubeln kann (»Mit somnambulen Schritten / schreiten wir durch diesen sapphisch- / baudelaire'schen Raum«), sei hier nicht einmal vermutet, aus Erschöpfung, es hat ja alles keinen Sinn.

Es ist nämlich zu schlimm, zu arg: »Die Metonymien zu Melzow tauchen aus dem Wasser / und schöpfen ihren übertragenen Sinn / aus der Instabilität der Natur und ihren Emergenzen« – gegen Falkners Gerhard, »frisch geduscht und gegoogelt«, von einer stabil fähigen Kritik gefeiert und davon gut und gern in Berlin und Bayern lebend, wirkt der ernstlich gelehrte Durs Grünbein, der vielleicht ein Schwätzer, aber manchmal auch ein Dichter ist, wie ein rundum vernünftiger, netter Mensch, und es ist wie stets im Leben: Man muss sich nur trauen, und was gewinnt, ist allemal das Dreiste. »Unterm Freilichthimmel schöpft der Uckersee / Verdacht auf immer stimmhaftere Wolken und klappt / die Wasserspiegel ein« – was der Kritiker hier einklappt, ist sein kritisches Taschenbesteck. Denn die bloße

Tatsache, dass solch »vertikal gesetzte Praktikantenprosa« (Thomas Gsella), derart pferdegrün aus dem Gehirndunst brechende Stiefelei zwischen Buchdeckel gelangt, ästimiert wird und Existenzen ermöglicht, deren Hauptzweck die fortgesetzte Demütigung aller ist, die darauf bestehen, Kunst komme von Können, auch wenn sich das nicht rechnet, richtet einen Betrieb, der ja auch einer Jahrtausendbegabung wie S. Lewitscharoff den Büchnerpreis hingestellt hat; und sich, noch einmal, etwas namens »Apollokalypse« (erster Satz: »Wenn man verliebt ist und gut gefickt hat, verdoppelt die Welt ihre Anstrengung, in Erscheinung zu treten«) durchaus klaglos, ja begeistert hat servieren lassen. Dass eine gnadenlose Talentprobe wie »Schorfheide« dem Deutschen Literaturfonds ein Riesenstipendium wert war, macht vielleicht »unsere Trauer windig« (Eich), ist aber nur das Tüpfelchen auf dem i in einem Wort, das Scheiße heißt.

Wer dem bedeutend-bedeutsamen Falkner (»Frösche – / brüllende Smaragde«) allerdings zu Dank verpflichtet ist, ist Sascha (»IM«) Anderson. Dessen zonengrauer Jammerquatsch, zuverlässig aus dem Unglück sich speisend, Martin Walsers Schwiegersohn zu sein (»In der Verzweiflung / bin ich nicht zweizwei, in der / Verzweiflung bin ich // zweifrei. Was heißt das?«), wirkt dagegen fast wie Lyrik: »Denn wie der Hund glaubt, / glaubt auch die Suppe. Aber / sie riecht vieldeutig.« Und also schon mal nicht nach Falkner. Bravissimo.

Mai 2019

Tante simulante

Sibylle Lewitscharoffs sog. »Essays zu Literatur und Kunst« und die Frage, wie man das bloß aushalten soll

Es gehört zum Erkenntnisfortschritt der mittleren Jahre, dass Dummheit und Mittelmaß sich immer durchsetzen, und Dreistigkeit tut's sowieso: »Während sie schlummern, bereiten sie ihre Werke vor. Als Schlafende wird man Dichter, Denker und Romanciers aber nicht vor die Kamera bekommen, es sei denn als Schauschläfer. Die Momente, in denen ihre Werke keimen, werden wir im Lichtbild wohl nie anschauen dürfen. Und was wäre damit gewonnen, wenn wir ein Dichterhaupt vor uns hätten, in seinem verwurstelten Kissen, nackthalsig oder mit verkrumpeltem Pyjamakragen, den Speichelfaden, der im Mundwinkel rinnt, seit Monaten, Dekaden, vielleicht Jahrhunderten stillgestellt?«

Ja, was wäre damit gewonnen außer 279 Seiten Gespreize, Gelaber und Gefasel, und wenn der Speichelfaden im (statt vielleicht ja doch aus dem) Mundwinkel rinnt und Romanciers als Schauschläfer zu Lichtbildern werden, dann richten sich Sibylle Lewitscharoff und ihr wohlstudiertes Publikum in der Simulation ein, die da »Geist« heißt, genauer sogar »bürgerlicher«. Denn da haben sich nun wirklich zwei gefunden: Kundschaft, für die Literatur ist, wenn's die Friseuse nicht liest, und eine vor Selbstgewissheit platzende Spitzenkraft, die sich darauf verlassen kann, dass niemand das inhärent Parodistische ihrer abgefeimt kulturbürgerlichen Vorträge erkennt und noch der speckigste Bildungsplunder, der allerranzigste »Altherrenschmonsus aus der Volkshochschule von 1930« (Eckhard Henscheid über Marcel Reich-Ranicki) unbeanstandet über den Gartenzaun wandern kann. »Kommen wir zum Glasperlenspiel. Eine allzu deutliche Erinnerung habe ich nicht mehr an meine frühe Lektüre. Eines ist gewiss: heute lese ich ich den Roman anders. Zuvörderst interessiert mich dieses intrikate Spiel selbst«, das aber so furchtbar intrikat nicht ist, besteht es doch zuvörderst, wo nicht ausschließlich aus drapiertem Garnichts und staubtuchgepflegtem, herausgespreiztem Signalvokabular, das mitteilt, man sei Abitur, und sogar eines von gestern, als noch nicht jeder Kevin es machen durfte. »In diesem Sinne ist es eine inspirierende literarische Kopfmusik, die aus einem ordentlich gereihten Buchstabenreigen ertönt«, und also nützt es nichts, dass ein Reigen aus Buchstaben eher nach Kopfweh tönt und, wie die *SZ* auf dem Buchdeckel fröhlich auskräht, »das Hören und Sehen einem nicht vergeht, sondern geschärft wird«, denn so stumpf bleibt's allemal, dass es die windigste Pose für härteste Substanz und das preziöseste Gequalle für hohe Analyse hält: »Dies«, Doderers »Dämonen«, »ist ein Kaventsmann von einem Roman! Üppig, vielgestaltig, von einem Figurenheer bewimmelt, das seinesgleichen sucht, und dabei ist doch Kurs gehalten, und zwar beharrlich auf den Leser zu.«

Eine Frechheit, eigentlich, falls wir nicht zugeben wollen, dass die literarische Kaventsfrau Lewitscharoff diesen Kurs gleichfalls gut hält, wobei sie, noch einmal, nicht den Leser im Hartkopf hat, der etwas Neues zu erfahren wünscht, sondern den, der etwa im Kulturbüro vom WDR sitzt und weiß, dass alles klasse ist, was Klasse ist, und drum der Klassenclownin »Bildung, ihre Intelligenz [und] ihre wortschöpferische Kraft« bewundert; eine Power, die den Dummen mit Streichen wie »auffangsam« imponiert und, vom Bläh und Bla wie fortgerissen, über Kafka weiß, dass er »das Bedürfnis nach Abschottung als Lebenshemmung seiner selbst erkannte«, bis die »damals als todbringend eingestufte Lungenkrankheit ihn nicht mehr aus den Fängen ließ«. Eingestuft werden muss aber nur die hemmungslose Großdichterin, nämlich als hirntodbringende Tante simulante für ein ahnungsresistentes, restentleeres Publikum, das sich, den Preisjurys gleich, diesen gestreckt-geschleckten Kunstgenuss-Ton einer atemberaubend selbstgefälligen und Reich-Ranicki noch rehabilitierenden Bildungsspießerin gern gefallen lässt: »Rembrandt! Es ist hier nicht möglich, Kühnheit und Kraft, Imagination und Intensität dieses großartigen Einzelgängers von Bild zu Bild, von einer Lebensstation zur anderen, darzulegen und zu rühmen. Nur soviel:« Igitt.

Wer da nicht ins justiziable Schimpfen geraten will, der finde sich drein und rühme die Kühnheit und Intensität des übers plan Bräsige ja noch hinausstürmend Verkehrten, wenn zu mäkeln ja bloß bedeutet, in stets denselben Wind zu heulen, unter dem nicht zu ersticken die geradezu unlösbare Aufgabe ist. Und apropos Aufgabe: »Stellen Sie sich bitte vor, Peter Handke, der Spatzen liebt und ihnen die muntersten, zwitschrigsten Passagen seiner Prosa gewidmet hat, weilte in der Öffentlichkeit als Spatzenschönheit unter uns« – »muss man sich mal vorstellen, kann sich keiner vorstellen« (Strunk), aber Lewitscharoff, die sich ja auch vorstellen kann, Handkes Prosa sei munter und zwitschrig und nicht etwa das Gegenteil, kann's. Die Welt als Vorstellung und Wille zur Gaunerei, und dass das halt die Wahrheit ist, mag als Erklärung durchgehen, wenn auch nicht als rechtfertigende. Handke könnte die Treffliche mal verklagen; vielleicht wär' das ein Anfang.

Juli 2019

Da blitzt die Nuss

Elaboriertes Totsein, Schrottkunst: »Dave«, das frische Meisterwerk der kommenden Großtörin Raphaela Edelbauer

»Ich habe dir immer gesagt, diese Fixierung auf Sprache ist ein Fehler.«

Raphaela Edelbauer, »Dave«

Literatur stellt ja bekanntlich Fragen, und die Frage, die Raphaela Edelbauers zweiter Roman »Dave« stellt, lautet: Ist das Absicht? Oder bloß Unvermögen? Dieser eckig naseweise Jungtantenstil, der erwachsener klingen will als die Erwachsenen, aber bloß Attitüde aus Bildstuss, »Talkshow-Deutsch« (Michael Ziegelwagner) und dem Fremdwörterbuch ist: »Aber die Kräfte waren im Gange: Wer hätte gedacht, dass in diesem fühllosen Ausagieren der Gravitation, im Randbereich einer dieser Galaxien, sich nach viereinhalbtausend Millionen Jahren der Staub zu einem Planetenkörper vereinigen würde? Wüst und wirr schlugen die Elemente, schlugen Wasserstoff, Kohlenstoff und Stickstoff um sich, vereinigten sich zu einem Gewölbe und einem Meer, das schäumend die ganze Erdoberfläche bedeckte, um sich an den gerade erst entstandenen Molekülen satt zu fressen; elaboriertes Totsein letztlich auch dies. Die ersten 10 Milliarden Jahre – metaphorisch, weil niemand die Zeit maß und sie sich damit aus dem Ereignishorizont absentiert hielt – war alles Mechanik.«

So wüst, wirr und elaboriert tot beginnt das bereits, und wer auf Seite 8 nach dem Satz: »Die Schlaflosigkeit war zu unserem entscheidenden Zustand geworden« schon die Flinte streichen und die Segel ins Korn wuchten will und sich eine Seite weiter nach der »rüstigen Mittsiebzigerin, die gemeinsam mit ihrer Mutter Getränke feilbot« an die Lokalzeitung erinnert, der mag trotzdem durchhalten; und sich nach 50, 60 Seiten hüftsteif-altklugen, vor Phrase, Pleonasmus und fühllos ausagiertem Gebrauchtmarktvokabular nicht die mindeste Angst bezeugenden Gequalles vor der Frage von eingangs wiederfinden: Ob man vielleicht den Witz nicht kapiert. Ob es sich hier am Ende um eine neue Ästhetik handelt, eine Art Anti-Manierismus und Gegen-Mosebach, Kunst aus Schrott nämlich, wie sie eine Zeitlang unsere Sparkassen so gern angekauft haben. Schließlich Alf Mentzer, Jurymitglied des Deutschen Buchpreises 2019: »Eine tolle Autorin, die etwas wagt und die auch vollkommen gewinnt mit dem, was sie wagt«, denn wer Sätze wagt wie »Ich … wartete, bis mein Puls wieder in sein Gleichgewicht geriet« und mutig u.a. die NS-Vergangenheit anzeigt, der gewinnt fürs Romandebüt »Das flüssige Land« den Publikumspreis beim Bachmann-Wettbewerb, den Theodor-Körner-Preis und beinah den Österreichischen wie den Deutschen Buchpreis (Schlussrunde). »Einfach fantastische Literatur« (Jury), ja ein »literarischer Totalschaden« (Ziegelwagner, *Titanic* 1/2020).

In »Dave« geht es um Künstliche Intelligenz (namens »Dave«), und wen es ekelt vor den allzeit brühheißen »Themen«, die aufs öde Interesse von Zeitungskundschaft spekulieren und der »verinhaltlichung von kunst« (Schernikau) zuarbeiten, der mag auch hier der schmerzfreien Wienerin, Jahrgang '90, aus dem Weg flüchten; und lieber was von Dath oder die Aufsätze von Neurath bis Turing lesen, die der Anhang »artig« (Edelbauer) auflistet. Und, wie die Zuständigen gleich gemerkt haben, schon wieder Orwell verpassen, weil die Meta-Ebene – und nur auf der, so überhaupt, können Menschen von Geschmack das lesen – tatsächlich in Ozeanien liegt: Denn wo Unwissen Stärke und 2 plus 2 gleich 5 ist, ist Mist Kunst und wird, wo sprachlich und bis in die Rechtschreibung hinein so gut wie alles falsch ist, der Unterschied zwischen falsch und wahr ganz einfach unwirksam.

Und dann ist »Dave« nicht ein neuerlicher »Tiefpunkt« (Rudi Völler) der zeitgenössischen Literatur nominell deutscher Sprache (»Ich … erschreckte vor diesem, meinem eigenen Schrei«), sondern die finale Umwertung aller einschlägigen Werte, über Lewitscharoff und Zehs Juli noch sehr hinaus, mit denen Edelbauer das hart an der Übergeschnapptheit wohnende Selbstbewusstsein teilt – in der Danksagung (die im gedruckten Leseexemplar fehlte, vielleicht ahnte jemand was) heißt es: »Ich danke meiner Mutter für die Gewissheit, dass die Welt aus zu vielen beweglichen Einzelteilen besteht, als dass es jemals eine Möglichkeit gäbe, aufgeben zu müssen. Ich danke meinem Vater für die philosophische Beweglichkeit, die er mir vererbt und in Hunderten Gesprächen lebendig gehalten hat.« Nein, der Zweifel wohnt hier nicht, und von der Möglichkeit, aufgeben zu müssen, möchte man da schon allzu gern Gebrauch machen; und kapitulieren vor dem Faktum, dass der gespreizt-halbliterate Streberinnenton, vor dem sich noch der freundliche Leser zum »imbezilen Idioten« (Edelbauer in typischer Dopplung) gemacht sieht, zum Markenzeichen werden wird, und zwar nicht obwohl, sondern weil natürlich auch der Unterschied zwischen »scheinbar« und »anscheinend« nicht bekannt ist. Aber der programmierende Ich-Erzähler, der damit angibt, Proust und Nabokov zu lesen, unentwegt von »Ambitus«, »dispergieren« und »Pareidolien« kakelt – die Herrschaft der Fachleute, kein Zweifel, nur dass scheint's keiner mehr für Deutsch, gar Literatur darunter ist. »Im Stechschritt gingen die Menschen zwischen den Pavillions umher«: neun Wörter, zwei Fehler, ein kommender Star. Recht so.

»Es dauerte nur wenige Wochen, dann war die allgemeine Hysterie von der Strömungsmechanik des Alltags wieder erodiert« – dass Menschensprache im maschinellen Zeitalter sterbe, ist eine Diagnose, die sich durch die nähere, dystopische Zukunft der Romanhandlung bestätigt findet, und ob die grandios ungelenke, latent größenwahnsinnige Prosa von »Dave« (»Die Nut, an der mein Inneres zusammengeschweißt war, blitzte auf«) diesem Tod nicht schon wieder enteilt, weil schöner Wahnsinn, Tieck wusste es, das schönste Leben ist, ist eine so gute Frage wie die, ob hier in Billigroutinen befangene Maschinensprache triumphiert (die, stand in der Zeitung, zumal an der Metapher scheitert) oder doch die angemaßt genialische des Menschen; der nach Sportgymnasium, Studium der Sprachkunst und »Förderpreis der Doppelfeld-Stiftung« dem Algorithmus in Fernen des Ramsches und der Katastrophik davonrudert, die sich, denkbar wär's, schlicht nicht errechnen lassen. Denn die Rechenmaschine als solche ist, wie es gelegentlich heißt, »inhärent human«, und was womöglich als Rechtfertigung einer inhärent maschinellen Autorin gedacht war, die wie der Computer klingt, der sie beizeiten ablösen wird, könnte auch die Hoffnung bedeuten, dass der, was Menschen anrichten, dereinst schlicht nicht mehr zulässt.

April 2021

Die Sehnsucht dieser Leute

Wie Trump Germany great again macht

»Deutsche Macht ist unmöglich und verabscheuenswürdig.« Thomas Mann, 1941

Ende Oktober steht Günther Oettinger, CDU, EU-Kommissar und vormaliger Ministerpräsident Baden-Württembergs, vorm »Norddeutschen Unternehmensverband Großhandel, Außenhandel, Dienstleistung« und erzählt vom Besuch einer chinesischen Delegation: »Neun Männer. Eine Partei. Keine Demokratie. Keine Frauenquote. Keine Frau. Folgerichtig. (Gelächter) Alle Anzug, Einreiher, dunkelblau, alle Haare von links nach rechts mit schwarzer Schuhcreme gekämmt. (lauteres Gelächter) … Ihnen und mir geht's derzeit zu gut. Und wem's zu gut geht, der hat Flausen im Kopf. Der führt die Rente mit 63 ein, schafft die Mütterrente, … bald noch mit der Pflicht-Homoehe, wenn sie eingeführt wird.« (Gelächter) Im Zuge dieser Darstellung soll Oettinger überdies von Chinesen als »Schlitzohren und Schlitzaugen« gesprochen haben.

Daraufhin trifft Oettinger der Vorwurf des Rassismus, der Frauenfeindlichkeit und Homophobie, Europaabgeordnete der Grünen fordern seine Entlassung, die chinesische Regierung äußert Empörung. »Eine Sprecherin des Außenministeriums sagte in Peking, die Bemerkungen Oettingers spiegelten ein bei einigen westlichen Politikern tief verwurzeltes und irritierendes Gefühl von Überlegenheit wider. ›Wir hoffen, dass diese Leute lernen können, sich und andere objektiv zu beurteilen, und dass sie gegenseitigen Respekt und Gleichbehandlung erlernen‹, sagte die Ministeriumssprecherin« (tagesschau.de). Da hatte die Bundeskanzlerin dem Kommissar bereits ihr Vertrauen aussprechen lassen, »das sei ›selbstverständlich‹, sagte Regierungssprecher Steffen Seibert« (ebd.), Oettinger habe seine Äußerungen schließlich »eingeordnet«; und der Vorsitzende der CDU/CSU-Gruppe im Europaparlament, für den ein Rauswurf »nicht zur Debatte« stand, weil der Kollege doch allenfalls »ein bisschen zu stark formuliert« habe, half bei der Einordnung gern: »Wenn das der Maßstab in Zukunft wird, ob einer noch Politik machen darf, dann muss ich sagen, geht es ein bisschen zu weit.«

Eine Woche später war Donald Trump designierter Präsident der USA, und die Maßstäbe, ob einer (oder eine) noch Politik machen darf, hatten sich abermals derart verschoben, dass Trumps umfänglich chauvinistische Kampagne die immerhin halbe Billigung der deutschen Verteidigungsministerin fand: Die politische Korrektheit sei »überzogen worden« und mitschuldig an der »Vertrauenskrise der Demokratie«; es gebe einen »sozialen Druck, homogen zu antworten«. Fand auch der grüne Oberbürgermeister Tübingens, Boris (»blonde Töchter«) Palmer, der seinem schwäbischen Landsmann in einem langen Gastbeitrag für die *Frankfurter Allgemeine* den Persilschein ausstellte und den starken Formulierer zum Kämpfer für das freie Wort stilisierte: »Günther Oettinger musste gerade einen moralischen Entrüstungssturm wegen einer zugespitzten Rede in Hamburg ertragen, verbunden mit Rücktrittsforderungen, Gesinnungserforschung und Entschuldigungsritual. Was er gesagt hat, war in der Wortwahl verfehlt. Aber er sagte, was so oder so ähnlich sehr viele denken. Wer sieht, wie selbst ein EU-Kommissar dafür zusammengefaltet wird, der behält seine Meinung für sich, auch in Umfragen. In der Wahlkabine sieht aber niemand zu, dann bricht sich aufgestaute Wut Bahn.« Und angesichts der ideellen Gesamtwahlkabine will ein Grüner freilich flotte Sprüche auf Kosten von Hinterladern und Schlitzaugen nicht mal mehr unter jene Strafe stellen, die in folgenlosen Vorwürfen grüner EU-Abgeordneter gipfelt, und zieht es vor, die Kritik an Oettingers Ferkeleien mit bewährtem Kampfvokabular zu denunzieren (»Gesinnungserforschung«); derart die Forderung nach »frischen Wind in unseren Debatten« einzulösen, die nach Trumps Triumph dem Ulf Poschardt eingefallen war, der mir und allen, die im Gegenteil von Korrektheit nur Gewalt erkennen, die »Scherben ihrer Weltanschauung« vor die Füße kehrte: »Trump will wie die AfD keine ökonomisch egalitäre Gesellschaft, sondern eine, in der die Ansichten auch derjenigen gehört und respektiert werden, die von den Diskurswächtern ausgeschlossen wurden.« Als wären in dieser Gesellschaft Oettinger plus Publikum nicht sowieso zuhaus.

»Ich halte die Tendenzen zur Erhaltung des Fascismus, um den Sozialismus zu vermeiden, für sehr stark in der Welt« (Thomas Mann, Tagebuch, 18.2.41) – man wird einmal nicht sagen können, es sei nicht schwarz auf weiß zu lesen gewesen, wie die Eliten und ihre »Worthelfer der Gewalt« (Kraus, Dritte Walpurgisnacht) sich neuerlich dem Mob andienten und statt der Gesellschaft der Freien und Gleichen, die zu verhindern ihnen noch stets alle Mittel recht gewesen sind, eine projektierten, in der die Affekte sich wieder gegen die wenden sollen, die sich nicht wehren können. Dass das beflissene Intellektuellengemäkel an angeblich übertriebener, die Masse exkludierender Minderheitenpolitik (Lilla, Žižek) »schnell beim gesunden Volkskörper« anlange, sah im Interview mit der *Süddeutschen* der französische Soziologe Eribon, und selbst der unverdächtige New Yorker *SZ*-Korrespondent fürs Kulturelle stand nicht an, sich über die lokale »Fixierung« auf »transsexuelle Einheitstoiletten« lustig zu machen; während derselbe Poschardt, der den President-elect als »Gegenentwurf zu den stalinistischen politischen Korrektheiten der Elite-Unis, die aus ihrer Verachtung für die Nicht-Eliten kaum ein Hehl machen« feierte, sein Riesengehalt nicht von der seit je defizitären *Welt* bezieht, sondern von der noch schmuddligeren großen Schwester, deren früherer Chef Boenisch seine Kundschaft »Primitivos« nannte. Da liegt es nahe, aus dem real existierenden Klassenstaat eine »moralische Zweiklassengesellschaft« zu machen, »in der es die progressiven Anständigen gibt und die zurückgebliebenen Bösewichter. Garniert wird die Geste des Anständigen dann mit der Idee, dass die soziale Ungleichheit die Ursache dieses Vormarsches der Unvernunft und des himmelschreiend Reaktionären sei.« Was bekanntlich Quatsch ist, denn »die Modernisierung der Gesellschaft hat mehr Abgehängte produziert als Hartz IV«, weshalb die Abgehängten, statt etwa Springer zu enteignen, sich bei den Modernisierungsgewinnern abreagieren dürfen sollen, den Genderschwulis, Grapschasylanten und Türken mit deutschem Pass. Und wenn das nicht Volksverhetzung ist, dann weiß ich es nicht.

Trump hat ihnen wirklich noch gefehlt; und während Genossenboss Gabriel so pflichtgemäß wie vorher von der Leyen die Halluzination vom Sprachpolizeistaat bestätigte und parteiintern Solidarität mit einem exemplarischen RTL-Fan übte, denn wenn der »›Ausländer‹ und nicht ›Menschen mit Migrationshintergrund‹ sage, sei gleich was los, weil das nicht dem Gender-Sprachgebrauch entspreche« (faz.net, 30.11.), war Amerikas

»brüske Ablehnung der Herzensanliegen ›linksliberaler‹ Politik, an erster Stelle der dogmatischen Migrations-, Klima- und Genderpolitik« unseren Wertkonservativen ein durchaus auch äußerer Reichsparteitag. Denn ob der Klimawandel nicht doch eine Erfindung Putins ist und das Gedöns um Frauen und Fidschis im Ernst sein muss, will auch von Altenbockum (*FAZ*) noch geklärt wissen: »Sollte das Phänomen Trump aber zum Gegenstand des Bundestagswahlkampfs werden«, und wer hat es schon eilig, hier hindernd einzugreifen, »wird der AfD nichts Besseres passieren können, wenn« – besser: als dass – »sie es weiterhin mit lauter guten deutschen Clintons zu tun hat. Die verstehen noch immer nicht, warum ihnen selbst treue Anhänger davonlaufen – weil die Clintons dieser Welt deren Alltag und deren Sehnsüchte nicht mehr kennen.« Anders als unser Press-Adel, welcher bei Aldi ein und aus geht; und wenn »ein Trump zum Obama dieser Leute werden konnte«, dann sind diese Leute die, die man gleich zweimal nicht am Hals haben will, falls sie eines Tages herausfinden sollten, was in der Zeitung wirklich gelogen ist.

Erwachen mithin im Innern (»CDU-Vize Strobl provoziert mit Abschiebeforderungen«, faz.net, 29.11.) wie nach außen, wenn die Kanzlerin den Großen Bruder und ewigen Vormund in Gestalt D. Trumps an Menschenrecht und Demokratie erinnern durfte und ihm »auf der Basis dieser Werte«, die halt jetzt, trotz Frontex, Hartz und Wolfgang Schäuble, von Deutschland vertreten werden, »eine enge Zusammenarbeit« anbot, und soviel Flüchtlingsunterkünfte können da nicht mehr brennen, dass dem Reich, nun auch noch Fluchtpunkt für Brexit-Opfer (»Ich werde Deutsche«, *Süddeutsche*, 26.11.), die neue Rolle als *beacon of mankind* noch zu nehmen wäre. »Nun soll, wie zu hören und zu lesen ist, der Westen unter deutscher Führung verteidigt werden« (*Konkret* 12/2016), und »dass sich Europa wirtschaftlich und militärisch von US-Amerika emanzipiert«, kann nicht allein *SZ*-Leser Bernd Marterer (Schopfheim) kaum erwarten. Auch *FAZ*-Herausgeber Kohler kokettierte sogleich mit einer »eigenen nuklearen Abschreckungsfähigkeit, welche die Zweifel an Amerikas Garantien ausgleichen könnte. Die französischen und britischen Arsenale sind dafür in ihrem gegenwärtigen Zustand zu schwach.« Und wenn deutsche Nationale nach 70 Jahren Besatzung an den roten Knopf gelangten, dann müsste man Trump allein dafür hassen, der Welt das eingebrockt zu haben, was nun wirklich niemand wollen kann: ein deutsches Jahrhundert.

Januar 2017

Der Schutz der Heimat

Über volksgemeinschaftliche Selbstvergewisserung zwischen Kippa und Badehose

Es ist ja nicht so, dass sie nicht wüssten, wie man tobt, die Nutzerinnen und Nutzer des Online-Angebots der *Frankfurter Allgemeinen Zeitung für Deutschland*; aber so einhellig haben sie noch kaum einmal getobt (Rechtschreibung umfänglich korrigiert): »Wo ist das Besondere an diesem Fall? Die Tatsache, dass es sich um einen jüdischen Jungen handelt? Wer hat denn erwartet, dass sich diejenigen, ›die noch nicht so lange hier sind‹, an unsere Konventionen gegenüber allem Jüdischen halten würden … Traurig, dass es erst ein jüdischer Junge sein muss, bevor das überhaupt zur Kenntnis genommen wird. Lieber ergeht man sich in pauschalen Rassismusvorwürfen gegen jene, die die zweifelhafte Kultur und Moral eines Teils der Zuwanderer nicht dulden wollen … Die Wirklichkeit ist, dass es meistens Muslime sind, die immer wieder negativ auffallen. Aber in einer von politischer Korrektheit geprägten Gesellschaft darf man das ja nicht ansprechen … AfD & Pegida benennen die Probleme schon lange und konsequent.«

Was war geschehen? Jüdische Eltern hatten ihren Sohn von einer Gemeinschaftsschule im Berliner Westen genommen, nachdem er erst antisemitisch beleidigt (»Juden sind alle Mörder«) und später von zwei Mitschülern attackiert worden war. »Sie nahmen ihn in den Schwitzkasten, richteten eine Spielzeugpistole auf ihn und schossen Plastikteile auf ihn. Zuvor sollen sie«, weil der Junge in England geboren ist, »›Hey, du Engländer‹, gerufen haben«, so der lokale *Tagesspiegel.* »An der Friedenauer Gemeinschaftsschule haben rund 75 Prozent der Schüler eine andere Herkunftssprache als Deutsch, viele kommen aus türkischen oder arabischen Familien«, so wie die beiden Tatverdächtigen, die sich Schulverweis und Strafanzeige eingehandelt haben.

Während der Netz-*Spiegel* aufs türkisch oder arabisch Familiäre nicht einging und vorsichtshalber auch keine Leserpost erlaubte, beklagte der Frankfurter Interessenvertreter der gar nicht so schweigenden Mehrheit Jasper v. Altenbockum die »bittere Wirklichkeit«, dass deutsche Schulkinder »vermöbelt« würden, »nur weil sie zu den ›Ungläubigen‹ gehören. Solche Geschichten passen nicht in eine Kultur, die glaubt, Integration sei eine Sache kurzfristiger Verwaltung und bestehe aus Friede, Freude und viel Eierkuchen. Opfer dieser Schönfärberei sind nicht etwa die Einwanderer, die sich so gerne als solche fühlen« (als Opfer, nicht Einwanderer!), sondern die, die Altenbockum geschlossen hochleben ließen und allenfalls dafür kritisierten, nicht so explizit geworden zu sein, wie es doch weißgott nicht nötig war.

Die Landsleute, bekanntlich längst Weltmeister in Menschenrechtsangelegenheiten, haben es sich aber auch zu schön eingerichtet: Die Juden können sie hassen, weil die in Palästina die armen Muslime sekkieren, die Muslime, weil sie die armen Juden hassen und ihren je vorhandenen Antisemitismus nicht so schön hinter rechtschaffener »Israelkritik« oder tendenziösen Bildmontagen in der *Süddeutschen* verstecken (weinende palästinensische Frauen + Netanjahu nebst Generälen = Juden sind Mörder). Dass das neue, gute Deutschland das alte in gut ist, ist mithin nicht tautologisch, wenn das nationale Kollektiv seine unausrottbaren Affekte widers Volks- und Artfremde zu solchen gemodelt hat, die sich offiziell nicht mehr aufs Blut, sondern auf den moralisch-zivilisatorischen Vorsprung jener Kulturstufe berufen, auf der man sich seine Konventionen gegenüber allem Jüdischen zu hart erarbeitet hat, um sie von Gesamtschulbengels aus Kameltreibergesellschaften missachtet sehen zu wollen. »Im Kontext einer durch Einwanderung und Einbürgerung brüchig werdenden ›Abstammungsgemeinschaft‹ wird verstärkt das Merkmal der ›Kultur‹ als neue Grenzmarkierung zwischen Eigenem und Fremdem bemüht (Stichwort Leitkultur)«, schreibt die Berliner Rassismusforscherin Yasemin Shooman und moniert die »dichotome Konstruktion von ›westlicher‹, soll sein ›christlich-abendländischer‹, und ›islamischer‹ Kultur, die einander als statische Entitäten gegenüberstehen und als unvereinbar angesehen werden. Üblicherweise wird bei einer solchen bipolaren Sicht auf ›Islam‹ und ›Westen‹ letzterer als emanzipativ, aufgeklärt und fortschrittlich beschrieben, während ›der Islam‹ als rückständig, unwandelbar, irrational und gewaltbereit gilt«, und zwar per se und in toto, immer und überall, wie auch die Frankfurter Allgemeine Kundschaft findet, sich fürchtend vor der »rasch wachsenden Anzahl an Muslimen, die sich so verhalten wie fast überall auf der Welt: wie gewalttätige Unterdrücker«. Und eben nicht so friedvoll und human, wie wir das im Westen gewohnt sind, wo auf den Ämtern Blumen regnen, Diskriminierung unbekannt ist und lediglich sechs von zehn Frauen in ihrem Leben Erfahrungen mit sexueller Gewalt machen. Und nicht, wie beim Islamerer, alle.

Das Ding heißt Kulturalismus, wahlweise Kultur-Rassismus oder »Rassismus ohne Rasse«, der auf dem Gegensatz von wir und die besteht, weil er ihn als Mittel der

Selbsterhöhung und -idealisierung, wo nicht gar der Selbstkonstitution benötigt, und der wie gemacht ist für ein Land, das als »bestes Deutschland, das es je gab« (Gauck) so gut geworden ist, dass es sich in der eigenen Haut nicht mehr recht zuhause fühlt. Da kommt die Projektionsfläche »Muslim« gerade recht, wobei »Projektion« ruhig freudianisch verstanden werden darf: »Wenn man sich das mal klar macht, was bei ›denen‹ teilweise gepredigt wird. Oder wie die, teilweise, über uns Deutsche intern reden, innerhalb der Familie, in ihrer Geheimsprache. Ich merke das teilweise an den Kindern, denn Kinder lügen nicht, und aus deren Augen und der Art, wie sie gucken, spricht manchmal, wie sie über jemand gelernt haben zu denken« (c/o *FAZ*) – »Unterwanderungs- und Überwältigungsfantasien« (Wolfgang Benz), wie sie sich dunkelschöner auch bei Antisemiten nicht finden.

Es ist also eine doppelte Projektion, wenn sich die guten Deutschen jetzt auch noch vor dem Judenhass der islamischen Horden ängstigen, mit denen sie, aus dem besten aller Gründe, nun sogar noch weniger zu tun haben wollen. Denn wie immer es um die »europäischen Werte« zwischen Hartz, Schäuble, Frontex und Orbán gerade bestellt sein mag und wie undurchlässig die sog. offene Gesellschaft für diejenigen ist, die sie dann als integrationsunswillig aussortiert, so ist das christlich-jüdische Abend- als Vaterland doch unteilbar, wie auch Jakob Augstein auf *Spiegel online* verlässlich wusste: »Die soziale Gerechtigkeit muss gegen Kapital und Konzerne errungen werden – aber die Identität gegen die Migration … Wenn die Aufgabe einer linken Regierung die Solidarität mit der arbeitenden Bevölkerung ist, dann gehört dazu auch der Schutz der Heimat.« Gerechtigkeit, Brot und nationale Identität gegen Kapital, Konzerne und Fremde zu verteidigen ist eine alte, wenn auch hierzulande etwas in Misskredit geratene Idee, und vielleicht hat man einfach warten müssen, bis jüdische Schulen, Kindergärten, Gemeindehäuser allein noch des Dschihad wegen polizeilich bewacht werden; und nämlich die nationale Durchzivilisiertheit einen Grad erreicht hat, der es erlaubt, mal wieder Fraktur zu reden.

Da ist es nicht nur stramm geheuchelt, sondern auch flugs fehlgedeutet, wenn derselbe Augstein eine Woche später den CDU-Krachvogel Spahn wegen dessen Forderung nach einem »Islam-Gesetz« angeht und es »verblüffend« findet, dass mit Spahn ausgerechnet »ein moderner Typ, sympathisch, erfolgreich« mit »gnadenlosem, antiislamischem Populismus Punkte machen« zu können glaube. Denn nicht trotz, sondern wegen seiner »Modernität« kann Spahn so punkten, ist es dem Mainstream doch nur recht, wenn die Minderheit sich erkenntlich zeigt und das Ressentiment der Mehrheit vorträgt. Im Reader »Karriere eines konstruierten Gegensatzes: Zehn Jahre ›Muslime versus Schwule‹« (Münster 2014), aus dem oben schon zitiert wurde und der die »Dienstbarmachung von Frauen- und Homosexuellenrechten bei der rassistischen Neuformierung von Staat, Nation und Gesellschaft« in den Blick nimmt, heißt es, es sei »kein Zufall, dass die CDU und politisch noch weiter rechts zu verortende Parteien ihr Herz für Homosexuelle gerade zu einer Zeit entdecken, in der sich im Mainstream ›Herkunft‹ und ›Religion‹ als Erklärungsansätze für Feindschaft durchsetzen«, wie sich umgekehrt »weiße Schwule weißen Heterosexuellen als ebenbürtig« empfählen, »indem sie sich als Experten bei der Zivilisierung ›homophober Migranten‹ ausgeben«. Spahn in Springers *Welt*: »Bei mir im Fitnessstudio gibt es jetzt Hinweisschilder, die das Duschen in Badehose ausdrücklich erlauben. Zu viele arabische Muskelmachos standen da vorher mit ihrer Unterhose drunter, weil sie sich nackt genierten. Das ist eine gesellschaftliche Veränderung, die ich nicht will. Unsere Offenheit für andere Kulturen droht in solchen Fällen zum Rückfall in alte verklemmte Spießigkeit zu führen. Ich will aber kein verklemmtes Deutschland.«

In der »Wacht am Rhein« von 1871 war es noch der »Deutsche, bieder, fromm und stark«, der die »heil'ge Landesmark« beschirmte; heute ist es der, der die Badehose nicht einpackt. »Überhaupt hat der Fortschritt das an sich, dass er viel größer ausschaut, als er wirklich ist« (Nestroy).

Er passt sozusagen in eine Badebux.

Mai 2017

Auf Tuchfühlung

Schon wieder: das Kopftuch

»Allah … ermahnt euch, auf dass ihr bedenken möget.« Sure 16,90

Es kehrt ja immer alles wieder, nie ist mal irgendwas ausgestanden, und kaum lese ich im Morgenblatt, dass die Zahl rassistischer und antisemitischer Anfeindungen immer weiter wachse, stecke ich schon wieder in jener Kopftuchfrage, die ich an dieser Stelle mit einem überzeugten »Jein« beantwortet glaubte; oder jedenfalls unterm Hinweis auf ein Dilemma: »Will sie«, die herrschende Ordnung, »Lehrerinnen und Richterinnen, die Religion und religiöse Demut für sichtlich unverzichtbar halten; oder will sie Neutralität auf dem Rücken derer, deren Spleen zufällig nicht der Spleen der (rassistischen) Mehrheit ist?« Und nämlich apropos Spleen: »Nina Mühe ist Deutsche und Muslima. Sie ist 2001 konvertiert, trägt Kopftuch und arbeitet daran, Organisationen zu vernetzen, die gegen antimuslimischen Rassismus angehen … Berlin etwa verbiete es muslimischen Lehrerinnen nach wie vor, im Unterricht ein Kopftuch zu tragen. ›Das empfinde ich als extrem diskriminierend‹, sagt Mühe, es treffe indirekt alle Muslime und vermittle einen fatalen Eindruck: Es ist in Ordnung, etwas gegen Kopftuchträgerinnen zu haben« (*SZ*, 5.7.).

Nun bin ich bekanntlich ein ausgesprochener Feind des unbedachten Einsatzes von Krawallwörtern wie »extrem«, und so falsch und diskriminierend es ist, etwas gegen Kopftuchträgerinnen zu haben, so kann man doch, sozusagen abstrakt, das Kopftuch wo nicht als religiöses, so doch als patriarchales Symbol ablehnen, denn das unterscheidet das Kopftuch von der Kippa oder dem Turban: dass es Frauensache ist; wie der alte Rattelschneck-Witz mit dem nackten Mann und der verschleierten Frau: »Huch, da kucken ja noch die Finger raus, die hacke ich mal lieber ab!« tatsächlich etwas zur Kenntlichkeit entstellt, übrigens auch den westlich klischierten Blick auf *den* Islam. Eine Anordnung, der sich ohne sachlichen Grund nur eine willkürlich definierte Gruppe von Menschen zu fügen hat, ist nämlich ihrerseits extrem diskriminierend, da diskriminiert gewissermaßen Gott selbst, der alte Herr.

Andererseits (da ist es also wieder) gilt es in den üblichen Kreisen schon wieder als schick, den Nachwuchs von Nonnen unterrichten zu lassen, und wenn ich überlege, welche Macken meine Lehrer hatten, größerenteils Zyniker, Alkoholiker, Faulpelze, Sozialdemokraten, will mir eine muslimische Konvertitin nicht wie der Untergang des Abendlandes vorkommen, und dass wir alle unseren Spleen haben, soll ein Kind ruhig lernen; wobei es im Fall, die Lehrerin trägt Tuch, natürlich nicht nur lernt, dass es in Ordnung ist, rein gar nichts gegen Kopftuchträgerinnen zu haben, sondern auch, dass es in Ordnung ist, wenn Frauen sich verkleiden müssen und Männer nicht.

Stehen wir also wieder am Anfang, und ebensowenig mag ich pauschal entscheiden, ob Franziska Beckers verhüllungskritische Cartoons nun rassistisch sind oder bloß fürs Frauenrecht streiten, würde aber immerhin finden, dass ein Blatt wie »Auf Tuchfühlung« in seiner Anhäufung von Bedrohungsszenarien klar mit Überfremdungsängsten spielt. Eine Frau, die – das ist jetzt nicht mehr Becker, das ist Beobachtung – bei vierzig Grad Hitze unter schwarzem Kopftuch und in schwarzem Mantel steckt, ist aber keine

Bedrohung, sondern tut mir leid, und vielleicht hülfe es ja, wenn Nina Mühe, die ja nun sowohl Mehr- als auch Minderheit ist, mit den Ambivalenzen ihres Kopftuchs mal genauso auf Tuchfühlung ginge, wie ich Atheist und Laizist und aufgeklärter Dialektiker es tue. Wenn's ein lieber Gott ist, an den eine glaubt, wird er (und da fängt es halt an: *er*) das bestimmt gutheißen.

Juli 2019

Abzusehen davon

oder Das war die Dialektik: Eine zeitdiagnostische Betrachtung

1

Seit dem 16. August 2004 stehen sie da und demonstrieren gegen Hartz IV, jeden Montag in Eisenhüttenstadt, und da verzeiht man sogar das die Karikatur überholende Demo-Banner: »Montag's.-Demo.-Eisenhüttenstadt«. Aber nicht das fand die liberale *Süddeutsche* lustig, sondern die Tatsache, dass da Leute, und seien es bloß eine Handvoll, ein Ziel haben, und dann noch so eins: »In einem Land zu leben, wo die Menschen nur 30 Stunden arbeiten, mit 60 in Rente gehen und ein Bürgergehalt von 1400 Euro netto bekommen. Eisenhüttenstadts Montagsdemonstranten, aufgewachsen in einer steinernen Utopie, können das Träumen nicht lassen.«

Was für sagenhafte Trottel; als gehörte nicht nach wie vor zum Arzt, wer Visionen hat, selbst wenn es nicht darum geht, mit dem Liegerad zum Mond zu wollen, sondern die Utopie so überschaubar, konkret und menschenfreundlich ist wie die, die da von Unentwegten vertreten wird, denen der dialektische Materialismus aus Schulzeiten was hinterlassen hat: »Hartz IV hat einen Keil zwischen uns getrieben, zwischen Arbeiter und Arbeitslose. So halten sie uns klein.« Das getreulich wiederzugeben und hernach mit dem billigsten Spott zu garnieren (»Jetzt sind sie … Mitstreiter am Vorabend der Revolution«) könnte Zynismus heißen, wenn Begriff und Sache, wie von Adorno perhorresziert, nicht längst so identisch wären, dass sich die Damen und Herren Journalisten schon gar keinen Begriff mehr machen können, der mehr wäre als die trübe Sache selbst. Noch der kurrente als sichtlich dysfunktionale Kapitalismus wird so zur Gegebenheit wie Schwerkraft oder Stuhlgang, und wer nur versucht, ihn auf eine Weise zu modifizieren, die jedem und jeder, wären sie noch nicht durch die Apparate und Instanzen deformiert, einleuchten könnte, der wird nicht mehr nur zum Dissidenten, mit dem geredet werden kann, sondern zum Verrückten, der keine andere Funktion mehr hat, als das vernünftig Wirkliche ex negativo zu bestätigen. »Man versteht, warum der Skandal des Wahnsinns verherrlicht werden kann, als der der anderen Formen der Unvernunft mit so viel Sorgfalt verborgen wird« (Foucault).

Einen Tag früher, im selben Blatt, besucht eine Kathleen Hildebrand den ostdeutschen Schauspieler Peter Sodann, der DDR-Bücher sammelt, und zwar alle. Noch so ein Spinner, gerade für die junge Journalistin mit Osthintergrund: »Herr Sodann, was fanden Sie gut und was schlecht an dem Land, dessen komplette Verlagsproduktion Sie sammeln? Er schnauft, schüttelt den Kopf, die Äuglein klein. ›Das sage ich Ihnen nicht.‹ Er zischt diesen Satz. Warum nicht? ›Weil Sie es nicht verstehen. Es hat keinen Sinn.‹«

Und das hat es ja nun wirklich nicht.

2

Dass das allwaltende, nichts als vernünftige System seine Insassen unbeschädigt lasse, wird man indes nicht unbedingt sagen können. »Mit einem Autokorso hat eine Hochzeitsgesellschaft die A2 bei Hannover blockiert. Die Polizei musste anrücken und die Party auflösen«, meldete DPA im April. »Mit rund 20 Fahrzeugen hätten die Feiernden alle drei Fahrstreifen besetzt, teilte ein Sprecher der Polizei am Ostermontag mit. Sie verließen dabei sogar ihre Autos, um auf den Fahrbahnen zu tanzen. Hierbei sei es beinahe zu einigen Auffahrunfällen gekommen.« Zehn Tage später behinderten Gaffer zum wiederholten Male einen Noteinsatz auf der Autobahn: »Teilweise mussten sich die Beamten durchs offene Fenster sogar anpöbeln lassen« (nonstopnews.de), und im März hatte die Feuerwehr bereits 30 Autofahrer angezeigt, »die auf der A5 keine Rettungsgasse gebildet, die Helfer aber angepöbelt und ausgelacht hatten« (faz.net).

Im ähnlich sozialen Internet haben sich derweil sog. Prank-Clips etabliert, in denen zwar niemand mehr von sich, aber dafür von allem anderen absieht: »Die Youtuber-Eltern DaddyOFive lösten einen Sturm der Entrüstung aus, nachdem« – deutsch: als – »sie Spaß-Tinte, die erst täuschend echt aussieht und später verschwindet, auf den Kinderzimmerteppich spritzten und ihre Kinder beschuldigten. In dem Video brüllen die Eltern ihre Söhne nieder, bis diese zu weinen beginnen und sich von den Eltern nach der Aufklärung der Geschichte auch noch auslachen lassen müssen.« Ein anderes Monster hat, zum Gaudium von »zehn Millionen Followern«, seiner Freundin vorgegaukelt, »dass der gemeinsame Sohn versehentlich mit einem Quad losfährt und das Gefährt in die Luft fliegt. Das sind Zeugnisse einer sadistischen Verrohung, die selbst dann schwer erträglich wäre, wenn sie nur inszeniert wären« (*SZ*, 24.4.), aber auch das regelt der Markt: Die Kölner Prankster »Bibi« und »Julienco«, lesen wir weiter, haben ein sozialwissenschaftliches Studium abgebrochen und verdienen nach Schätzungen, wenn's kein Tippfehler ist,

»durch Werbung bei und außerhalb von Youtube rund 110 000 Euro monatlich«.

Es ist dies dann wohl der unternehmerische Pioniergeist, von dem die FDP immer schwärmt, und wer wollte da kritteln, indem er etwa in einer älteren »Einführung in Theorien sozialer Auffälligkeit« blättert und über »psychopathisch verwahrloste Kinder« erfährt: »Das Ich, nicht fähig, den gesellschaftlich geforderten Ausgleich zwischen sozialen Handlungserwartungen und individuellen Handlungsmotiven herzustellen, reduziert seine Tätigkeit auf den unmittelbaren Ausdruck interpretierter Bedürfnisse und auf die Umkehr der lebensgeschichtlich erlittenen Ablehnungen, Enttäuschungen und Versagungen in gegenaggressives Verhalten … So stellt sich das schwache Ich unter Lockerung seines Realitätsbezugs und unter Aufgabe seiner handlungskontrollierenden Funktionen bedingungslos in den Dienst des Es«, das 1979 noch eines biographisch beschädigter Kinder war. Heute, wo soziale Handlungserwartungen und individuelle Handlungsmotive in Dschungelcamp oder Kommentarspalte schon mal in eins fallen, dürfen auch Erwachsene ihre Versagungen durch Remmidemmi kompensieren, und wer keine Angst vor küchenpsychologischen Kurzschlüssen hat, könnte finden, dass es hier wie da aufs Elternhaus ankommt, in dem, was ist, sich ändern lässt oder eben nicht.

3

So unverwahrlost können Kinder freilich nicht sein, dass sie im alternativlosen Vaterland das Andere nicht immer nur als Integriertes, zu Integrierendes oder per se Unintegrierbares (Hauptschultürken, Sozialismus) kennen könnten, und will man politischer Korrektheit ausnahmsweise einen triftigen Vorwurf machen, dann den, dass sie ihrerseits Begriff und Sache kongruent macht und den Raum zum Schwinden bringt, in dem das Andere mehr wäre als etwas, das in seinem Bezeichnetsein aufgeht. Bei aller Problematik hat es etwas für sich, wenn Magnus Klaue, durchaus von links, den Forderungen nach »korrekten« Kinderbüchern phantasiefeindlichen, antiästhetischen, im Effekt totalitären Positivismus vorwirft, »weil ästhetische Erfahrung erst dort beginnt, wo nicht einfach die Wirklichkeit verdoppelt, sondern eine andere geschaffen wird … Das ästhetische Bild der Hexe und des Negers, an dem sich der Funken kindlicher Phantasie entzündet, überstrahlt das mit dem Wort Bezeichnete; das Ungebändigte, dämonisch Lockende, das darin mitschwingt, ist ein Versprechen, das die empirische Wirklichkeit eben nicht macht. Deshalb ist ›Hexe‹ als Figuration ästhetischer Einbildungskraft nie einfach ein sexistisches Bild der Frau, ›Neger‹ nie nur ein rassistisches Bild des Schwarzen. Was die Worte sagen, steckt in dem, was im von ihnen bezeichneten nicht aufgeht.«

Und da fangen die Probleme halt an, jedenfalls wenn wir dem humorkritischen *Titanic*-Kollegen Hans Mentz glauben, der sich ständig beklagt, »dass den jungen Leuten mehr und mehr die Satirefähigkeit verlorengeht«, dieweil sie zwar wüssten, was gut und richtig sei, aber keinesfalls weiter: »Das Jungvolk verfügt nur noch über Beißreflexe, erzürnt sich beispielsweise zu Recht über rassistisches Vokabular, tut dies aber auch, wenn es auf zweiter, dritter Ebene geschieht, etwa in parodistischer Form, um die Sprache des, nun ja, Feindes überhaupt offenzulegen. Context is king, boys'n'girls! möchte ich da rufen« – aber hier liegt der Hase ja im Pfeffer, wenn das grenzenlose System keine Umwelt, also keinen Kontext mehr hat und der alte Marcuse: »Denn niemand denkt wirklich, der nicht von dem abstrahiert, was gegeben ist« bereits da unter die Räder kommt, wo Bildung praktisch oder gar nicht ist. Dass das goldene Kompetenzzeitalter, das etwa in der Schulmathematik die Schönheit des Abstrakten, vorderhand Sinnfreien gegen sture Anwendungsbezogenheit und »pseudopraktische Beispiele« (ein Mathelehrer in der *SZ*) eintauscht, dazu geführt hat, dass Universitäten sog. Brückenkurse für mathematisches Basiswissen einrichten müssen, will da sowenig überraschen wie dieses »Bildwörterbuch« fürs »Kleinkindalter« (Verlag): »Erkennen und genau benennen – so bekommen die Kleinen die große Welt in den Griff. Von Triceratops, Pterodaustro und Elasmosaurus bis Tyrannosaurus, Stegosaurus und Brachiosaurus – hier steckt alles drin, was kleine Dinofans begeistert«, nämlich solche, die vorm Kindergarten schon »kleine Experten« werden und Pterodaustro sagen lernen sollen, damit's später nicht hapert, wenn es um besinnungslos fachidiotisches Reproduzieren geht.

In der »Sesamstraße« macht Bert jetzt Experimente. Im weißen Kittel. Auch das kriegen sie also kaputt. Gratulation.

Juni 2017

Heimat, dichter

Über neuen nationalen Zusammenhalt, bestimmte Dinge zum Thema Flüchtlinge und Geschichten aus Ostdeutschland

Es kann ja einer nix dafür, wenn er Greiner heißt; aber dass er dann auch so klingen muss: »Heimat ist der Raum, in dem man sich zu Hause fühlt, und das ist ja nicht nur der Raum, in dem man aufgewachsen ist oder geboren ist, sondern das ist auch ein geistiger Raum, ein kultureller Raum«, weinte also der Literaturkritiker und *Zeit*-Journalist am 4.10. in den Deutschlandfunk Kultur hinein, erstens, weil Greiners frisches Buch »Heimatlos. Bekenntnisse eines Konservativen« heißt, zweitens, weil der Redenschreiber des Bundespräsidenten, der am Einheitsfeiertag vor die Nation getreten war, Bloch gelesen hat: »Ich glaube, Heimat weist in die Zukunft, nicht in die Vergangenheit. Heimat ist der Ort, den wir als Gesellschaft erst schaffen.« Es sei, soll Greiner dann laut Deutschlandfunk gesagt haben, zwar eine schöne Aufgabe, diesen Ort zu schaffen, aber unnötig, da es ihn bereits gebe: »Wenn jeder von uns ein bisschen mithilft, dass dieser Raum erhalten bleibt, dann ist schon viel gewonnen.«

Und wieder geht ein Riss durchs Land: Hie der alte weiße Mann, der sich wegen der »Linkslastigkeit der tonangebenden Medien« nicht mehr auskennt: »Er wolle nur, dass er durch die konservativen Gedanken, die er in dem Buch äußere, sei es zum Thema Flüchtlinge oder zum Euro, nicht in die rechte Ecke abgeschoben werde. ›Das passiert ja sehr schnell‹« und immer wie von ungefähr; dort ein anderer alter weißer Mann, der von Leuten, die hierzulande Deutschtürken heißen, was gelernt hat: »Die mutige Anwältin und Autorin Seyran Ateş hat mir kürzlich erzählt: ›Mir hüpft das Herz in der Brust, wenn ich in Istanbul den Bosporus wiedersehe. Und auf dem Rückweg nach Berlin hüpft mir das Herz, wenn ich den Fernsehturm wiedersehe.‹ In ihrer Geschichte steckt etwas ebenso Simples wie Wichtiges: Heimat gibt es auch im Plural.«

Wenn ich auf der Marienstraße im Stau stehe, weil ich mal wieder zu doof war, die richtige Abfahrt zu nehmen, hüpft mir das Herz eher nicht; aber es soll ja Leute geben, die nach Hause kommen können, ohne daraus eine Sache auf Leben und Tod zu machen. Home is where the heart is, dabei könnte es bleiben, wenn nach den Erfolgen der Heimatschutzpartei AfD nicht doppelstrategisch versucht werden müsste, die üblichen Sorgen und Ängste zu verstehen, ohne das verkaufsträchtige Bild vom kunterbunten Vielfaltsdeutschland zu trüben. Gottlob ist das, was an dieser Stelle zuletzt als »Heimatisierung« vorstellig geworden ist, bereits in vollem Gang, von der Regionalkrimiflut über den Kiezpatriotismus bis hin zu den Schnellzügen, die »Weiden i.d. Oberpfalz« heißen, und wie ich das hinschreibe, sitzt vor meinem Fenster eine Frau in einem Kleinwagen und schminkt sich, und die Kopfstützen tragen schwarz-rot-goldene Überzüge. »Hätte man zum Beispiel vor zwei Jahren den Begriff der Heimat so emphatisch angesprochen wie Herr Steinmeier, wäre man als rechtspopulistisch bezeichnet worden« – das glaubt der Greiner freilich selbst nicht bzw. vermutlich doch, weil das ja nun zum Spiel gehört, sich als verfolgte Unschuld zu spreizen, die bestimmte Dinge zum Euro oder zum Thema Flüchtlinge einfach nicht mehr sagen kann, es sei denn im kleinen Rowohlt-Verlag (19,95 Euro).

Dass die ubiquitären Sprachverbote es waren, die den Siegeszug der AfD ermöglicht haben, glaubt nun auch eine Presse, die »einen faschistischen Unterstrom im deutschen Denken« (*SZ*, 5.10.) lieber in unverfänglichen Zusammenhängen feststellt (»Erik van Lieshouts große Retrospektive in Hannover«) und, geht es um Alternativen für Deutschland, gern dem Greiner entgegenkommt und denen, die Heimat im Singular präferieren: »Ihren Job besser machen müssen aber Presse, Sender und die Redaktionen von Online-Medien. Sie tragen Mitverantwortung am AfD-Erfolg. Aufgabe der Medienmacher ist es nicht, ex cathedra die persönliche Gesinnung zu verkünden«, und dann auch noch in phrasenhaftem und um die passenden Präpositionen verlegenem Deutsch! »Unangenehmes, ja Verstörendes fand kaum Beachtung: Diejenigen unter den Migranten, deren Fluchtgrund nicht der Krieg, sondern die Wirtschaftslage war. Risiken bei der inneren Sicherheit, die schwierige Integration von Menschen aus anderen Kulturkreisen, mit anderem Glauben, einem anderen Bildungshintergrund« als etwa dem, den *SZ*-Redakteure haben müssen, wegen Mitverantwortung an der Demokratie: »Das wurde schöngeredet. Mit Ängsten, ob rational oder irrational, blieben Zuschauer und Leser allein.« Irrationale Ängste auszuräumen wäre aber im Zweifel das, was der Tomas Avenarius für Schönreden hält, und wer von »Wirtschaftsflüchtlingen« spricht, will sowieso bloß Volksaufklärer sein.

Aber »dafür sind Zeitungen bestellt, dass sie aussprechen, worüber alle einverstanden sind« (Joseph Görres, 1814), und während die *FAZ*, unversehens wieder auf dem langen Weg nach Westen, die AfD-nahen Ostdeutschen zu Immigranten machte, deren Integration nun mal gescheitert sei (3.10.), hatte die *Süddeutsche* keine Mühe, den deutschalternativen Durchmarsch in der engeren Heimat (bis zu 30 Prozent in Niederbayern) zu eskamotieren: »Was im vergleichsweise kosmopolitischen München als Errungenschaft gilt, das wird hundert Kilometer weiter östlich von vielen als ungebührliche Einmischung des Staates und Bedrohung der Lebensweise empfunden: der Ausbau der Kinderbetreuung, Ehe für alle, berufliche Gleichstellung von Mann und Frau«, mithin, grosso modo, der Fortschritt. »Die Landbevölkerung kam sich in der öffentlichen Debatte, gerade wenn es um die Rolle der Familie ging, als gebrandmarkt vor. Das waren diejenigen, die es immer noch nicht kapiert hatten« und die, weil sie Wähler sind, selbst dann Gehör verdienen, wenn die Wählerin am Herd bleiben soll; und die aber, weil »zu nüchtern« und keinesfalls deutschnational, dafür sorgen, dass »die Chancen der AfD, auch in Bayern eine feste politische Größe oder gar neue Volkspartei wie in Ostdeutschland zu werden«, sowieso »schlecht« stehen.

Wie es ja vor allem die Ossis sind, die es immer noch nicht kapiert haben, dass der Westen nicht gewonnen hat, um plötzlich »ostdeutsche Geschichten« (Steini) hören zu wollen, die irgend mehr wären als das, was das Fernsehprogramm am Einheitstag zur Erbauung bot: »Willkommen bei den Honeckers. Komödie. / Goodbye, Lenin! Komödie. / Bornholmer Straße – Die unglaubliche, aber wahre Geschichte von Oberstleutnant Harald Schäfer. Komödie. / Die Frau vom Checkpoint Charlie. TV-Drama« – dies nun mal die Staatsräson des neuen Deutschlands, dass die östliche Hälfte des alten nur als Drama und (schlechter) Spaß begriffen werden darf. Wer eine ostdeutsche Geschichte hat, dessen Geschichte ist ein Witz, und wer sie anno '89 mit Begeisterung weggeworfen hat, der will jetzt, ganz wie Steinmeier, ein »Wir«, das er aber nicht zu teilen gedenkt mit Leuten, die um den Verlust ihrer Geschichte nicht auf Knien gebettelt haben.

»Wir lieben dieses Land. Es ist unsere Heimat. Diese Heimat spaltet man nicht. Und für diese Heimat, für dieses Land werden wir kämpfen« – schön auch, dass bei den klebrigen Themen die Grünen immer in Rufweite sind, zumal die, die mit der CSU an den Kabinettstisch streben und sich laut merkur.de »in Sachen Heimatliebe … ›nicht übertreffen‹« lassen wollen, nämlich Göring-Eckardt zufolge »nicht von den Rechten und nicht von irgendjemand anderem«; wohl gerade weil es in ihrer Partei noch diese öden Antifareflexe gibt von wegen »Begriffe, die per se nichts taugen, muss ich nicht von links besetzen. Dazu zählen: Volk, Nation, Heimat«, wie einer twitterte, und ein anderer: »Aus ihrem Mund klingt das Wort Heimat irgendwie missbraucht und käuflich. Ekelhafte Anbiederung.«

Das wären jetzt Preisfragen, ob Göring-Eckardt überhaupt etwas von links besetzen kann und ob »Heimat« noch ohne Missbrauch und Verkaufe zu denken ist. »Die Sehnsucht nach Heimat – nach Sicherheit, nach Entschleunigung, nach Zusammenhalt und vor allen Dingen Anerkennung –, diese Sehnsucht dürfen wir nicht den Nationalisten überlassen« (Steini), und weil Sicherheit, Entschleunigung, Zusammenhalt und Anerkennung nicht eben Hauptbestandteile der forcierten Marktgesellschaft sind, bleibt von Heimat nur die Scholle. Noch Tucholsky, als er 1929 wider die »nationalen Esel« versuchte, die »stille Liebe zur Heimat« links (oder jedenfalls nicht-rechts) zu besetzen, klang eher romantisch, wenn er ein »Gefühl jenseits aller Politik« beschwor, »und aus diesem Gefühl heraus lieben wir dieses Land. Wir lieben es, weil die Luft so durch die Gassen fließt und nicht anders, der uns gewohnten Lichtwirkung wegen – aus tausend Gründen, die man nicht aufzählen kann, die uns nicht einmal bewusst sind und die doch tief im Blut sitzen.«

Er konnte freilich noch »Buchenwald« schreiben, und es war klar, er meint den Wald aus Buchen.

November 2017

Stirb und werde

Warum wir Bildungsbürger das Nationale nicht den Rechten überlassen dürfen: Eine klassenpolitische Information

Eine lehrreiche Rubrik in der ohnehin recht lehrreichen *Süddeutschen Zeitung* ist das »Sprachlabor«. Hier dürfen sich Leser und Leserinnen über sprachliche Fehler beschweren, etwa darüber, dass ein Redakteur »brauchen« ohne »zu« verwendet hat oder eine Autorin »erinnern« transitiv. Es geht um Abweichungen von der Norm, die man aus dem Gymnasium kennt; es geht tatsächlich niemals um Nietzsches »Sprach-Verlumpung« oder Benns »Roboterstil«, wie sie gerade in der *SZ* so »massiv« (ebd.) gepflegt werden. Wer mag, kann finden, dass so das Bildungsbürgerliche funktioniert: Man weiß, was sich gehört, und man empört sich, wenn ein Flegel an der falschen Stelle niest. Über die Norm hinaus wird aber nicht gedacht, denn die Norm ist das Interessante, lässt sie doch die Unterscheidung zu zwischen denen, die sie kennen, und den anderen; unter den Bedingungen der Klassengesellschaft und des ihr dienenden Bildungssystems sind das die Gentry hier und die Plebs da. Der Riesenerfolg des Sprachreglers Sick beruhte darauf.

Die bürgerliche Norm als solche hat ja allgemein gelitten, und bringt man der Stadtteilbibliothek Ersatz für ein zu Hause ramponiertes Kinderbuch, wird man erst nicht verstanden, dann bestaunt, weil die Norm längst ist, dass Kaputtes stillschweigend retourniert wird. Dies natürlich in einem Viertel, in dem die Paare mit den Qualitätskinderwagen für (selbstredend »leckeres«) Ökoquatscheis Schlange stehen und der junge Nachfolger des eingesessenen Quartiersschusters »Manufaktur« an sein Schaufenster geklebt hat. Die Konsumgesinnung derer, die es besser wissen könnten, und die Solidarität mit den ausschließlich eigenen Angelegenheiten trifft dabei auf jene »Werte« von rechts, von denen das Millieu glaubt, es habe, weil man einen Schwulen kennt und mit dem Säugling schon in Nepal war, nichts mehr mit ihnen zu tun; indes hält das Bahnmagazin *Mobil* für seine Mittelschichtskundschaft ein »Online-Extra« namens »Mein liebstes Stück Deutschland« parat und wird sich auf den Public-Viewing-Meilen auch der bildungsbürgerliche Nachwuchs einfinden, die »junge, kosmopolitische Elite«, die die *Zeit* im Interview mit der Nationalautorin Thea Dorn (»Deutsch, nicht dumpf. Ein Leitfaden für aufgeklärte Patrioten«, Knaus) ausgemacht hat und die »mit deutschen Mythen nichts mehr anfangen kann«, vom »Tatort« und der Fußballnationalmannschaft vielleicht abgesehen: »Warum soll sich diese Elite wieder nationalisieren?«

Dorn: »Weil alles andere diffus und oberflächlich bleibt. Dem kulturellen Kosmopolitismus fehlt der Anker.« Das Diffuse wider das Verankerte, das Oberflächliche gegen das Wurzelnde: wie lang wird's dauern, das totzukriegen, tausend Jahre? Selbst die *Zeit* war da befremdet: »Glauben Sie, dass die junge Generation, die fließend Englisch spricht und in internationalen Diskursen zuhause ist, das auch so empfindet?« Dorn, um wirklich kein Ahasversatzstück verlegen: »Ist sie wirklich ›zu Hause‹? Mir kommt sie nur versiert vor.« Das ist sie dann wohl, »die deutsche Seele« (Bestseller von Th. Dorn und R. Wagner, 2011), auch wenn Dorn weiß, dass sie diesen Ortlosigkeitsdiskurs von den Füßen auf die Köpfe stellen und jedenfalls »Europa« sagen muss: »Und wie soll sie leidenschaftlich für Europa und seine Werte einstehen, wenn sie keine Ahnung hat, wer Voltaire war, und noch nie von Platons Höhlengleichnis gehört hat?« – »Dann hilft also nur die ästhetische Erziehung zum deutschen Bildungsbürger?« – »Ich glaube an den Zusammenhang zwischen geistiger Bildung und politischer Mündigkeit.«

Aber nicht bei denen, die Diskurs für ein olympisches Wurfgerät halten; das die bei der nationalen Stange bleiben, dafür sorgen *Bild* und Söder. Das Junge Deutschland soll es sein, das gymnasiale und akademische, dessen Bildungslücken nicht zum Identitätsproblem einer Klasse werden dürfen, die sich, obzwar ihre Universität »in erster Linie ein Weg in die Arbeitswelt« (Institut der deutschen Wirtschaft, *SZ*, 7.5.) ist, stur über ihren »Bildungsfimmel« (Heinrich Böll) definiert. »Bildung«, diese urdeutsche Idee aus Idealismus und Romantik, war dem hiesigen Bürgertum stets Ersatz für die politische Macht, die es so viel länger als andere Bourgeoisien dem Adel überließ, und diente als Grenze zum geistlosen Oben, zumal aber nach unten gemäß der Maxime, die bis heute dem gegliederten Schulsystem zugrunde liegt: »dass jedermann nur eine ›verhältnismäßige‹ Ausbildung und Aufklärung je nach seinem Ort im Gesellschaftsgefüge zu bieten sei«. Bildung, so Hans-Ulrich Wehler in seiner »Deutschen Gesellschaftsgeschichte« weiter, galt dem Bürgertum (und gilt ihm letztlich heute noch) als »Exklusivrecht« mit klarer klassengesellschaftlicher Funktion: »Effektiver noch, als die marktbedingte Bourgeoisie sich abzusondern vermochte, schied in Deutschland zuerst einmal die Bildungsbarriere einen bevorzugten Teil der Bürgerlichen von der übrigen Gesellschaft.«

Dass ein Teil dieses bevorzugten Teils mit dem Vaterland

nichts mehr am Hut haben könnte, ist misslich, waren Vaterland und Nation doch die Fetische eines Bildungsbürgertums, dessen Emanzipation zwei Weltkriege, Auschwitz und die halbe alte BRD brauchte, bis die Nähe zum internationalen Diskurs und die Indifferenz, Nationales betreffend, zum Distinktionsfaktor haben werden können; und wenn großstädtische Eliten heute über »großstädtische Eliten« schreiben, dann meinen sie die, die das einfache Volk mit dessen simplen Heimatgefühlen im Stich lassen. Diese »bessergestellten Kosmopoliten«, so beschrieb es eine Darmstädter Soziologie-Professorin im *Spiegel*, hätten nur mehr eine »kulturelle Heimat«, die auf »Bildung, Hochkultur und auf einem bestimmten Lebensstil« gründe, »und der ist zumindest in den Großstädten fast überall auf der Welt zu finden. Trotzdem ist es eine exklusive Heimat: Man bleibt in den schönen Stadtvierteln wegen der hohen Preise unter sich. Man sorgt dafür, dass zumindest in den Schulen der eigenen Kinder der Lernerfolg gut, das Mittagessen gesund und die Pädagogik wertvoll ist« und zeige denen, die da nicht mithalten könnten, den Finger: »Verloren, Pech gehabt!« Die Absonderung ist also, falls der Unterschied überhaupt triftig ist, marktbedingt und bildungsbürgerlich zugleich, wobei die »schicht- und klassenegoistische Funktionalisierung akademischer Bildung«, die Wehler bereits für das 18. Jahrhundert feststellt, Bildung als »vermitteltes Leistungswissen« versteht, das, noch einmal, als »sozialer Abwehrmechanismus« funktioniert, »um unerwünschten Zustrom von unten zu versperren«.

Was aber nun, wenn der Zustrom von unten, vielleicht sogar der Kantersieg von Neoliberalismus und Bewusstseinsindustrie das (und die!) Intellektuelle ganz materiell bedrohen? »Ich glaube, dass es unter Intellektuellen eine gewaltige Frustration gibt … Es wird immer schwieriger zu rechtfertigen, wozu es uns noch braucht. Die Verkaufszahlen der Verlagsbranche brechen ein, unser Bildungssystem wird immer stärker in Richtung ›verwertbares Wissen‹ umgebaut« – soll TheA dorn, wo sie sich den nom de plume schon dreist gemopst hat, da Kritische Theorie lesen und Bertelsmann zum Teufel wünschen? Oder lieber den Mythos der Kulturnation (»der wertvollste deutsche Mythos …, den es jemals gab«) bemühen und die kosmopolitischen Abweichler zum Klassendienst verpflichten, damit Elite wieder die sei, die mit dem Mob nichts zu tun, aber Werte hat, »für die ich im Extremfall zu sterben bereit wäre«? Damit Deutschland lebe und das vor Ypern und Kursk so stramm verteidigte »abendländische Humanum«?

Das ja auch AfD-Gauland, der doch »seine bildungsbürgerlichen Stecken beisammen hat«, zu verteidigen glaubt, wenn er sich durch unbedachte Entsorgungskonzepte (Özoğuz nach Anatolien) »diskreditiert« (Dorn); wie die *Zeit* wusste, Imre Kertész habe Auschwitz für eine Folge jener »erfreulichen bildungsbürgerlichen Zustände« gehalten, die Dorn trotz Gauland wiederhaben will. Gleichwohl wird es ein Publikum, für das die *SZ* den Werbetexter Weiler lobt und der Tagesthemen-Kulturbericht den Werbetexter Schätzing, gern hören, dass es wieder eine wichtige Rolle spielen soll und seine »völkische Sehnsucht« (Gremliza) einen wertbasiert-bildungsbürgerlichen Unterbau erhält, wenn mit der ankerlosen, keinem Nationalkanon mehr unterstehenden Pseudobildung aufgeräumt wird. Denn Wissen ist heute »verhältnismäßig billig: Damenfriseure verlangen für ihre Novizen abgeschlossene Oberlyzealbildung, Detailgeschäfte für die Volontäre das Abitur zum Abmessen der Kattunstreifen«. Natürliche, wenn auch degenerative Folgen »wertindifferenter Geistesfreiheit« und der »Propaganda für das Internationale«, weshalb es einen »Rückzug auf die gemeinsam von einem Volk geschichtlich durchlebte Landschaft, auf die sprachliche und kulturelle Tradition« geben muss. »Ermüdete Substanzen, ausdifferenzierte Formen, und darüber ein kläglicher, bürgerlich-kapitalistischer Behang. Eine Villa, damit endet für sie das Visionäre, ein Mercedes, das stillt ihren wertesetzenden Drang. Halte dich nicht auf mit Widerlegungen und Worten, habe Mangel an Versöhnung, schließe die Tore, baue den Staat!«

Das, die Gebildeten werden's gemerkt haben, war nicht Dorn, sondern leicht adaptierter Benn: »Der neue Staat und die Intellektuellen«, 1933. Wohlan.

Juni 2018

Bang in der Birne

Der Motivationstrainer Jürgen Höller muss Bundespräsident werden. Eine Wahlempfehlung

Es gibt Texte, die schreibt man schon der Überschrift wegen. »In der Birne muss es Bang machen!« Diesen Hammersatz hört, wer ein sog. »Power Weekend« bucht, das »Mr. Motivation« Jürgen Höller z.B. in der Münchner Olympiahalle veranstaltet, für 99 Euro pro Person plus Mehrwertsteuer, und die Personen sind der *SZ* bekannt: »Am Freitag ist er mit seiner Frau und dem Sohn zuhause losgefahren, sie standen im Stau, sechs Stunden hat es bis nach München gedauert. Die Familie kommt aus Nordrhein-Westfalen, in Olpe haben sie ein Autohaus. Vor fünf Jahren haben sie das Geschäft übernommen. Leicht hatten sie es nicht. Eine Nachbarin hat ihnen Jürgen Höller empfohlen. Sie sind zu einem seiner ›Power Weekends‹ gegangen« und mussten sich an viel gewöhnen: »Das Abklatschen mit dem fremden Sitznachbarn, die ›Ich schaffe es‹-Rufe, das Geduze, das Tanzen, das Trommeln auf die Brust, um die Thymusdrüse zu aktivieren. Das war vor drei Jahren.« Jetzt sind sie zum fünften Mal da, weil ihnen »die Masse«, sagen sie, »Energie« gibt.

Denn Energie ist eine Funktion von Masse, wissen wir, falls wir's wissen, denn mit der Bildungsrepublik Deutschland steht es am Ende sogar noch schlechter als gedacht, wenn der Mittelstand nicht merkt, wenn und wie er vorgeführt wird; derselbe Mittelstand freilich, der mit übergeschnappten Riesenautos dem Untergang entkommen will, den Jürgen Höller bereits durchgestanden hat, als er wegen

Meineids, Insolvenzverschleppung und Steuerhinterziehung im Knast saß. Weshalb jetzt Demut Trumpf ist und Höller seiner alten Nullparole »Du schaffst es!« einen zweiten Schwindel beigeben kann: dass Krisen stärker machen. Hat ihm seine Frau damals ins Gefängnis geschrieben, und Höller hat den Brief ganz klar dabei: »Steh auf und sei Vorbild für die anderen, die Krisen hatten!« Das gibt gleich »donnernden Applaus«, etwa von »100 Angestellten einer Versicherung in Rosenheim, die vom Chef nach München geschickt wurden«, dem es 10 000 Euro netto wert war, aus trotz Branche vielleicht noch brauchbaren Menschen Zellhaufen zu machen.

Höller begleitet mich bald zwanzig Jahre. Im Jahr 2000 widmete ich dem blendend idiotischen Motivationsmagazin *Noch erfolgreicher!*, dessen Galionsfigur und Titelheld der Schweinfurter war, einen langen *Titanic*-Bericht, 2012 freute ich mich über die fünfzigste, kein bisschen weniger idiotische Ausgabe des selbsterklärten Leib- und Magenblatts der »First Class der Erfolgselite«. Da hatte Höller seine »Krise« (Höller) bereits gut verarbeitet, heißen doch seine Vorbilder nicht umsonst »Muhammad Ali, Steve Jobs und Jesus Christus«. Drunter macht es der Ferrari-Fan mit »Louis-Vuitton-Schal« (*SZ*) nicht, und Jan Philipp Reemtsmas Buch über Muhammad Ali hat Höller erst gar nicht gelesen, denn da steht drin, dass Niederlagen uns nicht stärker machen, sondern brechen.

Dagegen Höller ungebrochen: »Ich bin einmalig, einzigartig, wunderbar!« Das sollen wir uns sagen, doch stimmt das vorher nicht und nachher nicht, denn wenn es stimmte, wäre Höller ja schon wieder pleite. Aber da besteht keine Gefahr, denn die drei vom Autohaus in Olpe, die es nicht immer leicht hatten, wünschen sich keine Welt, in der es alle leicht hätten, sondern lieber eine »Umsatzexplosion«

(Seminartitel), nach deren Eintritt sie dann in die Südsee fahren könnten, Urlaub machen. Dass solche Urlaube erst die Leute in der Südsee und dann uns alle umbringen werden, kümmert nicht.

Das ist die Sache mit dem Bang in der Birne, doch mit Höller darf man einverstanden sein, weil, wie mein Vater selig zu sagen pflegte, zum Betrug immer zwei gehören, und hat nicht auch Enzensberger die Wölfe wider die Lämmer verteidigt? Bei Höller ist der leistungsbereite Mittelstand, bekanntlich das Rückgrat des Landes, so ganz und gar bei sich wie der Kapitalismus selbst und die von der SPD zu seinen Gunsten erfundene »Chancengesellschaft«: Du schaffst es, und wenn du es nicht schaffst, dann ist Hartz IV die Krise, aus der du lernen kannst. Widerlich, natürlich, aber doch fester Bestandteil dessen, was der Münchner Leitartikel vom 10.11. als »vielleicht ideale Staatsform« pries. Und ist rücksichtslose Selbstausbeutung nicht eine Säule des Betriebs?

Der Leerverkaufsprofi Höller, wie er da »stark gebräunt, durchtrainiert« mit Plastik-Wasserkanone und zum Platzen voller Thymusdrüse durch die Halle powert, deucht da um Grade ehrlicher als Heribert Prantl, Carolin Emcke oder der Bundespräsident, die uns ständig mit ihren Wie-wollen-wir-miteinander-leben-Heuchelfragen behelligen. Ein Bundespräsident Höller brächte den Laden auf den Begriff, und mehr kann man von einem Bundespräsidenten nicht verlangen.

Juli Zeh wird ja nun auch Verfassungsrichterin. Wir nähern uns.

Dezember 2018

Bitte schneiden

Über »Chez Krömer«

Ich kenne kluge Menschen, die Kurt Krömer schätzen, und es macht diese Menschen nicht weniger klug, dass ich es nicht verstehe. Krömer, sagen sie, unterwerfe sich nicht den Zwängen des Mediums, sei direkt und unverschämt und so fugenfrei aus Kunst- und Realfigur gefügt, dass es seine Interviewgäste, etwa in »Chez Krömer« (RBB, bislang zwei Staffeln), zu allerlei Entblößungen verführe. Nach drei eher durchgestandenen denn gesehenen Folgen kann ich für meinen Teil bloß sagen: Ich verstehe es immer noch nicht. Bzw. verstehe ich das alles sehr genau, glaube aber außerdem zu verstehen, dass es so etwas wie ironisches Fernsehen nicht gibt.

Gibt es nicht. Fernsehen ist Fernsehen ist immer nur Fernsehen, und wer versucht, Fernsehen im Fernsehen zu unterlaufen, macht wiederum Fernsehen. Mag Krömer die Nazisse E. Steinbach noch so nachdrücklich beschimpfen und, zum Gaudium eines Publikums, das sich vermutlich für so avanciert wie Krömers Garderobe hält, mit »Abschiebung« bedrohen: Steinbach bleibt natürlich souverän und sitzen, und nicht, weil sie so cool wäre, sondern weil das die Regeln sind. Krömers outriert Lanz- und zwangsfernes Berlinern lässt gegen Steinbachs sture Freundlichkeit gar kleinere Sympathiefunken für die Schreckliche stieben, weil doch völlig klar ist, was sie für eine ist, und die fahle Erkenntnis, hier sei eine doof, ja selbst bloß Doofheit streift.

Vorher war Krömers Kumpel Sido zu Gast, was natürlich

wiederum gegen das Medium gestrichen sein sollte, 'n Kumpel, wa!, aber bitte, es geht ja nicht; wie es ganz und gar folgerichtig war, dass sich in der ersten Staffel weder Jürgen Höller noch Philipp Amthor dekonstruieren oder vorführen ließen. Hätten sie je geglaubt, es blühe ihnen, wären sie sowenig erschienen wie Steinbach, und Amthor glücken wider Krömern, der dem Jungspund Tierkekse hinstellt und Kinderlimo eingießt, sogar Punkte, wenn er das mit der Limo ironisch »beeindruckend« findet und auf die »Halbwertszeit von Alterswitzen« hinweisen kann; und damit ist der Dumme nicht, wie geplant, der junge Trottel von der CDU, sondern der ältere vom RBB, und der ältere will mit großer Geste die Luft rauslassen, aber woraus denn immer bloß? »Könnwa schneiden!« lautet Krömers Schlachtruf, doch das wird nicht geschehen, und wirklich jeder weiß das. »Es widert mich an«, bellt Krömer Steinbach an. »Warum laden Sie mich dann ein?« fragt die zurück, und Krömer meldet, scheiß Format!

Ironisches Fernsehen, ich sag' es ja.

Mai 2020

The Fast and the Furious

Ein klasse Urteil in Berlin

Man soll sich ja nicht wundern, was die Leute alles wissen; oder eben nicht wissen. Ein mir nahestehender männlicher Verwandter schwört Stein und Bein, die Antwort auf die im Zuge einer TV-Umfrage gestellte Frage nach der Einwohnerzahl der Bundesrepublik Deutschland habe gelautet: »Lassen Sie mich nicht lügen – eine Milliarde!« Ähnlich kuriose Ergebnisse darf erwarten, wer nach der Zahl der Bundesländer fragt oder der Zahl der Abgeordneten im Bundestag, der ungefähren auch nur, nach dem (vergleichsweise komplizierten) Unterschied von Erst- und Zweitstimme oder dem (vergleichsweise simplen) Inhalt des Rechtsfahrgebotes, von dessen Existenz nach meiner Erfahrung die Hälfte der Automobilisten (m/w) noch die etwas gehört hat.

Nun kann man finden, dass, wer mit einem Kraftfahrzeug in einer geschlossenen Ortschaft mit 140 oder gar 160 Stundenkilometern unterwegs ist und reihenweise rote Ampeln überfährt, unbedingt wissen müsste, was für Konsequenzen das haben kann; genauso wie man wohl findet, es sollte auch der Schulabbrecher wenigstens eine ungefähre Idee von der Größe des Staatswesens haben, in dem er seine Tage zubringt. Nun ist »man« aber der, der es weiß, und es ist, siehe oben, schlicht unglaublich, wie viele Leute selbst simple Dinge nicht wissen, nicht einmal einschätzen können. So soll einer der Fahrer von Berlin einer Verkehrsgutachterin auf die Frage, wie man denn bei Rot vorausschauend fahren könne, geantwortet haben: »Ich gucke kilometerweit voran.« Er hätte vorausschicken können: Lassen Sie mich nicht lügen.

Es steht hier nicht zur Debatte, Hamid B. und Marvin N., die bei einem sog. Straßenrennen einen Rentner totgefahren haben, freizusprechen. Die Frage ist, ob es eine Verurteilung wegen Mordes sein muss, selbst wenn wir davon absehen, dass bei der legalen Raserei auf deutschen Fernstraßen ja ebenfalls »gemeingefährliche Mittel« unterwegs sind. Sogar der bedingte oder Eventualvorsatz, der für eine Verurteilung wegen Mordes nötig ist, setzt nach deutscher Rechtsprechung voraus, dass »der Täter den Taterfolg als Folge seines Handelns ernsthaft für möglich hält und ihn zugleich billigend (im Rechtssinne) in Kauf nimmt« (Wikipedia). Deutsche Richter, welche in aller Regel weder Hamid noch Marvin heißen, halten es selbstredend für möglich, dass bei einem innerstädtischen Autorennen wer zu Schaden kommt. Was sie nicht für möglich halten, ist, dass es jemand nicht für möglich hält; dass jemand auf die Frage, wie viele Einwohner die Bildungsrepublik Deutschland hat, sagt: eine Milliarde.

Dass man Dummheit, Unbildung, Ahnungslosigkeit nicht für möglich hält, schafft sie nicht aus der Welt, und der Richterspruch am Berliner Landgericht setzt die bürgerliche Neigung ins Bild, mangelnde Bildung und alles, was daraus folgt, allein dem voll schuldfähigen einzelnen in die Schuhe zu schieben. In der Chancengesellschaft und vor Gericht sind alle gleich, und wenn Marvin und Hamid ihre Chancen nicht nutzen, sondern lieber Rentner totfahren, dann sind sie selber schuld, so schuld wie ihre Eltern, die sie nicht aufs Gymnasium geschickt haben.

Das Berliner Urteil, eine »historische Entscheidung« (Renate Künast), ein »richtungweisendes Signal« (Gewerkschaft der Polizei)? Lassen Sie mich nicht lügen, aber ich würde sagen, es ist das Signal einer Klassenjustiz, die sich von den Ursachen so verabschiedet wie die Klassengesellschaft von ihren Folgen.

März 2017

Die Scham

Ausnahme und Regel: Zur Dialektik der populären Aufstiegsprosa und warum es keine Goethe-Gesamtschulen gibt

»Wer soll denn die Drecksarbeit machen? Die Kinder von den Studierten? Das werden die Studierten verhindern, mit allen Mitteln.« Bov Bjerg

In welchem Land wir leben wollen, ist ja eine gern gestellte Frage. Sicher scheint zu sein, dass wir nicht mehr in dem Land leben wollen, das allgemeinbildende Oberschulen vorhielt, auf denen allen Kindern »nach einheitlichem Bildungsplan bis zum 16. Lebensjahr das gleiche breitgefächerte Grundwissen fürs Leben« vermittelt wurde (Windmöller/Höpker, »Leben in der DDR«, Hamburg 1977). Vergangenheit, gottlob; in Schwerin etwa gibt es längst wieder das Gymnasium Fridericianum, »ein ockerfarbenes Gebäude mit rotem Ziegeldach auf einem Hügel, man sieht von hier aus das Schloss der Landeshauptstadt. 700 Schüler, darunter Hochbegabte« (*SZ*, 5.8.). Und was früher graue Einheitsbildung war, sieht heute allerlei Haupt-, Real-, Mittel- und Gesamtschulen vor, gefolgt vom Gymnasium, das aber nicht gleich Gymnasium ist, sondern vom minder exklusiven um die Ecke übers technische und musische bis hin zum humanistischen Gymnasium, idealerweise mit lateinischem Namen, eine feinst ausdifferenzierte Welt aus Bildungs- und v.a. Distinktionsmöglichkeiten bildet; und wenn es wo sogar Hochbegabte hat, können Eltern auf das viele Geld für die private, anglophone International School fast verzichten.

Bildung ist, wie denn auch nicht, ein Markt, und was wäre ein Markt, wenn der Marktzugang für alle gleich wäre? Konkurrenz will moderiert werden, und also muss dafür gesorgt sein, dass ein gewisses Grundgefälle nicht verlorengeht; und dass es der Weisheit letzter Schluss sei, ein Schulsystem aus dem 19. Jahrhundert zu modernisieren, indem man den W-LAN-Techniker vorbeischickt, ist nicht schwer zu glauben, wenn man nicht eben, sagen wir, Cansu heißt: »Sie hatte sich damit abgefunden, dass sie auf die Hauptschule geschickt wurde, obwohl sie überall Zweien gehabt hatte, es hätten Einsen werden können, wenn die Lehrerin ihr ernsthaft zugehört hätte, wenn sie nicht immer schon gewartet hätte auf die falschen Artikel, die Cansu manchmal benutzte. ›Es heißt nicht der Licht‹, hatte die Lehrerin sie mit Genugtuung angelächelt. Diese falschen Artikel waren ihr Beweis genug. ›Du musst doch bestimmt sowieso viel zu Hause helfen‹, hatte sie beschwichtigt, ›da ist es doch gut, wenn du auf die Hauptschule gehst und nicht so lang Bus fahren musst.‹ Cansu hatte es die Sprache verschlagen, noch keine Zehn war sie gewesen und hatte verstanden, dass alles schon gelaufen war.«

Ob man der Schriftstellerin Deniz Ohde, Jahrgang 1988, wünschen soll, dass sie für ihren Roman »Streulicht« (Suhrkamp), in dem der Bildungsweg eines Unterschichtsmädchens mit türkischer Mutter nachgezeichnet wird, den diesjährigen Deutschen Buchpreis erhält, ist die Frage. Denn sosehr man Ohde, die dieses Mädchen war (sie würde sagen: immer bleiben wird), das Geld und den Rummel gönnen mag, so berechtigt ist die Furcht vor dem falschen Applaus eines Feuilletons, das so verlässlich wie rhetorisch zu erfahren wünschen wird, was faul ist im Staate BRD. Als wär' dies nicht das schöne Land, in dem, wer hat, auch haben soll und in dem gleichwohl, nein: gerade drum Didier Eribon, Édouard Louis und Annie Ernaux (»An den Büchern von Annie Ernaux führt kein Weg vorbei«, *Frankfurter Rundschau*) so begeistert besprochen und gelesen werden wie die deutschen Sozialtrauma-Erzählungen von Anke Stelling (»Schäfchen im Trockenen«), Christian Baron (»Ein Mann seiner Klasse«) oder Bov Bjerg (»Serpentinen«); die Bücher der beiden letzteren ebenso *Spiegel*-Bestseller wie der Bericht des jungen Jeremias Thiel, der mit elf auf eigene Faust beim Jugendamt vorstellig wird, um die Erlaubnis bittet, sein kaputtes Elternhaus zu verlassen, und heute mit Stipendium in den USA studiert. Springers *Welt* freute sich da nicht bloß über eine »berührende Geschichte«, sondern auch über »gute Argumente«, nämlich dafür, dass Kinder aus Armutshaushalten vielleicht doch nicht der Abfall sind, als der sie behandelt werden; falls es Poschardts Porscheblatt nicht eher berührt, wie hier einer anpackt und sich durchbeißt. Thiels »aufrüttelnder Appell für mehr soziale Gerechtigkeit« (Klappentext) wirbt nämlich nebenher so arglos wie unverblümt für Leistungsbereitschaft und Anpassung: »Resiliente Kinder … schätzen sich selbst und ihre Zukunftsvorstellungen realistisch ein / verhalten sich sozial angepasst und reagieren positiv auf Lob und Anerkennung durch Erwachsene / sind interessiert an ihrer Umwelt und besitzen einen großen Wissens- und Bildungshunger / sind davon überzeugt, dass sie selbst etwas bewirken können.« Was den Verdacht schärft, dass Thiels berührender, geradezu Balzacscher Lebensroman nicht nur Mitleid, sondern auch Furcht stimulieren und ebenjenes Prinzip der Auslese und Verdrängung in die Hirne zurückspielen soll – »Aussieben, nicht mal ansatzweise hatte der Schulleiter sich Mühe gegeben, ein freundlicheres

Wort zu finden« (Ohde a.a.O.) –, das zu beseitigen doch die Voraussetzung für Gerechtigkeit abseits der elenden »Chancengesellschaft« wäre. Dass Jeremias Thiel in die SPD eingetreten ist, ist da eine Pointe, die er selbst womöglich gar nicht begreift.

Wie ihm womöglich auch nicht klar ist, wie gut er den deutscher Bildungspolitik zugrundeliegenden Gedanken von Töpfchen und Kröpfchen getroffen hat: »Es kann durchaus sein, dass ich auf dem Gymnasium mit fliegenden Fahnen untergegangen wäre. Dass ich mit meiner schwierigen Herkunft, meinem nicht gymnasiumkompatiblen Familienumfeld, meinen Discounter-Klamotten, meinem ganzen ›struppigen‹ Auftreten und Verhalten dort sehr schnell ausgegrenzt worden wäre. Heute halte ich es für möglich, dass ich auf der Integrierten Gesamtschule mit ihrer starken sozialen Durchmischung viel besser aufgehoben war.« Wobei, Dialektik der guten Tat, Integration alle zeichnet, die der Integration bedürfen: »Wehgetan hat es trotzdem. Kaum etwas hat mich in meinem Leben so sehr aus der Fassung gebracht wie das Gefühl, dass all diese Menschen, die über meinen zukünftigen Weg bestimmten, nicht an mich glaubten. Dass sie mir das, was ich mir so sehnlich wünschte, nicht zutrauten: den bestmöglichen Bildungsweg.« Der im Vaterland nämlich nichts und wieder nichts mit sozialer Durchmischung, gar starker, zu tun hat; weshalb genau jene Schulen, deren Einrichtung sich doch mal dem Wunsch nach Bildungsgerechtigkeit verdankte, zum Synonym für Proletentum und Zweitklassigkeit haben werden müssen – die »Goethe-Gesamtschule« aus den Fack-Ju-Filmen ist nichts als Hohn, ein Widerspruch in sich, derlei gibt es realiter selbstverständlich nicht –, und das Stigma, nicht ab ovo zur Elite gehört zu haben, bleibt selbst dann, wenn der fehlende Elitismus überhaupt erst für die Möglichkeit gesorgt hat, über Elitismus nachzudenken. Dankbarkeit klingt jedenfalls auch im Falle Thiels anders, und wenn Aufstieg bedeutet, die Normen der höheren Klasse zu verinnerlichen, ist es tatsächlich kein Wunder, dass alle den jungen Mann so lieben.

Wer unten ist, der soll sich schämen, damit er schamhaft unten bleibt, wie die unfeinen deutschen Schulunterschiede auch dadurch sinnvoll werden, dass man fast immer auf eine Weise nicht dazugehört; auch wenn die wirkungsvollste, weil lähmendste Scham die Klassenscham bleibt, eine Scham, die, da ist sich die autofiktionale Aufstiegsliteratur einig, niemals endet. »Die Scham«, heißt es in Annie Ernaux' gleichnamigem, im Sommer auf deutsch erschienenem Roman, »wurde für mich zu einer Seinsweise«, denn es war »normal, sich zu schämen, als wäre die Scham eine Konsequenz aus dem Beruf meiner Eltern, ihren Geldsorgen, ihrer Arbeitervergangenheit, unserer ganzen Art zu leben«. Ganz so wie weiß die neutrale Hautfarbe ist, ist »bildungsbürgerliche Herkunft«, weiß der Erzähler bei Bov Bjerg, »die neutrale Herkunft«, und die Möglichkeit, per Bildung das Herkunftsmilieu zu verlassen, ist eine vergiftete, und nicht nur wegen der Habitusdifferenzen und der Demütigungen unterwegs: »›Markt – qu'est-ce que c'est?‹ Herr Kaiser betonte es nun so, als könnte ich auch das deutsche Wort nicht verstehen« (Ohde). Man muss seine Klasse verraten, kann sie aber nicht verlassen: In der neuen bleibt man fremd.

Noch der Versuch, sich schreibend zu befreien – »Am Schreibtisch war ich allein, da gehörte ich dazu. Da gehörte ich zu mir. Sobald ich nicht mehr allein war, gehörte ich nicht mehr dazu« (Berg) –, geschieht mittels einer Prosa, die sich, indem sie sich Farbe und Wärme verbietet, die Enge nicht an den Intellekt verraten mag, wobei die durchgängig thematisierte Sprachlosigkeit, die der karge Stil abbilden soll, sich vom Defizitären (oder wenigstens Faden) nicht immer recht unterscheiden lässt. Denn Armut ist kein Glanz aus Innen, sondern Armut, und dass das Suhrkamp-Lektorat Ohdes nicht ganz seltene Kuriosa: »… brachten sich in Stellung, wie Fünfhundertmeterläufer für einen Wettkampf«; »ein schmaler Grat, den Sophia schon als Kind zu navigieren wusste«; »Beide … scheinen schon sichtlich betrunken zu sein« nicht bereinigt hat, setzt es nur darum nicht dem Argwohn aus, es habe die Ich-Erzählerin beglaubigen (oder desavouieren) wollen, weil das Publikum derlei ja nicht bemerkt. Eine Pointe wär's allerdings; denn diese Bücher sollen ja nicht nur Aufsteigerinnen goutieren, davon gibt es im Zweifel zu wenige, sondern zumal die, zu denen sie, Ausnahme und Regel, hoffentlich nicht aufsteigen.

Oktober 2020

Nicht zu ändern

Wer Kapitalismus will, kriegt Facebook. Ein klärendes Posting

Von tausend deutschen Flusskilometern befindet sich, nach den Kriterien der Europäischen Union, ein einziger in sehr gutem Zustand, weitere 66 sind in wenigstens guter ökologischer Verfassung. Der ganze trübe Rest ist zumal von der Landwirtschaft und ihren Düngemitteleinträgen belastet, wo nicht schon ruiniert, so wie die Monokulturen aus Mais und Pestiziden auch zu Lande tilgen, was blüht und kreucht und fleucht. Das muss man ändern? Das lässt sich nicht ändern, wusste in der *Süddeutschen* der Naturschützer und Zoologe Josef H. Reichholf, der »die Debatte um eine naturverträglichere Landwirtschaft« nicht mehr hören kann: »Inzwischen denke ich, unser Agrarsystem ist unreformierbar, es müsste zusammenbrechen, damit es eine Perspektive für die Bauern selbst und die Tier- und Pflanzenwelt gibt. Sosehr ich wünschte, dass es anders wäre: Der Artenschwund wird weitergehen, auf dem Land wird es immer weniger Lebensqualität für Menschen, Tiere und Pflanzen geben.« Weil es nämlich eine Agrarlobby gibt und die Logik kapitalistischer, bis zur Rücksichtslosigkeit rationalisierter und konzentrierter Landwirtschaft, die ihre GPS-Mähdrescher über flurbereinigte Riesenflächen ohne Baum und Busch schickt, auf dass die Tierwelt »auf diesen immer gigantischeren Schlägen keine Nahrung und keine Rückzugsräume mehr« finde. Zum Wohle einer Landwirtschaft, die »hier bei uns ja nicht einmal den Leuten dient. Sie ist auf Überproduktion und Export getrimmt und macht anderswo auf der Welt die Kleinbauern kaputt.« Es ist der reine Irrsinn. Das muss man ändern? Das lässt sich nicht ändern.

Denn gegen Logik ist schlecht angehen, und es kann der Planet noch so sehr ächzen, Autos wollen verkauft sein, und folglich ist der durchschnittliche PS-Wert von Neufahrzeugen, Klimawandel hin oder her, in den letzten zwanzig Jahren von 95 auf 140 gestiegen. Prominente Fußballer berichten, vor Leistungsdruck das Kotzen (samt Durchfall) zu kriegen, und auch das lässt sich nicht ändern, denn die gesamte Gesellschaft ist, so ein Erstligafußballer zur *FAZ*, »noch schnellebiger und noch leistungsorientierter geworden. Der psychische Druck, den diese Entwicklung erzeugt, wird aber nach außen hin weitgehend tabuisiert. Versagensängste und Drucksituationen sind ständige Begleiter geworden, wahrscheinlich in allen Berufsgruppen und Lebenslagen.«

Und ausgerechnet in dieser sich verschärfenden Drucksituation kommt Facebook und treibt Schindluder mit persönlichen Daten. Daten, die von zwei Milliarden Fans in aller Freiwilligkeit zur Verfügung gestellt werden, und die Nationalzeitschrift *Der Spiegel* ließ die Gelegenheit nicht verstreichen, den jüdischen Ami Zuckerberg mit der älteren Einschätzung zu zitieren, sein Geschäftsmodell beruhe darauf, »dumb fucks« abzumelken, Vollidioten, die den ubiquitären Zwang zur Selbstvermarktung für Selbstverwirklichung halten und das Ich, das es nicht mehr gibt, per Facebook-Konto simulieren. Und nicht nach deutscher Sitte auf der Autobahn, wie die arischste aller Fragen dem Kolumnisten Hacke in seiner Anstandsfibel bereits eingefallen war: »Warum wissen wir so viel über Volkswagen, Siemens und unsere Banken«, so unendlich viel, »aber fast nichts über Facebook«, diese »weitgehend gesichtslose und undurchschaubare Firma«? Und sowieso »allmächtige« (*Spiegel*)?

Weil Facebook, versteht sich, zu jenem bösen Kapitalismus gehört, der letztlich gegenstandslos ist, im Gegensatz zu etwa unserem, der brav Realwerte oder wenigstens tote Flüsse produziert. Um so schlimmer, dass ein Leben ohne Hummeln, Rauchschwalben oder Ackerwildkräuter, »so wichtig für die Insekten und die Vögel« (Reichholf), viel vorstellbarer ist als eines ohne Facebook, und dass sich Kundschaft »zunehmend« abwende, wie der Tagesthemen-Mann Zamperoni eilfertig vermutete, war da nicht einmal Wunsch-, sondern bloß Sensationsdenken. So wie die *SZ* in ihrer Osterausgabe auf Seite 4 bereits vom »Sturz des Digitalkonzerns« faselte; drei Seiten früher hatte sie noch klargesehen: »Dass Menschen in großer Zahl die Datengesellschaft boykottieren, ist heute so realistisch wie die Erwartung, dass sie das Essen einstellen, um gegen die Lebensmittelindustrie zu protestieren.« Denn Facebook und Verwandtschaft sind wie das tägliche Brot, und auch »›das Internet der Dinge‹, also das bis hin zum Toaster vernetzte Smart-Home und die Smart-City, stößt auf breiteste Akzeptanz, nicht nur bei Technik-Nerds« (ebd.), weil es halt immer der ärgste Schwachsinn ist, der die breiteste Akzeptanz hat; denn der olle Günther Anders soll ja recht behalten mit der Einschätzung, wonach der Mensch letztlich sein will wie die Geräte, die ihn umgeben, und »alles daran setzt, seine Passivisierung und Verdinglichung selbst durchzuführen«, als letzte Schwundstufe von Autonomie: »Je größer das Elend des produzierenden Menschen wird, … um so panischer vermehrt er das Beamtenvolk seiner Geräte«, das 1956 noch aus Transistorradio und Schwarzweißfernseher bestand.

Genau hundert Jahre zuvor hatte Marx, lang bevor er den

Wert als »automatisches Subjekt« erfand, geargwöhnt, dass »all unser Erfinden und unser ganzer Fortschritt … materielle Kräfte mit geistigem Leben ausstatten und das menschliche Leben zu einer materiellen Kraft verdummen«; wie Adorno später von den »Schocks« Mitteilung machte, »welche die zu Riesenblöcken aufgetürmte Dingwelt all dem erteilt, was nicht sich selber zum Ding macht«, und bereits alles vorfand, was im Selfie-, Apple- und Hipsterwesen zum stetig blöderen Ausdruck drängt: »Das Jetzt und Hier spontaner Erfahrung, längst angefressen, wird entmächtigt: die Menschen sind nicht mehr bloß Abnehmer der von den Konzernen gelieferten Serienprodukte, sondern scheinen selber von deren Allherrschaft vorgebracht und der Individuation verlustig.« In der noch nicht zu Ende technisierten Welt habe »Schlamperei« mitunter »Schlupflöcher« bereitgestellt (so wie einem *SZ*-Report über Agrarsteppen zufolge die »Schlamperei« der DDR-Landwirtschaft die Räume für Amsel, Biene, Kraut und Star); was aber nun »als System das ganze Leben einfängt« (»Aldous Huxley und die Utopie«), ist ein emphatisch maschineller Perfektionsfanatismus, dem die technischen Möglichkeiten zur Verfügung stehen, um das, was vom Leben übrig ist, unter das Diktat allwaltender Quantifizierbarkeit und »algorithmischer Zurichtung« (Dieter Schnaas, *Wirtschaftswoche*, 31.3.) zu zwingen.

Facebook, Google und tutti quanti sind also wieder mal keine Auswüchse, sondern bloß Kapitalismus auf dem jüngsten Stand seiner Produktivkraftentwicklung, wenn er die Verfügbarkeit des Menschen, von der Bewusstseinsindustrie schon zu Adornos und Anders' Zeiten aufs Psychische erweitert, tatsächlich total macht, was niemand beklagen soll, der mit dem Ganzen ganz einverstanden ist. Es ist die reine systemische Konsequenz, wenn Tablet und

Smartphone, über das Kopfschütteln von Pädiatrie und Pädagogik hinweg, stur in die Klassenzimmer gedrückt werden, weil es zum »Lernen mit allen Sinnen« (*Taz* Hamburg, 3.4.2018) gehöre; wie ja »mit allen Sinnen« nach gängiger Reklameschulweisheit auch konsumiert wird. Und das wäre ein kurioser Konsumkapitalismus, dem es nicht zuallererst und immer nur um das eine ginge. Und halt auch gehen muss.

Da braucht der adjuvante »Dataismus« nicht allzuviel Hehl daraus zu machen, dass er die Welt nicht verbessern, sondern bloß optimieren will, mithin die Mittel viel interessanter findet als die Zwecke. So imaginiert etwa der Digitalpublizist und Doktor der Germanistik (!) Alexander Pschera in »Dataismus. Kritik der anonymen Moral« (Matthes & Seitz 2013) sehr beifällig eine optimierte, mit Sensoren ausgerüstete Schaufensterpuppe, die in der Lage ist, Augenbewegungen aufzuzeichnen: »Die Daten werden ausgewertet. Die Produktplazierungen im Schaufenster werden verändert. Der durch das Schaufenster induzierte Tagesumsatz betrug vor der Entscheidung für eine neue Gestaltung 2000 Euro. Danach belief er sich auf 5000. Das Aufzeichnen, Zusammenfassen und Auswerten der Daten hat die Wirklichkeit positiv verändert«, wenigstens für die Besitzerin des Ladens, also das Kapital, während der Konsument noch viel mehr desaströsen Plunder besitzt als ohnehin schon. Eine fraglos positive Veränderung der Wirklichkeit, wie sie gerade von denen vertreten und prolongiert wird, die jetzt jammern, dass ein Konzern, der mit Daten handelt, dann auch Daten verkauft, und zwar nicht an Amnesty International oder die Bahnhofsmission, sondern an den, der sie haben will und bezahlen kann. Dass die »dubiose Politikberatungsfirma« Cambridge Analytica »illegal die Daten von 50 Millionen Facebook-Nutzern missbraucht« haben soll, ist dabei nicht allein schlechtes *Spiegel*-Deutsch, sondern indiziert die Not, Daten- als im Grunde Menschenhandel als etwas zu denken, was nicht per se schon Missbrauch wäre. Wie der legale Missbrauch aussieht, wusste am 2.4. der aufgeschreckte *Tagesspiegel*: »Die Deutsche Post bietet nicht nur Unternehmen Bürgerdaten an. Auch FDP und CDU griffen zu. Alles legal, sagt das Unternehmen, die Daten würden anonymisiert. Experten sind dennoch entsetzt.«

Vermutlich wird da baldigst was geändert; denn wenn Politik noch etwa funktioniert, dann schließlich als Verbraucherschutz.

Mai 2018

Die ewigen Spießer

Eine erbauliche Geschichte in drei Teilen, Ödön von Horváth zum 80. Todestag

I

Am 1. Juni 2018 verdiente Herr Alexander Doofler aus der Hegelstraße unverhofft fünfzig Euro. Er konnte das Geld gut gebrauchen. Nicht weil er ohne hätte hungern müssen, denn so wenig Geld, dass es zum Essen nicht reicht, hatte ja niemand mehr, von ein paar Witwen, die sich am Monatsende an den Tafeln mit den Asylanten prügelten, vielleicht abgesehen. Sondern weil man Geld bekanntlich immer gut gebrauchen kann.

Doofler ging an diesem Tag durch sein Wohnviertel spazieren, allein. Daheim hatte er sich mit seiner Freundin gestritten. »Du verstehst mich einfach nicht!« hatte die Karolin gejammert. »Aber wohl versteh ich dich!« hatte Doofler erwidert, und das war gelogen, weil er, statt dem Gejammer zuzuhören, mit seinen Gedanken im Internet gewesen war.

»Alles haben die Damen heut«, überlegte er vorwurfsvoll, wie er durch den späten Nachmittag schritt, »aber trotzdem jammern sie. Wenn ich nur immer so viel jammern tät! Aber jammer ich? Gar nicht jammer ich!« Und das war natürlich schon wieder gelogen, nur dass Doofler nicht daheim jammerte, sondern in der Agentur, denn da gab es eine vorbildlich flache Hierarchie. »Fuck!« schrie Doofler schon, wenn er morgens hinkam und niemand hatte das Biobohnenfach vom Kaffeeautomaten aufgefüllt.

»Nice!« dachte dann der Joe, sein Chef, der ein kritischer Kopf war und alles abgefuckt, aber auch spannend und irgendwie sehr geil fand. Außerdem hatte er das mal gelesen, dass man seine Emotionen nicht verstecken soll, weil das auf die Leber geht, und versprach sich von dem ständigen Gepöbel einen kreativen Effekt. Das war natürlich Quatsch, jedoch immerhin.

Wie Doofler also so spazierte, kam aus einer Hofeinfahrt ein riesenhafter schwarzer Audi geschossen. Der Audi bremste spät und ruckhaft, und Doofler, an der Hüfte touchiert, wahrte nur mit Mühe das Gleichgewicht. Dem Auto entstieg eine Frau, so ewig jung wie Doofler selbst. »Fuck!« schrie die Frau, die sehr nach höherem Büro aussah.

»Ja, fuck!« bestätigte Doofler brüsk, schon viel mehr wütend als erschrocken. Konnte das Mensch nicht aufpassen? Was machte so eine kleine Frau überhaupt in so einem großen Auto? Und warum ließ der Mann der kleinen Frau seine kleine Frau ein solches Monster chauffieren, wenn sie's doch gar nicht konnte? Doofler hatte zwar gelernt, dass Frauen alles so gut können wie Männer, aber ihn beruhigte der Gedanke, dass das am Ende gar nicht stimmte.

Der Geländewagen gehörte der Jackie aber selbst. Sie saß gern hoch, weil sie so die Übersicht behielt, und sie fand, ein großes starkes Auto mache sie selber groß und stark und individuell unverwechselbar, so einzigartig wie das Tattoo auf ihrer Schulter, das chinesische Schriftzeichen für »Power«. Das Schriftzeichen bedeutete aber gar nicht »Power«, sondern ganz etwas anderes, sogar sehr Ungezogenes, und hätte sie das Schriftzeichen einmal nachgesehen, sie hätte sich bei Gelegenheit im China-Imbiss nicht so schlimm beschimpfen lassen müssen. Aber das war noch ein Jahr hin, und bis Jackie was merkte, war ihr Tätowierer schon betrunken unter die Tram geraten. So geht es oft.

»Fuck!« wiederholte Jackie und kam mit einem kontoauszugsgroßen Handy im Handteller auf Doofler zu. Sinnlos dachte er, sie wolle die Polizei rufen, damit die Polizei ihn zur Rede stellte, und wie er das so dachte, erschrak er gleich ein zweites Mal. Zwar wusste er, dass die Polizei auf seiner Seite war, auf der Seite des weißen Mannes nämlich. Aber andererseits war sie natürlich erst einmal auf der Seite der Leute mit den großen Wagen. Neulich hatte Doofler gelesen, Leute wie er fühlten sich regelrecht eingeklemmt zwischen denen da oben und denen da unten, und deshalb seien sie überfordert und wählten national. Der Redakteur, der das verzapft hatte, hatte zwar bloß gewollt, dass seine Leser nicht nachdenken, schon gar nicht über sich und ihre renitente Blödheit, weil das bekanntlich nur Schaden anrichtet und die Zeitung es schon schwer genug hatte. Aber das hatte Doofler jetzt davon, dass er's zwei Sekunden lang nicht für ausgeschlossen hielt, die Polizei käme und nähme ihn mit, weil er es gewagt hatte, einem großen Wagen im Weg zu stehen.

Jackie hatte ihr Handy aber bloß in der Hand, weil es dort angewachsen und nämlich ein sogenanntes Accessoire war. »Die Digitalisierung wird die Welt krass verbessern!« hatte Jackie neulich erst einem Kollegen ungefragt anvertraut, der so entschlossen gewesen war, sie in Besitz zu nehmen, dass er jegliches Gewäsch in Kauf nahm und Jackie sogar noch anfeuerte: Ihr Handy sei ein geiles Teil, und sie sei auch ein geiles Teil, »und von daher passt das sensationell!« Dieses Argument hatte Jackie so sensationell gefunden, dass sie sich, gewissermaßen aus einer Harmoniebetrunkenheit heraus, die ihren Hang zum Einverstandensein noch übertraf, dem Kollegen sehr viel schneller hingab als geplant. Da sie so ein geiles Teil war, gelang dem Kollegen, einem Herrn Robert vom Vertrieb, sogar ein Abschluss, ohne dass er dabei an seine Exfrau dachte, die zwar ein Mistvieh war, aber eben ein geiles Mistvieh.

II

Nicht kam es Doofler in den Sinn, dass Jackie ihn angefahren hatte, weil sie beim Autofahren Emojis las. »Nur nicht zuviel denken!« war Dooflers stille Devise, denn zwar verfügte er über einen akademischen Abschluss, hatte für die Komplikationen des Weltlaufs aber letztlich nichts übrig. Nicht dass er regelrecht gedacht hätte: »Was geht's mich an!«, wenn er etwa erfuhr, dass man sich energieintensive Dummheiten verkneifen müsse, um den Weltuntergang abzuwenden. Er tat nichts weiter, als sein Leben zu leben, und wenn das Leben vollständig aus energieintensiven Dummheiten bestand, war da schon logisch nichts zu machen. Da könnte er sich ja gleich begraben! Überhaupt mussten die Afrikaner erst mal mit der Überbevölkerung aufhören und die Amis einen neuen Präsidenten wählen. Bis dahin flog Doofler in der Weltgeschichte herum, um seine Handyfotosammlung zu vergrößern, und kaufte daheim nachhaltigen Quatsch. Manchmal kaufte er auch billigen Quatsch, weil es billiger war und der drohenden Moraldiktatur wegen.

Weil er nicht wusste, wohin mit seinen Händen, griff Doofler in seine Hosentasche, um nach dem Telefon zu fingern. Gerade noch rechtzeitig erinnerte er sich, dass er ja ein Unfallopfer war, und bemühte sich um ein schmerzverzerrtes Gesicht. Dann fiel ihm auf, dass er keine Memme sein wollte, und er zog eine vage Grimasse, die nichts mehr ausdrückte. Das stand ihm ganz ausgezeichnet, denn es brachte sein innerstes Selbst zum Ausdruck. Aber das sah er natürlich nicht, und Jackie sah es sowieso nicht.

»Haben Sie sich verletzt?« fragte sie vornehm, musste sich aber gleichzeitig beherrschen, dem »Pling!« ihres Telefoniergeräts keine Aufmerksamkeit zu schenken.

»Wenn schon, haben *Sie* mich verletzt«, bestand Doofler nun doch auf seinem Recht, und bei Jackie machte es »Pling!«, und in Dooflers Hose brummte es. Sie hätten jetzt schon beide gern nachgesehen: die Jackie, ob der Herr Robert sie nun endlich in Ruhe lässt, Doofler, ob die Karolin endlich zur Vernunft gekommen ist. Aber da der moderne Mensch viel weniger autonom ist, als er immer glaubt, sondern den anderen am liebsten alles nachmacht, traute sich weder Jackie zu schauen, noch Doofler zu ziehen. Und so stünden sie vielleicht heute noch da, wenn Doofler nicht die Chance gesehen hätte, sich als Gentleman aufzuspielen, denn er hatte bereits überlegt, eine Zeitschrift für den Gentleman zu abonnieren, da könnte er doch heute schon mal einer sein. Das war gratis, während die Zeitschrift acht Euro kostete. Wenn ihm schon kein richtiger Bart wachsen wollte, war Doofler doch immerhin stolz auf sein kaufmännisches Denken: Letztlich mussten sich die Dinge rechnen.

»Dein Telefon!« sagte er also und wurde regelrecht vertraulich.

»Alles gut«, log Jackie blindlings, »nicht so wichtig!« Und weil Doofler merkte, wie blindlings Jackie log, wagte er sogar zu schäkern: »Es ist immer wichtig!« Denn er liebte die Ironie, mindestens die einfache, und er bedauerte es tief, dass er nicht sein ironisches T-Shirt trug.

»Ähähähähä!« keckerte Jackie, die Ironie superwichtig fand, aber gerade nicht wusste, ob es jetzt ironischer war, trotzdem aufs Telefon zu sehen oder erst recht nicht. Und weil Doofler sie durch seine messerscharfe Ironie tatsächlich aus dem Konzept gebracht hatte und sie, bei ihren vielfältigen Problemen mit dem Herrn Robert und dem nächsten bedeutsamen Pitching, ihre Zeit ja auch nicht gestohlen hatte, ging sie aufs Ganze: »Also wenn dir nichts passiert ist …«

»Wenn ich ein Kind wär, wär ich jetzt vielleicht tot!« tat Doofler nachdenklich. Er wollte nicht unbedingt zugeben, dass ihm tatsächlich nichts passiert war, und Kinder, wenn sie nicht eben Türken waren, waren ja auch die Zukunft. Außerdem gefiel ihm die Vorstellung, wie er das Mistvieh auf zwei übergeschnappt teure Kugeln Öko-Eiscreme einlud, Spargel-Litschi und Harnstoff-Zitrone, auf den Schreck und als Gentleman und damit die Karolin mal sähe. Aber Jackie hatte es eilig, und Doofler war kein totes Kind. Und also fasste sie mit der freien Rechten in ihre Handtasche und kramte einen Fünfzig-Euro-Schein hervor: »Als Schmerzensgeld. Ist das okee? Es tut mir voll leid, ich müsste dann mal.«

»Man soll halt nur mit Menschen verkehren, von denen man was hat«, dachte Doofler automatisch und hatte schon auf der Zunge, dass das doch nicht nötig war. Aber irgendwie fand er halt doch, dass es nötig war, und machte den Weg frei.

III

In der Weinhandlung stand Doofler hinter zwei quasselnden Quartiersmuttis, die auf Bedienung warteten. Die Quartiersmuttis waren unbedingt aufgeklärte Frauen und wussten Bescheid, weil sie die *Zeit* abonniert hatten, wenn auch nicht lasen, denn das war ja nun in jeder Hinsicht zuviel verlangt.

Es ging es um einen Kinderschwimmkurs, und die erste Mutti sagte, dass sie mit dem Kurs sehr zufrieden war und »der Florenz« nämlich schon alles könne. Die zweite Mutti hätte zugeben müssen, dass ihr Heinrich hauptsächlich Wasser schluckte, aber das kam in einer fortschrittlich demokratischen Konkurrenzgesellschaft natürlich nicht in Frage. »Der Heini ist ja mehr so ein Träumer!« sagte sie deshalb, denn das war das letzte, wozu Träume noch gut waren: als dumme Ausrede. In zwei oder drei Jahren würde die zweite Mutti diesen Satz einem Grundschullehrer namens Portschinger andienen, der allerdings wusste, dass nur arme Kinder dumm waren, dumme Kinder, die Heinrich hießen, hingegen kreative Träumer oder unentdeckte Höchstbegabungen. Herr Portschinger war Ende Dreißig und träumte von der Frühpension, trotzdem dass er Kinder liebte, aber ihre Eltern, die waren halt recht zum Davonlaufen.

Doofler überlegte, ob er richtig gehört hatte und »Florenz« ein erlaubter Kindername war, aber es gab ja auch »Paris«, »Brooklyn« und »Sydney«. Ihm kam die Idee, Karolin zur Versöhnung ein Kind zu machen und es »Berlin« zu nennen, denn ein Kind, das Berlin hieß, wäre auf jeden Fall konkurrenzfähig.

Da war er auch schon an der Reihe und verlangte eine gute Flasche Roten für fünfzig Euro. Die Weinverkäuferin war gewiss zehn Jahre jünger als er und wies auf eine Stelle im Weinregal: »Da, ein Spanier, der ist lecker!«

Doofler wollte nicht wie einer wirken, der auf eine derart primitive Empfehlung hin einen Fünfzig-Euro-Wein kauft, und tat deshalb so, als müsse es unbedingt ein Italiener sein, ein Brunello oder Barolo. Er wollte schon »Montepulciano« sagen, war sich aber nicht sicher, ob es den in teuer überhaupt gab. Die junge Weinverkäuferin wies auf eine andere Stelle im Weinregal: »Dann nimm den, der ist auch lecker!«

Doofler spürte einen Luftzug an der Stirn, und hätte er es je mit ein paar Staffeln Lektüre versucht, er hätte auf die Idee kommen können, dies komme vom Flügelschlag der Verblödung. Statt dessen tat er wieder zweifelnd und verlangte einen Franzosen. Die Weinmamsell schien sich über solch überlegenes Expertentum zu freuen. Sie strahlte geradezu, als sie Doofler einen Bordeaux empfahl, denn der sei tatsächlich noch leckerer als die anderen, ja schlechthin »superlecker«.

Doofler fühlte sich vom Fachsimpeln derart erledigt, dass er befreit nickte und sogar noch eine unnötige Hipsterschokolade dazupacken ließ. Er war sich zwar fast sicher, dass Karolin so schweren Wein gar nicht mochte, wagte aber keinen Rückzieher. »Es ist today schon alles super strange!« dachte er und überlegte, die Flasche auf dem Weg einfach fallen zu lassen. Dann ging er aber doch sofort nach Haus, wo er einen Zettel von der Karolin vorfand. Später stand er schwankend auf dem Balkon und überlegte, wie es wäre, eine Flasche 50-Euro-Bordeaux in den Hof zu erbrechen und dann einmal über alles richtig nachzudenken, denn durch ein Nachdenken wird manches anders, und niemand muss mehr leben, als wär er schon tot. Dann brummte es in Dooflers Hose, und Doofler dachte, wenn das jetzt die Karolin ist, dann schenkt er ihr zwei Wochen Bali. Und dann war's wirklich die Karolin, und Doofler konnte die Sach mit dem Nachdenken bis auf weiteres verschieben.

So scheitern große Pläne oft, jedoch immerhin.

Juli 2018

In der Tinte

Vorsichtige Gedanken über das Tätowiertsein als Mode

1

Der Sommer war ja nun sehr groß, und auch wenn die Winde künftig etwas stärker durch die Fluren wehen, wollen's wir uns nicht verdrießen lassen, schon darum nicht, weil man sich ausziehen und herzeigen kann; schließlich wächst in den USA die Zahl der Schönheitsoperationen, die nur des richtigen Instagram-Auftritts wegen vorgenommen werden. So doof sind wir hierzulande zwar nicht, beharren aber darauf, uns mit immer neuen Hautmalereien zu verzieren, die im ewigen Sommer so an Sinn gewinnen, wie die Klamotte an Sinn verliert. Und gottlob verliert, denn Kleidung ist bloß Diskretion und Zivilität, ist Wechsel und Modulierung, ist Einfall, Experiment und Selbstausdruck als Ephemeres. Mode, schreibt Georg Simmel, »ist nie, sondern wird immer«. Dass die Kleiderschränke voller (Billig-)Klamotten hängen, die, aus sturer Langeweile erworben, nie getragen werden, ist zwar ebenfalls dumm; aber darum gleich zum Körperfetisch zurückwollen?

2

Nichts ist ja so alt wie die Zeitung von gestern, und auch Wissenschaft wird mitunter von ihrem Gegenstand überholt; wo nicht fast überrollt. Von 2012 stammt Tobias

Prüwers instruktives Bändchen »Fürs Leben gezeichnet. Body Modification und Körperdiskurse«, und vielleicht konnte man damals wirklich noch finden, eine bunte Wade oder ein grüner Unterarm sei Widerstand gegen den über die Körper verfügenden Kapitalismus, insoweit der freiwillig markierte Leib eine »Gegenkraft zum Identitätszwang«, zur »totalen Vereinnahmung« sei: »Selbsttechniken der Umdeutung bergen das Potential, die Akte der Subjektkonstitution von identitärer Eindeutigkeit zu lösen. … Der subversive Körper markiert den Kontrast zum servilen Körper.« Die Frage wäre freilich, wo das subversiv-autonome Ich so plötzlich herkommt, das seine Identitätskonstruktion frei veranstaltet statt wieder nur nach Katalog und den martialischen Auftritten von Fußballern, deren Reklamation von Körperautonomie sofort das Gegenteil, nämlich Vermarktung ist; wie ja auch das Hipster-Tattoo nichts weiter als strammsten Konformismus anzeigt. Und wenn man »in jenen Körperänderungen, die wirklich dem eigenen Wunsch folgen« – das ist gut; als folge nicht jeder Quatschkauf dem eigenen Wunsch –, »eine Resubjektivierung sehen« kann, gilt das für die Tittenvergrößerung dann auch?

Grundfalsch gleichwohl, den längst zum Pop bzw. Frühstücksradio gewordenen Körperschmuck als Teil von »postmoderner Beliebigkeit« zu deuten oder »als Vehikel der Sensations- oder Erregungsgesellschaft«, weil nämlich »mehr auf dem Spiel steht, als sich ein neues T-Shirt überzustülpen oder in andere Schuhe zu schlüpfen. Denn so richtig verträgt sich die Permanenz der BodyMod nicht mit der flatterhaften Spektakelwelt.« Aber dafür sehr gut mit der manufakturellen Welt unserer Großstädter, die ihre Sleeves mit dem Amish-Bart und explizitem, von der Liebe zu den guten alten Dingen kaschiertem Konsumismus verschränken. Was in Stammesgellschaften »Gemeinschaftssymbol« war (oder ist), ist den fröhlich und »unverwechselbar« (Degenhardt 1982, »Du bist anders als die andern«) Atomisierten heute das egobehauptende Ausdrucksgeruder als nostalgische Feier des (im genauen Wortsinn) perfekt Invarianten. Also allenfalls Melancholie statt Widerstand: »Dass Emanzipation mehr bedeutet, schmälert diese Geste der Selbstvergewisserung nicht – und wenn sie nur zum Erinnern taugt, was und wer man einmal war.« Nämlich der, der das gemacht hat, was alle machten, und das hätte man auch ohne Tattoo wissen können.

Dabei geht es Körpermodifikation laut Prüwer doch darum, das kapitalistische Natürlichkeitsdogma abzulehnen (»Die Ankunft des Menschen als Cyborg hat begonnen«), und also feiert sich Zweit-Natürlichkeit, als käme deren Heteronomes nicht schon in der zeitgenössischen Handyfilmzwangsstörung zum Ausdruck. »Pimp My Körper!« heißt, aufschlussreich genug, ein Aufsatzband des Wiener Kulturanthropologen und Tattoo-Forschers I. Eberhard (München 2012), wie Metz und Seeßlen in ihren »Blödmaschinen« vom »Selbstbrandmarken (der freiwillige Sklave des Neoliberalismus)« sprechen und auch gleich die Falle benennen, die hinter allen Originalitätskrämpfen wartet: »Was auf den ersten Blick als nicht viel mehr denn eine vermainstreamte Form der Scarification erscheint (ich bin taff, sinnlich, wagemutig und verlängere/erfinde meine Pubertät), erweist sich als besonders tückisches Instrument der körperlichen Disziplinierung«, und »wenn es alle haben, bleibt nur der Weg in die Quantität, und der wiederum macht den mehr oder weniger heiligen Akt des Eingriffs in den eigenen Körper … zur Farce, oder schlimmer, es wird vom Zeichen der Widerständigkeit zu einem der Unterwerfung.« Interessant dabei, dass Metz/Seeßlen 2011, als sie vom »her- und zugerichteten Körper« des um Zuwendung werbenden »vereinzelten Menschen« sprachen, noch bloß die Unterschicht und das sog. Arschgeweih meinten, das »zum Ausweis der sozialen Verliererin« geworden sei. Doch Mode ist ja das, was vom Rand in die Mitte rückt, und wenn sich Mittelschichtsmänner ihren Jahrgang aufs Schienbein stechen lassen, wollen sie nicht nur harte Kerle mit unbezweifelbarer Identität sein, sondern überdies Figuren, die den Rand vorsorglich als Mitte reklamieren, wenn sich in der »neuen Klassengesellschaft« (ebd.) die Klasse der wie auch immer Prekären stetig vergrößert.

Nein, die Sache geht, bei Foucault und allen poststrukturalistischen Göttern, nicht (oder besser: nicht mehr) auf oder nur zirkulär (»Menschen, die BodyMod einfach nur schön finden …, soll es auch geben«), zumal wenn die, die Prüwer zum Thema interviewt, sich nach dem Besuch im Studio derart resubjektifiziert finden, dass sie, vermutlich ohne Witz, »vom Feeling her ein gutes Gefühl« haben, »auch Stolz«. Weil's nämlich wehgetan hat und Resilienz immer gut kommt. Prüwer: »Ja, BodyMod bereitet Schmerzen – wie so vieles in der Welt.« Also doch bloß Immanenz, Verdopplung, Affirmation; keine Neukonstruktion, sondern Identifizierung mit der Macht und ihrer »kulturellen Logik, die auf die Produktion von Individualität zwingend angewiesen ist und diese gewaltsam dem Körper einschreibt«. Dass der Autor diese Generalkritik eines Kulturwissenschaftlers zitiert, sei ihm angerechnet; aber das netzgestützte »Social Tattoo Projekt«, in dem sich Kitschköpfe »Erinnerungszeichen an erschütternde Ereignisse wie den Atom-Gau in Japan oder den nazistischen Massenmord setzen lassen, um die Aufmerksamkeitsspanne zu erhöhen und die Katastrophen im Gedächtnis zu halten«, das muss er halt gut finden, Selbstermächtigung, schon klar.

3

Aber wir wollen nicht bloß schimpfen, wo's ja doch was Verzweifeltes hat und es so sichtlich darum geht, dass irgend etwas, bitte, bleibe. Freund Ruedi Widmer, Populärmusikliebhaber aus Winterthur, sah am 9. August in der Zürcher *WOZ* einen Grund fürs zumal jugendliche Tattoo im »Tod von Pop als existentiellem Jugenddding«: »Die Reifung zu einer kulturempfindsamen Persönlichkeit, die einst mit dem Lesen (und Besitzen!) von Büchern oder eben dem Anhören von Platten passierte, wird mit dem Streaming von Spotify eher verunmöglicht. Die niederschwellig vorgegebenen Schablonen wie ›Rock‹, ›Achtziger Jahre‹, ›Punk‹ reduzieren die riesigen Möglichkeiten, die die Konfrontation mit Musik über Stile und Zeiten eigentlich hätte, zur armseligen Beschränktheit eines Endlosschleifenprogramms. … Das Tattoo, sosehr ich persönlich es nicht mag, ist der Versuch, Zeichen zu setzen, die nicht morgen schon wieder gelöscht oder wegen nicht erfolgter Zahlung nicht mehr abrufbar sind.« Wenige Tage zuvor hatte sich das Stil-Buch der Wochenend-*SZ* »über die Verklärung des gerade erst Passierten«, nämlich die immer kürzer werdenden »Nostalgie-Zyklen« bis hin zur »Instant-Nostalgie« gewundert: »den Moment bereits vermissen, wenn man ihn erlebt. Central Park fotografieren, Sepiafilter drüber, ›Nostalgia‹ daneben schreiben, hochladen, Kommentare erwarten. Als wäre die Gegenwart ein zu schnelles Laufband.« Oder als wäre sie total, was zu der Einschätzung passen würde, dass unsere herrlichen, durchkapitalisierten Zeiten als zukunfts- wie geschichtslose die reine Positivität sind. Wie das, was man als Ausweis seiner unbedingten Zeitgenossenschaft und Individualgesinnung auf den Schenkeln spazieren trägt, im Alter einmal aussieht, muss dann nicht kümmern, denn erstens sind wir ewig jung, und zweitens hat die Technik das genauso fest im Griff wie den Klimawandel, allora: »Umfragen zufolge ist ein Viertel der Erwachsenen in Deutschland tätowiert. Jeder zehnte davon ist unzufrieden mit seinem Körperschmuck, gab der [CDU-]Gesundheitspolitiker Krauß an. Er schätzt, dass jährlich 1,2 Millionen Tätowierte die Tinte wieder tilgen lassen. Deshalb sei es nicht sinnvoll, dass ausschließlich Hautärzte Laserbehandlungen zur Tattoo-Entfernung ausführen dürfen, wie es eine Verordnung des Gesundheitsministeriums vorsieht« (*SZ*, 4.10.).

Dass sich Politik so hingebungsvoll um die De-Subjektifizierung kümmert, ist allerdings keine Überraschung. Macht sie schließlich schon länger.

November 2018

Im Bunker

Warum nicht alles in der gut designten Schweiz gut designt ist

Vom Balkon meiner Schwiegereltern hat man einen wunderbaren Blick auf ein weißes Neubaukarree, das so aussieht, wie so was heute aussieht, nur schlimmer, banaler, um noch den letzten Rest dessen gebracht, was man einst vielleicht »Einfall« genannt hat, und wer es lächerlich findet, dass in Immobilienanzeigen von »Architektenhäusern« die Rede ist, dem geht ein Licht auf: Ein Architekt, eine Architektin war vorm Balkon von Oma und Opa sichtlich nicht im Spiel. Eher schon ein 3D-Drucker.

Quadratisch, praktisch, fürchterlich, und es heißt das Bauhaus gerade ehren, seine tausendste Schwundstufe so deprimierend zu finden, diese Mischung aus Flachdach, Schießscharte und Edelstahlbalkon, wobei es sich im Beispielfall übrigens nicht um Sozialbauten handelt, wo der sogenannte Rotstift naturgemäß immer mitbaut. Nein, wenn in Deutschland gebaut wird, dann Eigentum, und im Rhein-Main-Gebiet fängt die Doppelhaushälfte bei einer halben Million an, wenn man Glück oder keine Ansprüche hat. Am Nordrand Frankfurts, wo mein Bruder lebt, bewirbt die lokale Sparkasse eine kaum weniger forsche Scheußlichkeit für mehr als das Doppelte. Der Porsche steht schon vor der Tür.

Dies muss man wissen, um die Schweizer Aufregung um die projektierte Villa des Nationalfußballers Xherdan Shaqiri für übertrieben, vielleicht sogar Projektion zu halten. Die Villa sieht so aus, wie so was heute aussieht, und im Vergleich sogar erträglich. Nicht dass man selbst in derlei wohnen wollen würde, Gott bewahre; aber dass sich »Xherdans Bunker« (*Tages-Anzeiger*, Zürich) überhaupt im Detail kritisieren lässt, wie auf architekturbasel.ch geschehen: »Die Volumetrie wirkt im schlechten Sinn zusammengewürfelt. Unzählige verschiedene Fensterformate und gestaffelte Balkonflächen lassen das Haus unruhig erscheinen«, markiert immerhin die Idee, die noch als schlechte mehr Wink des Menschlichen ist als die Liquidierung des Ideellen schlechthin. Überhaupt scheint der *Tages-Anzeiger*, der über dem Bau einen regelrechten Wutanfall bekommen hat: »In seiner Massivität erinnert er an Kriegsarchitektur. Man kann das auch als Überlebensarchitektur bezeichnen: Ein Rückzugsort in einer Umwelt, die der Bauherr scheinbar vor allem als feindlich erlebt«, zwei oder drei Dinge über die Gegenwart und die sie prägende Kleinbürgerkaste nicht mitbekommen zu haben. Die Leistungs- als Konkurrenzgesellschaft bedeutet eben Krieg, und die Metapher vom Panzer, der zum beherrschenden Fahrzeug auf den Straßen geworden ist, kommt ja nicht von ungefähr. Die furchtbarsten Eigenschaften der Kleinbürgerin, schreiben Markus Metz und Georg Seeßlen in »Wir Kleinbürger 4.0« (Berlin: Edition Tiamat 2021), sind Angst und Gier, und mit Blick auf Shaqiris Wohntraum, der bislang nur als Computersimulation vorliegt, muss man sagen: Et voilà.

Auf architekturbasel.ch ist man zwar immerhin mehr Fachmann als beim *Tagi*, wo der Kollege schon mit dem Unterschied von »scheinbar« und »anscheinend« seine liebe Not hat; aber dumm fragen können Architekten auch: »Darf man von einem Fußballstar baukulturelle Verantwortung erwarten? Das sind selbstredend hohe Ansprüche – und dennoch bedingt Erfolg immer auch eine besondere gesellschaftliche – und damit verbunden eine kulturelle – Verantwortung.« Falsch, ganz falsch, und zwar sogar abgesehen davon, dass 90 bis 98 Prozent dessen, was da, jedenfalls im Reich, in die Landschaft gehauen wird, von nichts sowenig weiß wie von ausgerechnet »baukultureller Verantwortung«, der ja schon das blaue Ziegeldach Hohn spricht. Der Fußballstar ist die reine Verkörperung kleinbürgerlicher Ästhetik, von der Tätowierung übers schnelle Auto bis hin zur flott restringierten Rede, und man kann von ihm so gut wie alles verlangen, Geschmack aber zuallerletzt. Er will den Bunker, und er kriegt ihn, und das gilt, im höheren Sinne, schließlich für alle.

September 2021

Liebe ist nicht das Problem

Offener Vollzug: Die Teenager-Aufklärungsklamotte »Get Lucky – Sex verändert alles« verhandelt Pubertät in der Chancengesellschaft

Es ist vielleicht grundsätzlich kein Vergnügen, mit 46 einen Film zu sehen, der für 16jährige gemacht ist, wobei »La Boum – die Fete« (1980) damals sogar für 14jährige war, allerdings über ein Drehbuch verfügte und professionelle Schauspieler und überdies von der ersten Liebe handelte, die ja, wie man weiß, so oder so die größte ist.

»Get Lucky – Sex verändert alles« dreht sich nur sehr am Rande um die Liebe und ist auch nur sehr am Rande ein Film, und dass sich die Filmförderung berufen fühlte, liegt allein daran, dass es sich um Sexualaufklärung für die Generation Smartphone handelt. Die schaut bekanntlich ständig Porno, hat aber von Blasen und Tuten gar keine Ahnung, und noch viel weniger von dem, was das Tuten und Blasen noch schöner macht. »Manchmal«, sagt zum Schluss der unsicher-coole Aaron, nachdem er seine Unschuld selbstredend mit der Traumfrau verloren hat, »suchst du das eine und findest was ganz anderes. Und manchmal ist das so viel besser!« Denn Bürsteln ohne Liebe, so die Botschaft fromm, ist nur der halbe Spaß. Und die Liebe zu finden nun wirklich nicht das Problem.

Es war nicht der kleinste Clou an »La Boum«, dass der Heranwachsende, was über Liebe zu wissen war, auf der zweiten Ebene erfuhr: Im Prinzip ist sie da, bloß irgendwo anders. Paris war fern, die entzückende Sophie Marceau sogar noch ferner, und also kam die Titelschnulze, die zum

Radiohit wurde, zu vollen Ehren: »Dreams are my reality / The only kind of real fantasy / Illusions are a common thing / I try to live in dreams« usw. »Get Lucky« klingt da ein klein wenig selbstbewusster, zeitgenössischer: »Was du träumst, das musst du machen, / all die besten super Sachen, / einfach machen, einfach machen. / Und alles ist jetzt, alles ist einfach, einfach jetzt, / das Leben ist kurz, zu kurz für ein langes Gesicht«, und wer nicht will, der hat wohl schon. Also wartet auf die Clique, die ihre Sommerferien an der Nordsee verbringt, die erste Liebe nach sieben Filmminuten, die zweite nach 8:13, die dritte nach 9:41. So einfach wäre das damals gewesen, hätte Sophie Marceau am Nordseestrand gewohnt! Sie hätte, jedenfalls nach den Maßstäben von »Get Lucky«, den verliebten Blick auch gleich erwidert, falls man sich denn getraut hätte, überhaupt hinzusehen.

Liebe ist also nicht das Problem, aber es gibt genügend andere: Nach 13 Minuten wartet Hannah, 16, auf den Orgasmus, den sie nie hatte, doch ihr Freund kann ihr da nicht helfen. Praktischerweise ist Julias Tante, bei der alle logieren, Sexualtherapeutin, und also erfahren wir alles (oder das meiste) über klitorale Stimulation und Masturbation, Leistungsdruck und Jungfernhäutchen, Kondome und Aids – Dr. Sommer im Kino. In der 55. Minute findet sich Julia zu dick, aber es geht natürlich gut aus (Sex, Liebe), wir sind ja schließlich nicht bei Heinz Strunk: »Das Gestöhne geht mir durch Mark und Bein. Ich will auch mal, darf aber nicht. Ich weiß, dass alle meine zukünftigen Tanzabende diesem hier bis aufs Haar gleichen werden. ›Oh, mon amour, mon amour, je t'aime.‹ Niemals wird eine so etwas zu mir sagen. Ich falle in ein eisiges Loch, tiefer und tiefer, bis ganz nach unten, wo die Dunkelheit am dichtesten ist.«

Wer sich in derlei wiederfindet, ist in »Get Lucky« falsch, denn Konsum ist selbstverständlich, aber bitte als nachhaltiger: Knowhow, Respekt und Traute vorausgesetzt, ist alles und jede/r zu haben. Niemand bleibt zurück, sofern er (oder sie) rechtzeitig hinlangt, und auch Homosexualität ist bloß ein Problem, wenn der Kondomautomat klemmt. Nun mag man finden, auch hier würden zarter Besaitete auf sich selbst und ihre graue Adoleszenz zurückgeworfen, und also sei doch alles wie früher, nämlich wie immer; nur war, noch einmal, »La Boum« ein richtiger Film, der von der halb wundervollen, halb eisigen Gleichzeitigkeit von Nah und Fern handelte, die mit dem Wort Sehnsucht bezeichnet wird. Die selbst für Genreverhältnisse grobe Lieblosigkeit »Get Lucky« dagegen ist, auf jeder Ebene, bloß Vollzug und also genau das, was sie, in typischer Sozialdemokratie, halb bekrittelt, halb bewirbt.

September 2019

Friss oder stirb

Zurück ins Glück mit Disziplin: Ein nagend zeitgenössischer Sachstandsbericht

Wenig, vielleicht auch gar nichts stabilisiert die beste Ordnung aller Zeiten so wirksam wie der Umstand, dass alles in der Zeitung steht, sogar auf Seite eins; und um's nicht zu frivol wirken zu lassen, packte die *Süddeutsche Zeitung* die Nachricht, »Wirtschaftsliberalismus« mache einer Studie zufolge sogar jene ängstlich und einsam, die von ihm profitieren, an die Stelle, wo unterm Knick Vermischtes steht: dass Edelreis in Südkorea einen Boom erlebt oder der Flughafen von Timbuktu wieder aufhat. Die Menschen, meldet Wissenschaft, sehnen sich nach geregelter Ökonomie und staatlicher Fürsorge, nach Sicher- und Geborgenheit; Kälte, Konkurrenz und Globalmarkt machen sie kaputt. Vor zehn Jahren schon habe eine »vielbeachtete internationale Datensammlung« ergeben, dass mehr Gleichheit auch den Reichen zugute komme: weniger Kriminalität, klügere Kinder, längeres Leben, zumal für die, wenn wir das ergänzen dürfen, die als Armutsopfer auch ohne Corona ein Lebensjahrzehnt weniger zu erwarten haben.

Eine Schmunzelmeldung zwischen »EU will für Impfstofffabriken zahlen« und Olaf Scholzens Bafin-Plänen, und vielleicht sind sie in München Fans von Mark Fisher, dem das Ende der Welt vorstellbarer schien als das Ende des Kapitalismus; dessen Geheimnis ist, dass er keins hat, wie sich auch Dietmar Daths Vorwort zu zwei Vorträgen von Wolfgang Pohrt (»Multikulturelle Gesellschaft. Rassismus für den gehobenen Bedarf«, Berlin: Tiamat, 2021) entnehmen lässt: »Wie schlimm es steht, ist kein Geheimnis, sondern bekannt; der Staat selbst lässt es regelmäßig ermitteln und die Ergebnisse dieser Ermittlungen publik machen«, etwa zu den stürmisch schwindenden Fähigkeiten von ABC-Schützen. »Fast 30 Prozent der Berliner Erstklässler haben motorische und feinmotorische Störungen, ein Viertel hat keine Mengenvorstellungen, und sie können alle keinen klaren Satz formulieren. Am stärksten betroffen von den Defiziten sind arabischstämmige Kinder.« Denen dann eine Kaltmamsell wie A. Karliczek was von »Bildung« und einschlägigen »Chancen« vorfaseln wird, während der Deutsche Kinderschutzbund seine Jahreshefte »Starke Eltern, starke Kinder« nennt, um in der Ausgabe 2020 das Thema »Kein Stress! Mit Achtsamkeit mehr Wir-Zeit« zu plakatieren; denn das hat es auf sich mit der unausweichlichen Achtsamkeit, die bloß Stärke/Resilienz meint und also Tarnung von Rücksichtslosigkeit ist. Und sich dann auch nicht ekeln muss vor etwas so Grässlichem wie »Wir-Zeit«, die es allein darum gibt, damit auch aus der guten alten Gemeinsamkeit noch eine Unverschämtheit werde.

Paradox, aber wahr, dass das Ich, das man nicht hat, alles ist, was einem übrigbleibt, und wer den Eindruck gewinnen muss, dass es nichts bringt, sich um anderes zu kümmern als um sich, der kümmert sich, indem ihn nichts kümmert, sehr schön um jenes Ganze, dem Gleichheit und das gute Leben für alle nur mehr eine kuriose Vorstellung sind. Zu gern interviewte das nichts weniger als revolutionäre Magazin des Münchner Weltblatts in seiner dritten Ausgabe des neuen Jahres die Ehefrau des frischgekürten Weltfußballers Robert Lewandowski (FC Bayern München), ihrerseits Karate-Profi (»38 Medaillen bei Welt-, Europa- und polnischen Meisterschaften«) und heute Ernährungsberaterin sowohl ihres Mannes als auch für alle, die den Schuss gehört haben, und sei's den eigenen: »Ich habe acht Bücher über Ernährung, Sport und Diäten geschrieben, und in meiner Fitness-App stelle ich 65 Sportprogramme mit Ernährungsvorschlägen vor, zum Beispiel zum Abnehmen oder für den Muskelaufbau.« Anna Lewandowska, Geschäftsfrau und Mutter (»Ich will, dass der Sport auch meine Kinder erzieht«), ist in Polen, wo sie herstammt, so etwas wie ein Popstar, und Pop lebt ja vom Versprechen von Freiheit und Glück, wobei sich die Definitionen da vielleicht geändert haben: »Wir essen kein Gluten, keinen Zucker, keine Kuhmilchprodukte, keinen Weizen, wir trennen proteinhaltige Lebensmittel von kohlehydrathaltigen. Zucker ersetzen wir etwa durch Datteln oder Ahornsirup. Wir essen viel glutenfreie Nudeln, Kichererbsen, Erbsen, Linsen, Hirse, viel Gemüse. Wir ersetzen Brot durch Reis, Getreide, Hülsenfrüchte. Obendrein geben wir regelmäßig unsere Blutproben zum Arzt, um herauszufinden, welche Vitamine oder Mineralstoffe wir gerade zusätzlich brauchen. Das ist unser Leben, wir kennen es nicht anders.«

Hunde möchten so nicht leben; doch wieder steht es unverschlüsselt da, und für Satire wird es eng, wenn »die Menschen im Zeitalter ihrer Überflüssigkeit« (Pohrt, anderswo) als Karikaturen leistungslohnabhängiger Optimierungsfanatiker Disziplin und Konsum, Versagung und Überfluss als Seiten der Medaille vorführen, die man holen kann oder eben nicht. Die Kontrolle, auch im postkommunistischen Polen ja glücklich abgeschafft, ist dabei dahin zurückgekehrt, von wo aus sie am sichersten wirkt, und dem Gewöhnlichsten ein geheimnisvolles Ansehen zu verschaffen gibt es unsere ich-romantischen Interviewerinnen: »So geregelt Ihr Alltag ist: Es sind Ihre Regeln, keine

Fremdbestimmung wie zu der Zeit, als Sie Profi-Sportlerin waren.« Dass nur die eigenen Regeln gälten, ist nämlich Hauptversprechen und dickste Lüge der Lifestyle-Industrie, und welcher Art diese Regeln sind, verrät Lewandowska gern; und weiß, bei aller Spitzenernährtheit, hörbar nicht, was sie da redet: »Ja, ich stelle alles gern selbst zusammen. Ich habe auch einen Coach, mit dem ich über die Organisation von Zeit spreche. Ich bin gelassener geworden. Das ist wichtig, denn Robby und ich sind sehr fokussiert, wir planen sogar Freizeit und Urlaub sehr genau«. Freiheit und Selbstbestimmung als Funktion von Coaching und Terminkalender: unter dieser Voraussetzung kann das Selbstsorge- und Achtsamkeitsarschwort »bewusst« nichts anderes als die völlige Bewusstlosigkeit bezeichnen. »Die Leute finden seltsam, dass wir den Brownie vor dem Brathuhn essen – aber das Dessert wird schneller verdaut, so funktioniert meines Erachtens die Verdauung am effektivsten. Es ist für den Organismus von Vorteil, es zuerst zu essen.« Und immer noch ist es kein Witz, weil es halt stets von Vorteil ist, auf den Vorteil zu sehen, der im effektiven Prozess als solchem liegt, und das »meines Erachtens« ist dann das, was »Bildung« heut' noch heißen kann; denn auch arabischstämmige Kinder ohne Wortschatz und Mengenvorstellungen können eine Fitness-App ja erst mal herunterladen, auch wenn sie mangels feinmotorischer Fähigkeiten und Übergewicht nichts davon haben.

Leo Fischer hat seinerzeit auf das zutiefst Neoliberale des »Darm mit Charme«-Buchgroßerfolgs von Giulia Enders hingewiesen, der Effizienz, nämlich gut und schnell zu verdauen, als gesund und also anzustreben auswies. Dass real wie metaphorisch am Ende Scheiße herauskommt, ist nichts, was eine Kundschaft abschreckt, der man das, was Scheiße ist, so konsequent nicht vorenthält, dass sie ans Nichtbeschissene schon nicht mehr glauben und die Scheiße für sozusagen ontisch halten mag. Auch dies ein Sieg der freien Information, und zwar weit diesseits noch von Fox News und Telegram-Kanal, und dass es der freien Welt gelungen sei, »den Leuten alle Kriterien für recht und unrecht, wahr und falsch, schön und hässlich aus den Hirnen zu waschen«, hat der alte Hacks fast bewundert: »Nichts gilt mehr, und wie argumentieren, wo nichts gilt? Das Waschmittel ist der Positivismus, die Wäscherei das Fernsehen. Es gibt Ausbeutung, es gibt Elend, es gibt Arbeitslosigkeit, es gibt Verweigerung von Gesundheit, es gibt Mietwucher, es gibt Bureaukratie, es gibt die Gewohnheit der öffentlichen Lüge, es gibt Krieg. Alle wissen es, keiner bezweifelts, und keinen störts.« Und hat die strukturelle De-Intellektualisierung erst einmal stattgehabt, schenkt sie uns nicht nur Robert Lewandowskis grundsolide, evtl. auch bloß lachhafte Bachelor-Arbeit (»Wege zum Ruhm«), sondern auch den Menschen als reinen (i.e. faschistischen) Körper, als Maschinenwesen, das den Nachtisch vor dem Hauptgang essen kann, weil es unbelebter Materie auf Geschmack ja nicht ankommt. Oder lediglich auf den, der nach dem Geschmack der Instanzen ist.

Derweil fühlen Lewandowskis, ragendes Beispiel für »die immer deutlicher hervortretende Tendenz des Gesamtsozialen zum Zerfall in verrückte und verdummte Trümmer, letztlich in einzelne Irre« (Dath), sich auf der Stelle »sehr schlecht«, wenn sie mal »etwas essen, weil es so köstlich aussieht«. Denn so säkular ist die aufgeklärte Welt nicht, dass sie die Verantwortung fürs Wohlbefinden nicht tief ins Subjekt gesenkt hätte, dessen äußerste Disziplin im festen Glauben allein verhindert, dass es schuldig wird; und wenn es trotz Corona am Band steht und sich für den Dax den Tod holt, dann hat es halt eine Abstandsregel verletzt. Da kommt die Impfung keinen Tag zu früh, denn die, wie der Leitartikel a.a.O. erbrach, ist das »Tor zurück in die Freiheit, zurück ins Leben, zurück ins Glück der Zeit vor der Pandemie«.

Und dafür ist Corona gut: dass nach der Pest die Freiheit wartet. Statt bloß wieder die Cholera.

März 2021

Draußen zuhaus

Landpartie mit Todenhöfer: Über das Hin zur neuen Übersichtlichkeit

»Mach was, wo Du wirklich zählst: Fahr aufs Dorf!«
Slogan der 5. Antifaschistischen Oster-Demonstration
in Dorfmark, Niedersachsen

Natürlich hat der Lieblingsbruder recht, wenn er sagt, dass die Zeitungen ja voll werden müssen, und nur weil die Zeitung Großstadtpaare aufgetrieben hat, die es in die Provinz (zurück-)zieht, und einen Makler, der glaubt, das Land sei das nächste große Ding, ist das trotzdem nicht mehr als ein guter Dreiseiter fürs Wochenende, der Teil des Trends ist, den er selbst ausruft. Die Leute, von denen das handelt: »Sie hat zwei Mädchen, sechs und neun, und einen Mann, den sie so beschreibt: vollbärtig, tätowiert und im Hochsauerland inzwischen besser integriert als sie selbst« gehören allerdings nicht zu denen, die Dinge um ihrer selbst willen tun; wie es auch nicht um die Stadtflucht der Bartlos-Untätowierten geht, die bloß keine Million für eine Vierzimmerwohnung haben und gekränkt darauf bestehen, mit dem Auto nur 20 Minuten dahin zu brauchen, von wo sie eben erst ins Abseits migriert sind. Es geht um die »sneakertragenden Enddreißiger«, die dem Makler am Berliner Stadtrand »ungefragt am Telefon« mitteilen: »Wir könnten 1,3 Millionen aufbringen. Die Sache ist: Er hat seit Pandemiebeginn fast nur noch solche Kunden.« Die spätestens jetzt, wo in der Stadt kein Ausgehen mehr ist, die eigene Scholle nicht mehr nur im Schrebergarten haben wollen und deren Homeoffice das Haus mit Garten da ermöglicht, wo Fuchs und Häsin Gute-Nacht-Grüße tauschen. Kein Metzger mehr, der nicht »Landschlachter« heißt, Judith Hermann exiliert ans Meer (»Daheim«, S. Fischer: »Was brauchen wir und worauf können wir verzichten«), und mit exzellenter Witterung für den Bedarf schreibt auch Juli Zeh neuerdings Dorfromane, deren jüngster (»Über Menschen«) wie eine Gebrauchsanweisung fürs Übersiedeln wirkt und die Heldin vor der verordneten städtischen Corona-Enge in die unbeaufsichtigte Brandenburger Weite ziehen lässt, ins Abenteuerland zwar ohne verlässlichen Busanschluss, aber mit Glasfaserinternet, Romantikgarten und Nachbarn zum Anfassen, die das Herz auf dem rechten (evtl. sogar sehr rechten) Fleck haben; und darum so authentisch sind, wie es der tätowierte Vollbart gern wäre.

»Endlich sind da Nachbarn, die helfen, wenn man sie fragt. Und nicht ständig am Wochenende weg sind, wenn man sie braucht« – das ist nicht Zeh, sondern wiederum der Trendartikel aus der Oster-*SZ*, und so ausgedacht ist die Landlust nicht, wenn man die Linie mal auszieht: vom sagenhaften Erfolg der gleichnamigen Zeitschrift über den sagenhaften Erfolg des Regionalkrimis über den sagenhaften Erfolg Dörte Hansens, deren Romane von der sittlichen Überlegenheit der Provinz handeln und geradezu demagogisch die Blut-und-Bodenhaftung des »Alten Landes« (!) wider die städtische Schwächlichkeit, die dörfliche Solidarität gegen die urbane Ellbogen- und Distinktionspraxis beschwören. Bei Zeh ist es immerhin »die Arroganz der Metropole«, die von der hauptfigürlichen Berlinerin schließlich abgelehnt wird, und wenn der Roman über Menschen berichtet, dann wohnen die, das ist die Suggestion, viel eher in der vergessenen Prignitz als in

Prenzlauer Berg. Wo das Kiezidyll zwar einen stark provinziellen Unterton hat, aber den Zusammenhalt nicht herstellt, den der Bundespräsident in seiner Osterpredigt sowohl den Regierenden als auch den Regierten aufgetragen hat. »Die breite Masse hat einen einzigen Wunsch: dass sie gut geführt wird und dass sie der Führung vertrauen kann und dass die Führung selber nicht streitet, sondern dass diese Führung geschlossen vor sie hintritt … Das Volk ist immer glücklich, wenn einige so zusammenhalten oben, das erleichtert auch dem Volk unten das Zusammenhalten«, so Adolf Hitler. Und heute eben Steinmeier: »Rauft euch zusammen! – das ist berechtigt, aber es reicht nicht. Raufen wir uns alle zusammen, liebe Landsleute! Holen wir raus, was in uns steckt!« Doch wie soll das, bitte schön, gehen in der stillgelegten Start-up-Großstadt, wo die Aussteigerinnen lt. Zeitung das Gefühl haben, »dass es jede Idee schon gab«, und wo vielleicht auch die mit den Turnschuhen gemerkt haben, dass sie sich entscheiden müssen und entweder die Turnschuhe ausziehen oder dahin gehen können, wo Sneaker vielleicht noch irgendeinen Eindruck machen? Und lassen sich »Klarheit und Entschiedenheit«, die Steinmeier anmahnt und die vom Hipster-Holzfällerhemd nicht weniger betont werden als von Hansens Dörte, bei den klaren und entschiedenen Menschen auf dem Land nicht viel eher finden? Und hätte man sich dem perennierenden »Heimat«-Geschwätz nicht ganz umsonst ausgesetzt, wollte man jetzt, wo die Stadt fürs erste auserzählt ist, nicht wiederum »Avantgarde« (*SZ*) sein?

Nein, wer »Zukunft gestalten« (Bertelsmann-Stiftung) will, muss dahin, wo Vergangenheit ist, vielleicht sogar die eigene, und wenn Steinmeier fordert: »Geben wir auf uns acht!«, geht das natürlich da besonders gut, wo wir die Leute mit Namen kennen. »Vertrauen – das beruht in einer

Demokratie auf einer sehr fragilen Übereinkunft zwischen den Bürgern und ihrem Staat: Du, Staat, tust deinen Teil; ich Bürger tue meinen« – lässt sich das nicht ganz praktisch und viel weniger fragil sehen: Du, Städtchen, nimmst mich auf, und ich kehre sonntags meinen Gehweg? Und beginnt Vertrauen nicht da, wo man seine Haustür nicht abschließen muss? »Wir zweifeln viel, aber wir können auch viel! Und aufs Können, nicht aufs Zweifeln, kommt es jetzt an.« Und wo wohnt seit je der zersetzende Zweifel? Und wo dagegen die mittelständische Wirtschaft, die gekonnt den Laden am Laufen hält?

»Das Wissen um eine Tatsache ist hinreichend, um uns eine Reihe bestätigender Züge wahrnehmen zu lassen« (Borges, »Das Aleph«), und wie ein weltgeistiger Einsatz für die klare Kante will es wirken, dass sich die Berliner Koalition nach den sog. Maskenskandalen so gut wie gleich auf neue »Transparenzregeln« geeinigt hat: Lobbyarbeit von Bundestagsabgeordneten soll verboten, Nebeneinkünfte sollen bereits ab 3000 Euro p.a. anzeigepflichtig werden – eine Aktion sauberer Bundestag, wie um dem »Team Todenhöfer«, Jürgen Todenhöfers neuer »Gerechtigkeitspartei«, sofort den Schneid abzukaufen. Fordert es doch einen Staat, der »nicht käuflich« ist, und Politiker, die »bereit sind, dem Volk die ungeschminkte Wahrheit zu sagen; ohne Rücksicht auf persönliche Nachteile Führung zu übernehmen; und sich in zentralen Fragen von den besten Köpfen Deutschlands beraten zu lassen« – Dörte-Hansen-Politik ohne Geld, Schminke und Eigennutz, Politik, die nicht von ordentlich bezahlten Profis ins Werk zu setzen ist, sondern von Patriotinnen, die klar, entschieden und in der Zeit von »nur noch zwei Wahlperioden« ihrer und unserer Heimat zu dienen bereit sind. Korruptionskritik, schreibt der Historiker Jens Ivo Engels in seiner »Geschichte der Korruption« (Frankfurt a. M. 2014), ist fester Bestandteil der Erzählung von staatlicher Modernität, aber auch beliebter Topos rechter Gegenentwürfe, und nicht immer lässt sich das eine vom anderen unterscheiden; und ob Ehrlichkeit, Sauberkeit, Opfergeist nun die Zukunft der Demokratie sind oder Sekundärtugenden, mit denen sich auch ein KZ betreiben lässt, mag da so verschwimmen wie die Grenze zwischen der Sehnsucht nach dem Neuanfang in frischer Luft und dem Rückzug als reaktionärer Lifestyle-Idee, die das Unheil ebendahin exportiert, wo man sich vor ihm in Sicherheit wähnt. Und wo es aber, zwischen Steppjacke, Deutschlandfahne und Hochbein-Auto, ohnehin längst zuhause ist.

Wie der Pionierzug stadtauswärts anzeigen mag, dass es mit den Unterschieden zwischen Stadt und Land so weit her gar nicht ist und die Beschränktheit des zeitgenössischen Vollglücks sich nicht mal mehr in den Ausdrucksformen unterscheidet: Sieht man im Fernsehen zufällig ein junges Anywhere-Pärchen, das seit Jahren auf Weltreise ist, beim Betreten eines Tempels aber bloß ein »Hammer!« zu veröffentlichen weiß, ist die Enge im Kopf immer mitgereist und wird keine Schwierigkeiten finden, sich da niederzulassen, wo man gegen diese Form der Sprachregelung nichts hat. Wer je die Provinz verließ, suchte das Neue, das Abenteuer und die Möglichkeit; wer zurückkehrt, wird sich dies nicht als Geständnis übersetzen, dass es nichts Neues und keine Möglichkeiten mehr gebe, sondern hat bloß seine unkomfortabel gewordene Komfortzone verlassen. Selbst die trendfreundliche *Süddeutsche* konnte die zeittypische Leere der Geste nicht übersehen: »Gehen die Leute, die aufs Land ziehen, nur von irgendwas weg? Oder gehen sie auch irgendwohin?« Von Bismarck soll das Aperçu stammen, er wolle den Weltuntergang gern in Mecklenburg erleben, da passiere alles nämlich 50 Jahre später; und seit Corona das Ende der Welt, wie wir sie kennen, per Interimserfahrung vorstellbar gemacht hat, wiederholt sich der zentrale Reflex einer Zivilisationsmüdigkeit, wie sie zum Repertoire der besonders Aufgeweckten geworden ist, die »das erstarrte Leben« (Thoreau, »Walden«) in den Co-Working-Space mitnehmen; der, was brauchen wir und worauf können wir verzichten, auf dem Land so zu schaffen ist wie »Yogaraum und Kräutergarten« (*SZ*). Weil die, die heute aussteigen, bloß immer einsteigen.

Falls der Bus denn fährt.

Mai 2021

Deutsche Einheit

Machtfraglos gut: Warum Politik in Deutschland immer noch keinen Streit verträgt

> »Wo niemand über Macht spricht, ist sie fraglos da, in ihrer Fraglosigkeit zugleich sicher und groß. Wo Macht Thema wird, beginnt ihr Zerfall.«
>
> Ulrich Beck

Gerade in jungen Jahren soll man sich nicht alles gefallen lassen, und als beim diesjährigen Abitur in Nordrhein-Westfalen die Aufgaben in Pädagogik und Englisch zu schwierig schienen, hagelte es hernach Protest und beschwerten sich die Prüflinge via Facebook und Instagram nicht etwa bei den Lehrkräften, den Schulen oder dem Kultusministerium; sondern den Autoren, deren Texte den Prüfungen zugrunde lagen, u.a. einem New Yorker Journalisten, der in der lokalen *Times* einen Essay zum Einfamilienhaus veröffentlicht hatte. »Junge, benutz doch Wörter, die es im Wörterbuch gibt, du Hond!«, soll, zitiert die *Süddeutsche*, eine der Nachrichten gelautet haben, eine andere, immerhin auf englisch verfasste: »Dein Artikel hat meine Abschlussprüfung gefickt, danke für nichts.« Der Soziologe Aladin El-Mafaalani, Professor in Osnabrück, Autor des Buches »Mythos Bildung« (!) und gleichfalls Adressat sozialmedialer Erkundigungen (»Erklär mal Habitus, nach 5 Stunden lesen immer noch kein Plan«), soll daraufhin »eher im Scherz« (*SZ*) vorgeschlagen haben, »nur noch tote Autoren« zum Abi zuzulassen.

Bemerkenswert daran vielleicht, dass sich die Wut nicht gegen die Macht, sondern den Intellekt richtete und, unter

Vorwegnahme habitueller Online-Rezensionen, Texten angekreidet wurde, dass eins sie nicht verstehe; und den Staat als Hegels »sittliches Ganzes« keine Schuld treffen musste. Um so schlimmer dann, wenn Autorität keine ist und Machtfragen, wie sie in der Politik nun einmal vorkommen, nicht unverzüglich beantwortet werden, sondern ggf. im Zuge von Auseinandersetzungen; die im Ringen Laschet vs. Söder, t-online.de wusste es genau, vom 11. April, 15.28 Uhr und Söders »Ich habe das für mich selbst gewogen und meine Bereitschaft heute erklärt« bis zum 20. April, »kurz nach 12 Uhr«, dauerte, als Söder mitteilte, die Würfel seien gefallen, also knappe neun Tage. Tage, die eine heuchelfrohe Informationsabteilung zwar gierig begleitete, aber genauso wild beklagte: »Laschet, Merz und Söder: Die drei von der Zankstelle« (tagesschau.de), »quälendes Theater« (spiegel.de), »das Laschet-Drama« (*Tagesspiegel*), »hart, streckenweise brutal« (*Spiegel*), »Wirtshausschlägerei« (*SZ*), wobei den Vogel sicher der Schriftsteller und *Stern*-Autor Tim Sohr abschoss, der am 12.4. allen Ressentiments wider verdorbene Politik, wie sie im deutschen Land anscheinend nicht auszurotten sind, seine Stimme lieh. »Das Duell um die Kanzlerkandidatur entbrennt zur Unzeit, lenkt in denkbar heikler Lage vom Wesentlichen ab und bestätigt das ungute Gefühl, dass Politiker auch dann noch ausschließlich nach Macht streben, wenn längst die allgemeine Sicherheit auf dem Spiel steht. Weil sie Politiker sind. Weil sie gar nicht anders können. Das ist bedauerlich, vielleicht sogar verachtenswert«, wenn auf höchster Ebene Duelle entbrennen und es der brandaktuellen Topjournalistik überlassen bleibt, in der Not nur noch Deutsche zu kennen; ein Volk, das »immer dringender auf schnelle Notbremsen hofft«, während die FDP mit Verfassungsfragen komme und in der Union

»über Machtfragen palavert« werde – kurz: es »grassiert das Chaos«.

Was zwischen Sohrs Ohren grassiert, will man gar nicht wissen, denn »ausgerechnet in der schwersten Krise, an die wir uns erinnern können, entfaltet sich die unheilvolle Mischung aus Inkompetenz und Verdorbenheit parteiübergreifend in voller Blüte. Kein schöner Frühlingsanfang.« Aber ein sehr schönes Ende eines Textes, dessen unheilvolle Mischung aus Inkompetenz und Verdorbenheit die Rede von der »fahrlässigen Farce« auf den Redner zurücklenkt und bei nationalen Katastrophen keine Verfassungsfragen noch Machtkämpfe gelten lassen will, denn diese sind eitel, und was eitel ist, ist sowenig deutsch wie das demokratische Palaver, von dem der Führer schon wusste, dass es dem Chaos Vorschub leistet. Weshalb Fritz Merz sofort »Führung« befahl und der *Spiegel* (16/2021) klagte, der christunionale Nimbus von »Disziplin und Geschlossenheit« habe dem Eindruck eines »zerstrittenen Haufens« Platz gemacht, »dem es um die Macht geht, um sonst nichts«. Was aber schon darum Quatsch war, weil der Haufen dann ja ohne jeden Streit den Umfragekönig Söder hätte nominieren müssen, wie sich, nach einer schlappen Woche mäßig abgründiger Sticheleien rund um Hinterzimmer und die Wünsche der Basis, derjenige Duellant durchsetzte, der sich als Gegenpol zu Söders »selbstsüchtigem Ehrgeiz« (Stefan Kuzmany, spiegel.de) versteht, nämlich als Mann der Grundsätze und Überzeugungen, während ehrgeizige Selbstsucht das letzte ist, was deutsche Politik ausmachen soll.

Von Macht einmal zu schweigen; wiewohl Politik, nach Max Weber (oder sogar dem Sowi-Grundkurs), schlicht »Beeinflussung der Machtverteilung« ist: »Wer Politik treibt, erstrebt Macht« – doch Macht, das ist in Deutschland nicht (jüdisches) Interesse, sondern die objektive Gewalt selbst, die dem Volk auch als solche gegenüberzutreten hat, nämlich diszipliniert und geschlossen. Und also freute sich Sohrs Vorgesetzte Anna-Beeke Gretemeier, dass »die Grünen zeigen: Es geht auch anders«, und zeigte dabei, dass es gerade als Chefredakteurin vom *Stern* nicht anders geht, als von »bizarren Machtkämpfen« pikierte Mitteilung zu machen, die »wochenlang« einen »Wahlkampf der Inhalte« nach Art der Grünen verunmöglicht hätten. Was, versteht sich, mindestens dreimal Unsinn war: Denn für irgendeinen Inhalt, und sei's einen unerfreulichen, steht selbst Söder; war die Nominierung Baerbocks natürlich gleichfalls eine nach Verkaufbarkeit; und ist ein Machtgerangel nur dann bizarr, wenn man Macht sowenig will wie der deutsche Bürger, die deutsche Bürgerin seit je. Wie anders dagegen die Yankees (vgl. »House of Cards«!) mit ihrem »profitorientierten amerikanischen Kapitalismus«, wie das der süddeutsche Beobachter M. Beise im Leitartikel vom 6.5. nannte, und ein schöner hoher Zufall, dass gleich neben dem treudeutschen Ständchen von *Stern*-Singerin Grete Meier auf die »fortschrittliche« grüne Harmonie und die »unprätentiöse« grüne Kandidatin die »Eindrücke aus einem gespaltenen Land« annonciert waren, nämlich den USA, bekanntlich so tief und unheilbar zerrissen wie Israel, die Türkei, Großbritannien, Frankreich, letztlich die ganze Welt.

Nur Deutschland, das ist eins, die Grünen voran. Während die Union, dieses ehemalige Bollwerk der Einigkeit, dieser Kanzlerwahlverein von einst, sich zerlegt wie die SPD »in ihren finstersten Zeiten« (*Spiegel*), in denen sie, so gesehen, ihre traditionelle Vaterlandslosigkeit besonders eindrücklich unter Beweis stellte. Und das ist jetzt die Dialektik: dass die Sozen, so jedenfalls Nils Minkmar in der *SZ* zum 1. Mai, wieder gebraucht werden, weil »ja doch eine politische Kraft fehlt, die mehr möchte als schön renoviertes Fachwerk mit Fahrradständern und Mülltrennung«. Unter Laschet/Baerbock (falls nicht Baerbock/Laschet), diesen trüben Tassen aus der westdeutschen Provinz, triumphiere bloß »Merkel mit Radwegen«; doch wenn Demokratie ist, dass die Leute bekommen, was sie wählen, sollte die Kombination aus Merkel und Radschnellweg für eine dicke Mehrheit gut sein; wie das Problem schlechterdings ist, dass Merkel, dieser Buddha des deutschen demokratischen Willens, sich als Idealbesetzung erwiesen hat. Und nach dem Ideal eben etwas weniger Ideales kommen muss.

Leider ist die Bundeskanzlerin kinderlos und kann, um den leidigen Krach aus der Politik zu halten, den Thron nicht in der Familie lassen und ist die deutsche Bundesrepublik mit ihren 16 Ländern schon qua Verfasstheit ein zerstrittener Haufen, dem es um die Macht geht und sonst nichts. Dass Föderalismus in Deutschland stets Teil einer »Defizitgeschichte« gewesen sei, nämlich der vom uneinig-schwachen (oder fehlenden) Reich, war *Tagesspiegel*-Redakteur Albert Funk zum Jahresbeginn einen klugen Einwurf wert: Die deutsche Kleinstaaterei, von Goethe ja noch als geistvoll erkannt, wollte der Nationalliberalismus seit dem 19. Jahrhundert umformen »in einen Einheitsstaat mit einem Einheitsvolk«, und wenn jetzt wieder von Chaos und Wirrwarr und dem machtvollen Volkswillen nach möglichst schnellen Notbremsen die Rede ist, ist die föderal geteilte Macht zugleich weniger Macht (für die Zentrale) und zuviel Macht fürs gesunde Staatsbewusstsein, das nach wie vor die Durchregierung wünscht. Paradigmatisch geißelte Jasper von Altenbockum in seiner *FAZ* die »detailverliebte Kritik an der Bundes-Notbremse«, denn

»das jetzt beschlossene Gesetz bringt politisch endlich Klarheit im Land«, und als einen Monat zuvor die sog. Osterruhe in den Schredder gewandert war, hatte der Nationale sich noch erregen müssen: »Deutschland ist offenbar nicht in der Lage, binnen einer Woche in Zeiten einer fortwährenden Notlage zwei ›Ruhetage‹ anzuordnen. Nach wochenlangen Debatten über mehr Pragmatismus, weniger bürokratische Pingeligkeit und entschlossenes Handeln ist das ein Offenbarungseid. Deutschland kann es nicht.«

Denn Deutschland kann es nur, wenn das Detail und die Kritik, wenn Debatte und Pingeligkeit nicht die klare Entscheidung, das harte Handeln, den Durchgriff verhindern. Die Bund-Länder-Konferenz, die an der Osterruhe gescheitert sei (ist sie nicht, es gab Rechtsprobleme), sei »gespenstisch« gewesen, und dass der demokratische Spuk einmal ein Ende haben müsse, hat Altenbockum zwar nicht gemeint. Aber als bizarr empfindet er ihn halt schon.

Juni 2021

Achtung Berlin

Kitsch as Kitsch can: Der Kinofilm »Frau Stern« als selbstgefällige, sehr hauptstädtische Gedankenlosigkeit

Gesetzt den Fall, man ist Regisseur in Peine oder Pirmasens und will in Peine oder Pirmasens einen Film über eine 90jährige drehen, die genug vom Leben hat, aber ständig an ihren Selbstmorden scheitert, dann wird man zuerst viel Sorgfalt aufs Drehbuch verwenden, zumal dann, wenn diese 90jährige Auschwitz überlebt haben soll; dann mit genauso viel Sorgfalt für die Besetzung sorgen und schließlich mit allergrößter Sorgfalt die formale Idee prüfen, die man haben muss, denn in Peine und Pirmasens geht es nicht ohne, es sind nämlich nur Schauplätze, keine Mitwirkenden.

Der Regisseur in Berlin hat es da viel leichter. Er muss sich überhaupt keine Gedanken machen, denn so ist Berlin schließlich auch: improvisiert irgendwie, locker, verrückt, und kaum ist der Fernsehturm im Bild, wissen alle: Geil, hier gelten die Regeln nicht, die anderswo gelten, denn hier ist Hauptstadt, hier haben wir ein Lebensgefühl, und das geht so, dass man nie weiß, was als nächstes kommt. Dialektik will es nun, dass man in Filmen wie »Frau Stern« aber gerade deshalb weiß, was als nächstes kommt, es sogar so genau weiß, dass eine Blindrezension keinerlei Gefahr birgt: In Filmen wie »Frau Stern« kommt als nächstes immer eine Einstellung, die irgendeinen halben Drehbucheinfall mit irgendwelchen Leuten, die in Berlin Schauspielerei betreiben, auf diese flapsige (falls nicht schon »dokumentarische«) Weise in ein achtlos arrangiertes Bild fallen lässt, die Dummköpfe für independent halten, die aber nichts weiter ist als unverschämt und eine dieser Simulationen von Kunst, wie sie auch auf dem Buchmarkt so erfolgreich sind.

»Frau Stern« nun ist aber noch viel schlimmer als Filme wie »Frau Stern«, wenn der Umstand, dass Frau Stern als einzige ihrer Familie Auschwitz entronnen ist, als zweites Leersignal den Kopftoten Bedeutsamkeit anzeigt: Berlin und Auschwitz, damit ist dann schon zweimal alles gesagt, da wäre (Lanzmann!) jedes Arrangement zuviel, da kann ich wirklich laufen lassen, und auf den Festivals liegen sie mir nicht trotzdem zu Füßen, sondern deswegen. Der Regisseur Anatol Schuster wird von Klaus Lemke mal gehört haben, aber da stehen die Laiendarsteller in ihrem Leben herum und nicht in einem Kitschbild davon.

Es ist dies so fürchterlich, weil es so selbstgefällig und forsch gedankenlos ist, und noch die greis-vitale Hauptdarstellerin, die, inzwischen verstorben, hier mit 80 Jahren debütiert und gar nicht erst versucht, die Schauspielerin zu sein, die sie nie war, ist nicht zuerst die Jüdin, für die »selbstbestimmtes Sterben« noch einmal ganz anders klingt als für den Hitlerjungen, der Angst vorm Altersheim hat; sondern, inmitten des Unflats, den der Verleih auch in der Höhe verdient als »Hymne auf das Leben« kennzeichnet, eine Extrakitschfigur, deren offenes Amateurinnentum nicht auf biographische Authentizität weist, sondern bloß auf irgendwas, was je oller, desto doller ist, und das ist nicht doll, sondern oll.

Jeder Deutsche, der so alt sei wie sie, sagt Frau Stern einen einzigen wahren Satz – in einer Szene, deren formale Unbedarftheit aus Satire (es geht um Talkshowbetroffenheit) einen optischen Flachwitz macht –, sei der Mörder ihrer Familie, deshalb gebe sie sich lieber mit jungen Leuten ab. Die sie darum fröhlich huckepack durch die Straßen tragen, die Straßen von Berlin, und alles birst vor Lebenslust, und so soll es sein. Beide Hauptdarstellerinnen, Ahuva Sommerfeld und Kara Schröder als ihre Enkelin, hat ein Festival namens »Achtung Berlin – New Berlin Film« für ihre Darstellung ausgezeichnet, und völlig zu Recht. Denn wie Kara Schröder die Selbstgefälligkeit des Films und seines zweifellosen Berlinerinnentums verkörpert, ist tatsächlich überwältigend, ja quälend.

August 2019

Abschied von Mitte

Niemals geht man so ganz: Was von meinen Jahren in der Hauptstadt übrigbleibt

Manchmal, wenn ich ZDF-Nachrichten gucke, hör' ich meine alte, ebenda gelandete Bekannte Inken berichten, und dann muss ich daran denken, wie wir früher immer den Witz machten, man müsse beizeiten mal »nach Mitte«, denn wer nicht »in Mitte« lebe, der lebe praktisch gar nicht.

Vermutlich lebt Inken jetzt in Wiesbaden, und ich, wo lebe ich? In Mitte. Bzw. bald ja nicht mehr, weil ich weg muss, wieder mal, denn Leben, wusste Benn, ist Brückenschlagen über Ströme, die vergehn; oder, in meiner Version: ist Löcher in Wände dübeln, die bloß gemietet sind.

Also wieder den Umzugslaster bestellen und den Sperrmüll planen und die Regalmeter überschlagen und bei all dem den Gedanken haben, dass man lang nicht mehr wo so lange war, wie man in Mitte gewesen ist; und dass man da, wo man hingeht, das alles wohl vermissen wird: das Bunte, das Treiben, die Geschäfte, die Tätowierungen – schön, die nicht, und die gibt's ja auch längst überall. Auf dem Fernsehturm waren wir nie, und der Alex ist Nachbarschaft.

Und jetzt also: fort. Wir werden nicht mehr U-Bahn fahren, weil es am neuen Wohnort keine gibt, und wir werden uns nicht mehr zwischen Rewe, Edeka, Bio- und Lose-Laden entscheiden müssen, weil es das am neuen Wohnort auch nicht gibt. Es gibt einen Aldi, und der ist nicht mal um die Ecke. Mit Glück fehlen dann allerdings die Leute, die ihre Sätze mit »geil« und »witzig« füllen, wobei »witzig« nur die Frauen sagen, und zwar auf so eine verstörend dumme Weise, die klingt wie »witzääág«. Die stehen dann in der Kinderboutique und sagen: »Das Kleid für die Tilly ist ja voll witzäääg!«, und die Verkäuferin so: »Ja, voll geil!« Und kratzt sich ihre frische, hochgradig individuelle Tätowierung. Da denkt man dann immer, dass es irgendwann mit Mitte auch mal genug ist, und ich hoffe, dass ich das auch noch denke, wenn ich im Aldi stehe und niemand was witzäääg findet, weil witzäääge Dinge im Aldi traditionell unbekannt sind.

Wir hätten pendeln können, wie so viele. Aus Berlin gehen Leute ja grundsätzlich nicht weg, selbst wenn sie einen Job haben in Garmisch oder Oslo, die pendeln dann natürlich. Solche Leute fand ich immer lächerlich, und jetzt haben wir selbst diskutiert, halbe Abende lang, ob ein Leben lang Mitte die Fernehe lohnt. Also: Zusammen in sonstwo, oder nur mehr halb zusammen in Mitte. Wo man den Laden kennt, genauer: die Läden; wo ich meinem (tätowierten) Friseur durchs Schaufenster zuwinke und seinem Chef und dessen Frau, dann die Padrona von der Pizzeria grüße, in der ich seit Jahren nicht mehr war, sowie den Apotheker, alle drei Fachkräfte aus der Buchhandlung nebenan und den (tätowierten) Schuster, den ich, bevor Corona anfing, um Schamhaaresbreite in der Dusche vom Fitnessstudio verpasst habe, zur unserer beider grenzenlosen Erleichterung.

Was ich noch tun muss, bevor ich gehe? Ich könnte noch mal die U-Bahn nehmen und flexitarisch Currywurst essen, die berühmte aus dem Laden, den ich, aus Schleichwerbevermeidungsgründen einer- und Bekanntheitsgründen andererseits, hier nur -ke nennen will; könnte noch mal den ewigen Hundehaufen ausweichen und unter den Lindenern spazierengehen oder, einfach so, auf der Friedrichstraße; wobei, was soll ich auf einmal in Wettbergen, war ich doch sechs Jahre nicht, und warum auch.

Also lieber nach gegenüber zu Eva und Alex, zum Frühstück auf ihrer Terrasse, und sicher noch mal ins (ich sag's jetzt doch, ich muss es sagen!) »Plümecke« zur, wie man so sagt, besten Currywurst der Stadt, auch wenn das gar nicht mehr in Linden-Mitte ist, dem grundsympathischen, links- bis zeitgemäß rechtsgrünen, nicht unversifften Bauchstück von Linden, Trendbezirk Number one der schönsten Hauptstadt von Niedersachsen, Hannover.

Und dass der Fernsehturm hier »Telemax« heißt, weiß ich jetzt auch.

Juli 2021

Schlafes Bruder

Altes von Götz Aly

Weil ich stets weniger lese, als zu lesen wäre, weiß ich nicht recht, was Götz Aly für einer ist. Seinen Buchmeter zur deutschen Zeitgeschichte muss ich im Laden lassen, will ich nicht anderswo ins Hintertreffen geraten, und immerhin erinnerlich seine schöne Idee, das protestierende Jungvolk von ’68 sei letztlich eine Hitler-Jugend gewesen.

Aly ist so freundlich, in seiner Dankesrede zur Verleihung des Geschwister-Scholl-Preises, die die *Süddeutsche Zeitung* gern abgedruckt hat, diese Parallele noch einmal zu ziehen, so dass man sich auch dann als Kenner fühlen kann, wenn man bloß »Hitlers Volksstaat« (2005) kennt: »Nebenbei: Ich gehöre zu den 68ern. Deshalb seien meine Gesinnungsgenossen von einst daran erinnert, wer – lange vor 1968 – Gewaltenteilung und Rechtsstaat als ›liberale Formaldemokratie‹ verächtlich gemacht und den ›politischen Menschen‹ zum Wert an sich erhoben hatte«, nämlich Roland Freisler, als er die Weiße Rose zum Henker schickte, weil sie u.a. den »stumpfen, blöden Schlaf« der Deutschen angesichts ihrer Großverbrechen angezeigt hatte. Bzw. natürlich nicht *ihrer* Verbrechen, denn wer schläft, sündigt ja nicht; weshalb es bald ans Wecken ging: »Leicht verhüllt und codiert drohten Göring, Goebbels und Hitler ihrem Volk mit den Folgen des von Deutschen fortwährend begangenen Raubens und Mordens. Damit nahmen sie die kleinen deutschen Profiteure, Mitläufer, Zuschauer und Schweiger in Haftung, erzwangen Loyalität. Nach dem Prinzip ›mitgegangen, mitgefangen, mitgehangen‹ nutzte die Staatsführung die Massenmorde seit 1942 erfolgreich als Mittel, um die Deutschen gefügig zu halten, ihnen die Möglichkeit zum Protest und zur Verweigerung zu versperren«, denn ginge der Krieg verloren, werde der Feind, der jüdische zumal, sich gnadenlos rächen. »In der zweiten Kriegshälfte speiste sich der so offenkundige Durchhaltewille der deutschen Mehrheit nicht mehr aus dem Führerglauben und der Naziideologie, sondern aus der halbbewussten, immer wieder absichtsvoll angedeuteten Tatsache, dass infolge der ungeheuerlichen Verbrechen alle Brücken zur Umkehr abgebrochen seien.«

In der Zeitung ist eigentlich immer nur von Nazi-Unrecht die Rede, aber wenn die Verbrechen nicht »von Deutschen« (Aly) begangen wurden, fallen sie als Korruptionsopfer freilich aus. Das Buch vom »Volksstaat« schließt mit dem Satz: »Wer von den Vorteilen für die Millionen einfacher Deutscher nicht reden will, der sollte vom Nationalsozialismus und vom Holocaust schweigen«, denn die nationalsozialistische Führung habe »die Deutschen mehrheitlich weder in Fanatiker noch überzeugte Herrenmenschen« verwandelt, sondern in »Nutznießer und Nutznießerchen«: »Die Einheit von Sozial- und Rassenpolitik, das im zeitgenössischen Vergleich beispiellose sozialpolitische Appeasement, festigte das Massenvertrauen immer wieder neu.« Die Deutschen – jene einfachen zumal, die heute kein *SZ*-Abo hätten und die hübsche Anspielung auf die Einheit von Wirtschafts- und Sozialpolitik in der DDR gar nicht goutieren könnten – seien sowohl durch Geldwertes als auch die Untaten korrumpiert worden, die die Wohltaten erlaubten; und bestochen werden musste, denn »ohne Frage gab es in Deutschland Skeptiker en masse«, mithin solche, die sich auf Helden- und anderen Plätzen vor Glück erst in die Hose gemacht hatten und denen nach

Stalingrad aber aufging, dass man Raub- und Vernichtungskriege auch verlieren kann.

Skeptiker nach Art der Studenten und Studentinnen, die, wir kehren zur Dankesrede zurück, im Lichthof der Münchner Universität, eine Stunde nach Vollstreckung des Urteils, dem Gaustudentenführer und seiner Forderung, »derartige Hochverräter künftig an den nächsten Bäumen aufzuhängen« (Aly), nach offiziellem Bericht »stürmischen Beifall« spendeten. »Hunderte von Studenten«, erinnert sich schaudernd desgleichen eine Zeitzeugin, »johlten und trampelten dem Denunzianten und Pedell der Uni Beifall, und dieser nahm ihn stehend mit ausgestrecktem Arm entgegen.«

Angepasst alle. Oder doch Komplizen? Oder bloß Profiteure, wohlwollend Indolente, Beihelferinnen durch Unterlassen? Aly zitiert Thomas Mann, aber nicht mit diesem Satz: »Man soll nicht vergessen und sich nicht ausreden lassen, dass der Nationalsozialismus eine enthusiastische, funkensprühende Revolution, eine deutsche Volksbewegung mit einer ungeheuren seelischen Investierung von Glauben und Begeisterung war« (1944); und wider das Vergessen mahnt Aly uns alle, »wie sehr die eigenen Eltern, Großeltern oder Urgroßeltern die Regierung Hitler lange aktiv unterstützt hatten, zu den mäßig überzeugten Mitläufern oder den zuverlässig passiven Stützen der Gewaltherrschaft gehört hatten«, womit sich die Volksbewegung bereits um zwei Drittel verkleinert hätte. Aber das Böse erlauben ist ja laut Erich Kästner ebenso schlimm wie das Böse tun, und näher als die Weiße Rose, schließt Aly ehrlich, seien uns Konformen von heute die Studenten von München, die »den justizförmigen Mord an drei Kommilitonen zustimmend oder angepasst mittelstark« – recte wohl: mittelstark angepasst – »beklatschten und betrampelten. Wer wissen möchte, wie die Verbrechen des nationalsozialistischen Deutschland möglich wurden, der frage mit der Weißen Rose, warum die Deutschen in ›stumpfen, blöden Schlaf‹ verfallen waren.«

Weil den Deutschen die Zipfelmütze nun einmal näher ist als der revolutionäre Rock und sie immer stillhalten, wenn es nicht gerade was abzustauben gibt; und wer wären wir Heutigen, uns da aus dem Fenster zu lehnen? Und dass, wer einmal mitgemacht hat, erpressbar ist, ist auch keine Besonderheit, und wer sind die Schurken, Erpresser oder Erpresste? Profiteure, Mitläufer, Zuschauer und Schweiger, daraus besteht die ganze Welt, ja die ganze Geschichte, und kein Wunder also, dass Vati, Oma und Urgroßvater nach Stalingrad, wie Aly vor Jahren ermittelt hat, aus der Todesanzeigenformel »Für Führer, Volk und Vaterland« 1942ff. immer häufiger das »Führer« entfernten, weil der sie ja nun belogen und betrogen hatte und eine ungerechte Strafe so wenig gewünscht war wie eine etwaig gerechte.

Auf 1945, bemerkt Aly in seinem Buch über '68, habe ein »Heilschlaf« folgen müssen. Das nationale Schlafbedürfnis, es geht allerdings aufs Rückgrat, und zur Frage, was der Götz Aly für einer ist, mag die Vermutung passen: ein Osteopath.

Januar 2019

Neues Deutschland

Weg mit der Auschwitzkeule, her mit der Auschwitzkeule: Eine swingende bis deprimierte Betrachtung

Vorweihnachtszeit war Spendenzeit, und groß ist die Zahl der Adressen: Ob Welthunger- oder Kindernothilfe, Sea Watch oder Ärzte ohne Grenzen, verdient hätten es alle. Doch weil man »nicht allen helfen« (Boris Palmer) kann, hilft man stur dem Roten Kreuz; wird schon stimmen.

Auch das Unrecht auf der Welt hat viele Orte: Ob die Stellvertreterkriege im Jemen oder in Syrien; ob in Saudi-Arabien Frauen eingesperrt werden, die sich für Frauen einsetzen, oder in Iran Regierungskritiker gehängt werden; ob man in China für die Bemerkung, der Parteichef sei ein »Clown«, 18 Jahre ins Gefängnis geht oder sogar, falls westliche Berichte recht haben, Hunderttausende Uiguren in Lagern verschwinden, bloß weil sie Uiguren sind – wer sich nicht gegen alles Unrecht auf der Welt engagieren kann (und erwägt, wie schwierig so ein Made-in-China-Boykott wird), der engagiert sich gegens stellvertretend Böse. Und das legitimerweise, denn der Staat Israel ist ja nicht Juda, ein Ort, dessen Verrecken einst (ist lange her!) um so herzlicher zu wünschen war, als er noch gar nicht wieder existierte.

Zionismus ist der Feind, die Idee von der nationalen Heimstatt für Jüdinnen und Juden, und schon Victor Klemperer war dagegen: »Antisemitismus und Zionismus sind mir gleichermaßen widerwärtig und scheinen mir gleichermaßen vorsintflutlich«, schrieb er 1953 einem Neffen, und wohlwollend zitierte es Patrick Bahners 2017 in der *FAZ*. Acht Jahre nach Klemperer formulierte Max Horkheimer seinen tiefen Argwohn gegen jüdische Staatlichkeit schlechthin, durch die sich das Judentum »dem Zustand der Welt assimiliert« habe, und Joseph Roth, Schriftsteller, österreichischer Monarchist und Jude (in dieser Reihenfolge), hatte es, freilich vor der Shoa, in einem Brief an Stefan Zweig (14.8.1935) auf die bis heute gängige Formel gebracht: »Ein Zionist ist ein Nationalsozialist, ein Nazi ist ein Zionist.«

Kein Zweifel: »Würde Klemperer«, ergänze: oder Roth, »diese These heute in einem Artikel in einer deutschen Zeitung oder in einem Vortrag an einer deutschen Universität vertreten, wäre der Skandal programmiert«, da war sich Bahners grummelnd sicher, als noch niemand vom Kameruner Historiker Achille Mbembe sprach, dessen Einschätzung, die Besatzung der Palästinensergebiete sei »der größte moralische Skandal unserer Zeit«, in praktisch allen Einreden, die ihn vom Vorwurf des Antisemitismus freisprachen, unterschlagen wurde; weil 10 000 hungertote Kinder täglich eben kein Skandal, sondern bloß Alltag sind. »Es ist unproduktiv und für eine demokratische Öffentlichkeit abträglich, wenn wichtige lokale und internationale Stimmen aus dem kritischen Dialog ausgegrenzt werden sollen, wie im Falle der Debatte um Achille Mbembe zu beobachten war«, meldete sich dann zum Jahresende 2020 die »Initiative GG 5.3 Weltoffenheit«, in der sich u.a. das Goethe-Institut, die Berliner Festspiele, der deutsche Bühnenverein und die Münchner Kammerspiele gegen die BDS-Resolution des Bundestages wandten. »Da wir den kulturellen und wissenschaftlichen Austausch für grundlegend halten, lehnen wir den Boykott Israels durch den BDS ab. Gleichzeitig halten wir auch die Logik des Boykotts, die die BDS-Resolution des Bundestages ausgelöst hat, für gefährlich. Unter Berufung auf diese Resolution werden durch missbräuchliche Verwendungen des Antisemitismusvorwurfs wichtige Stimmen beiseite gedrängt und kritische Positionen verzerrt dargestellt.« So wie die Mbembes, der Israel die gleichen »Trennungsfantasien« wie dem Südafrika der Apartheid attestiert hatte (trotz 20 Prozent der Bevölkerung, die arabische Israelis sind, mit Wahlrecht und Krankenversicherung) und auf die Bereitschaft Israels zum Völkermord zu sprechen gekommen war, falls wir das so verzerrt darstellen dürfen. Hier der Wortlaut: »Und da alles, was sie«, die Israelis/Juden, »zu bieten bereit sind, ein Kampf bis zum Ende ist, da sie bereit sind, den ganzen Weg zu gehen – Gemetzel, Zerstörung, schrittweise Ausrottung –, ist die Zeit gekommen für globale Isolation.« Zumal da die palästinensische Seite, das ist bekannt, seit je viel mehr zu bieten hat als Gemetzel, Zerstörung und Ausrottung; und sich darum globaler Solidarität sicher sein kann.

In der *Taz* stellte der Direktor des American Jewish Commitee in Berlin, der von einschlägigen Boykott- und Isolationsumtrieben Mbembes zu erzählen wusste, die Frage, die so naheliegt, dass sie selten wem einfällt: Warum der Denker, nach Überzeugung der meisten noch dann kein Antisemit, wenn er Juden explizit Ausrottungsabsichten unterstellt, sich so auf Israel kapriziere, wo doch ein Blick übern Gartenzaun reiche, nach Simbabwe etwa, »wo Robert Mugabe über Jahrzehnte grausam geherrscht hat. Und was hat der Historiker zu der humanitären und ökologischen Katastrophe am Tschadsee zu sagen? Wo bleibt die moralische Entrüstung über die misogynen Faschisten von Boko Haram?« Die sich freilich weniger leicht boykottieren lassen als Orangenfarmer aus Jaffa und aber auch nicht »Außenposten der westlichen, ausbeutenden Welt mitten in einem Teil der ausgebeuteten« sind, wie Gremliza das früher mal formuliert (und später zurückgenommen) hat und Judith Butler immer noch unterschreibt. Das universale Böse ist hier auch das weiße, westliche, und lassen sich Mbembes Sätze überhaupt rechtfertigen, dann als antiimperialistische; wobei das pars pro toto, das Israel zur Allegorie des Kapitalismus macht, wiederum astrein antisemitisch ist.

Weshalb das offizielle Deutschland, für das die Vernichtung der europäischen Juden eine Art Moralhaushaltsreiniger geworden ist, sich weigert, derlei durch Steuergeld zu finanzieren, obzwar, wie die traditionell philosemitische *SZ* sogleich anmerkte, »sich etwas auf ungute Weise verkehrt«, wenn etwa eine israelische, in Berlin lebende Künstlerin eine Besatzungsausstellung nicht in einer lokalen Kunsthochschule zeigen kann. Nun ist der Bundestagsbeschluss rechtlich gar nicht bindend und können auch Künstlerinnen wissen, dass die Wirkung einer Aussage von Ort und Zeit abhängt (und BDS-Sympathie unter Linksliberalen in Haifa etwas anderes ist als unter Grünen in Heilbronn); dass eine solche Ausstellung in Deutschland in ein Horn stößt, in das auch die blasen, die Juden nicht als Nachbarn haben wollen; und dass Israelkritik sich von Kritik an Israel unterscheidet, im übrigen beides nichts, wofür hierzulande eins in den Keller gehen müsste. »Nach der Logik des BDS-Beschlusses würde weder Albert Einstein noch Hannah Arendt in Deutschland einen Vortrag halten dürfen, weil sie beide, obwohl sie den Staat Israel unterstützt haben, extrem kritisch waren, was das Unrecht gegenüber den Palästinensern angeht«, behauptete trotzdem die deutsch-amerikanische Direktorin eines sog. Einstein-Forums Potsdam, Susan Neiman, via

Deutschlandfunk. Dass das Null- und Krachwort »extrem« aufs Gegenteil weist, weiß, wer Zeitung liest, und ob Einstein und Arendt das reaktivierte »Kauft nicht bei Juden!« gutgeheißen hätten, muss so in den Sternen bleiben wie die Frage, warum eine Philosophin, die der Deutschlandfunk mit dem Satz zitiert: »Als Jüdin werde sie wütend, wenn die Mehrheit der jüdischen Diskussionen weltweit hier gar nicht zu Wort kämen«, zwischen jüdischen Diskussionen und antijüdischen nicht unterscheiden will.

Denn war Walsers Auschwitzkeule 1998 im Milieu noch ein Skandal, beruft sich deutsche Kulturprominenz heute unter der »Solidarität« von »mehr als tausend Künstlerinnen und Künstlern aus Deutschland, Israel und vielen anderen Ländern« (*SZ*) auf ebendie missbräuchlichen Antisemitismusvorwürfe, die der notorische Jakob Augstein seit je beklagt, und in der *Süddeutschen* warb Redakteurin Sonja Zekri, die Mbembe im Frühjahr vor »oft unredlich verkürzten und verdrehten« Zitaten in Schutz gelogen hatte, jetzt für eine deutsche »Öffnung zur Welt«: »Allmählich verstummen die letzten Zeitzeugen [des Holocaust], während Generationen von Zuwanderern andere historische Perspektiven und manchmal andere Ressentiments mitgebracht haben. Wer sie gewinnen will für die besondere deutsche Verantwortung für Israel, muss offen bleiben für die Schmerzen aller«, falls die nicht mit deutsch-europäischer Billigung im Mittelmeer ersaufen. Wer's aber schafft, dem dankt der Leitartikel dann dafür, dass, so Zekri in einem früheren Beitrag erleichtert, »Syrer, Iraker, Eritreer« endlich »andere Traumata« im Gepäck haben. Nämlich solche, für die Opa nichts kann.

Erst waren es die Leiden der bombardierten und vertriebenen Deutschen, jetzt sind es die Schmerzen des Weltunrechts, die schon rein gewichtsmäßig erheblicher zu sein versprechen als die der im Viehwaggon ins Gas Deportierten. Dies also die neue Doppelperspektive: Wer unter Ausblendung der Tatsache, dass ein Staat Palästina (eher wider die Vorstellung Hannah Arendts von einer binationalen Föderation) ein militant antisemitischer wäre, Israel kritisiert, ist kein Antisemit, und wer möchte, dass es nicht mehr immer bloß um deutsche Verbrechen von vorgestern geht, eine Weltöffnerin, die fürs Ende der »Fixierung auf die Singularität des Holocaust« (Aleida Assmann, auch so'n Fall) die nationale Trommel rührt. Falls die letzten Überlebenden von Birkenau keine Keule zum Dazwischenhaun mehr halten können: ich zahle.

Februar 2021

Zum Vergessen

oder Volk ohne Schutzraum: Wie wird man Aleida Assmann? Eine Anleitung in sechs Schritten

Philip Morris Forschungspreis für Geisteswissenschaften, Max-Planck-Forschungspreis, Ernst-Robert-Curtius-Preis, A.H.-Heineken-Preis für Geschichte, Friedenspreis des deutschen Buchhandels, Erasmus Medal: Aleida Assmann, emeritierte Professorin für Anglistik und Literaturwissenschaft, Forschungsschwerpunkt »Kulturanthropologie, insbesondere die Themen kulturelles Gedächtnis, Erinnerung und Vergessen« (Wikipedia), hat es geschafft. Ihre Pokale und Medaillen füllen ein ganzes Arbeitszimmer, ihre Bücher, die samtig-sämig »Erinnerungsräume« oder »Geschichte im Gedächtnis« heißen, erleben vierte und fünfte Auflagen, und wenn sich die Nachgeborenen dereinst fragen werden, wem sie es zu verdanken haben, dass sie in einer selbstbewussten, reflektierten, erinnerungskulturell unterfütterten Nation aufwachsen, dann fällt gewiss ihr, Assmanns, Name.

Wie derlei zugeht? So:

1. »Wir« sagen

Nie verkehrt und zumal für Buchuntertitel eine sichere Nummer: »Die Wiedererfindung der Nation. Warum wir sie fürchten und warum wir sie brauchen«. Da fühlen wir uns angesprochen, da gehen wir alle mit. Weiterer Vorteil: Wir müssen das Buch nicht lesen, denn ohne Nation kein »Wir«, es wäre denn das Wir der freien Assoziation, aber das kommt ohne Nation aus, und würde man das meinen, gäb's die ganzen Preise nicht. Ein schöner Grund extra für die von Assmann so leidenschaftlich herbeigekäste *Skepsis gegenüber dem Nationsbegriff*!

2. Gute Fragen stellen

Assmann meint's freilich andersherum, denn ohne »Wir«, unsere allzeit notwendige Kollektividentität, keine Nation. Doch Wissenschaft heißt hinsehen, nachhaken, das Wort »Grammatik« benutzen: *Wann kippt Identität als Mittel der Exklusion um in ein Mittel zur Ausgrenzung, Verfolgung und Vernichtung von Minderheiten? Auf welchen Emotionen und Erfahrungen ist eine Identität aufgebaut? Welche Bedürfnisse und Aufgaben erfüllt sie? Wer kann*, außer A. Assmann, *von ihr profitieren? Und vor allem: wer leidet unter ihr ...? Wir brauchen ein Inventar von kritischen Fragen und verallgemeinerbaren Standards* statt einen Fundus von unkritischen Fragen und Standards, die nicht allgemein und also ihr eigenes Gegenteil wären, *kurz: wir brauchen eine ›Grammatik der Identitäten‹, um diese Probleme auf einer differenzierteren Ebene zu klären*. Statt schlimmstenfalls auf der Ebene von Aleida Assmann: Schatz, die Identität ist umgekippt!

3. Erinnerung wachhalten

Identität, besonders nationale, ist eine Sache des Gedächtnisses, zumal in Deutschland, wo nationale Identität ohne Auschwitz, sagt Assmann, nicht zu denken ist und der Negativmythos Auschwitz das aufgeklärt-demokratische Deutschland in einem ebensolchen Europa ermöglicht hat: *der Holocaust als Geschichtszeichen und Kernereignis deutscher Identität.* Klingt eigentlich gut, nein? »Die Unverfrorenheit, die millionenfache Ermordung unschuldiger Menschen in sinnstiftender Absicht zum Gründungsmythos zur erklären, die Tat also bei vollem Bewusstsein in das trübe Licht eines sekundären zu tauchen, um aus ihm einen nationalen Mehrwert abzupressen, ist ungeheuer« (Niklaas Machunsky, »Aleida Assmann. Mythologin des Holocaust«, *sans phrase*, Heft 17, Winter 2020/21). Aber wo; geht es doch Assmann bloß um Erinnerungsorte bzw., konziser, um ein *Konzept von Erinnerungsorten im Horizont einer kritischen nationalen Selbstverständigung*. Da soll sich dann jeder ganz persönlich erinnern und hat jede das Recht, ihr eigenes Trauma *einzubringen*. Denn *geteilte Erinnerung* ist gemeinsames Leid ist Nation und Europa, denn wer »am deutschen Epos mit seiner eigenen Geschichte miterzählen will, kann dazugehören, unabhängig von Herkunft, Ethnie oder Religion«, wie Dirk Kurbelweit das im *Spiegel* gut zusammenfasst. Und wir sind schon mittenmang: *Das Netzwerk aus Todes- und Arbeitslagern, das Europa während der Nazi-Periode wie ein Ausschlag bedeckte; die Schlachtfelder beider Weltkriege, von der Marne bis Stalingrad, und die ausgebombten Städte, von Guernica und Coventry bis Dresden, dies alles sind bereits europäische ›lieux de mémoire‹ geworden.* Denn schlimm war's schließlich hier wie da, und »sind in der Nacht alle Kühe schwarz, so werden bei Assmann alle Orte der unterschiedlichen Verbrechen zu Erinnerungsorten, an denen dem stets gleichen, menschlichen Leiden gedacht wird« (Machunsky), was allerdings keinesfalls heißt, Assmann wolle die Deutschen samt ihren Nazi-Periodenschmerzen entschulden. Sie braucht ja die Schuld, denn ohne Schuld, s.o., kein Mythos. Schuld, heißt es bei Machunsky weiter, ist Assmann eine »unerlässliche nationale Ressource. Aber diese Schuld bleibt vollkommen abstrakt, weil innerhalb des europäischen Rahmens alle gleich schuldig sein müssen, wenn Schuld den Status der Bürger, das heißt als Gleiche unter Gleichen, begründen soll. Die Frage, wie es zur Bombardierung von Dresden überhaupt kommen konnte, mag Historiker interessieren, für den Mythos erübrigt sie sich.« Und für Assmann eben auch; und wenn jetzt die Migranten kommen und, wie von Assmann ersehnt, ihre Traumata in die Erzählung der Nation als *demokratisch, zivil und divers* einpflegen, ist kein Halten mehr.

Denn schon beruft sich das Feuilleton auf die Gewalterfahrungen von Irakern und Syrerinnen, die gegen die von Jüdinnen und Juden doch, bitte sehr, nicht mehr abstinken dürften – *Was wird von dieser Erinnerung, an die Shoa nämlich, gerade verdeckt und ausgeschlossen?* –, und also ist der Holocaust zwar deutscher Identitätskern, aber zugleich sollen sich die Juden nicht einbilden, hier irgendwas exklusiv, gar wiederum Privilegien zu haben. Und wenn jetzt die *Meinungspolizisten* und *Ideologen* aufhorchen, dann haben die halt auch Achille Mbembe nicht verstanden, der nämlich kein Antisemit, sondern bloß ein *Katalysator* ist, nämlich dafür, dass die Köpfe hierzulande über der Frage glühen können, ob man nun den Holocaust mit anderen schlimmen Dingen vergleichen dürfen soll oder lieber nicht. Das Vergleichsverbot, das Assmann so strikt ablehnt, weil sie den Schmerz von Treblinka und Dresden, von Homs und Kabul gleichermaßen in ihr Erinnerungsortsregister hereinholen will, gibt es aber gar nicht. Dass »Einzigartigkeit sinnvollerweise überhaupt erst nach erfolgtem Vergleich behauptet werden kann« (Machunsky), ist Assmann so neu wie Freund Mbembes evtl. schönste Idee, die von Israels »Kampf bis zum Ende« als »Gemetzel, Zerstörung, schrittweise Ausrottung« der Palästinenser handelt, woraus sich die Pflicht zur »globalen Isolation« ergibt. Vielleicht kann Assmann sich, Ironie pur, an Mbembes Endkampflösung aber auch schlicht nicht erinnern.

4. Israel in kritischer Solidarität begleiten

Keine deutsche Nationalidentität ohne Holocaust, und das bedeutet, logisch, Solidarität mit dem Staat der Überlebenden; wobei Assmanns Staat Deutschland ist, nicht Israel, und also im Zweifel Staatsräson gegen Staatsräson steht: *Die Loyalität für* – deutsch: zu – *Israel und der Schutz jüdischen Lebens in Deutschland gegen rechtsextreme Angriffe darf aber nicht auf Kosten der Solidarität mit Palästinensern, Israelis und jüdischen Stimmen in aller Welt gehen, die sich für eine friedliche Lösung des Nahostkonflikts und eine gemeinsame Zukunft für beide Nationen einsetzen. Auch das sollte Teil der deutschen Staatsräson sein, denn das palästinensische Trauma der Vertreibung (Nakba) und die daraus resultierende Notlage wurden ebenfalls von den durch Deutschland ausgehenden Holocaust mitverursacht.* So schön muss man's erst mal hingestottert kriegen, und im Sinne des oben Gesagten ist es halt auch nicht verkehrt, die Deutschen noch ein bisschen schuldiger zu machen, damit sie erstens qua fortgesetzter Aufarbeitung dieser und jener Notlagen ihr gutes Nationalgefühl fortentwickeln und zweitens den Israelis zeigen können, was eine moralische Harke ist. Die nämlich das *Konzept einer ethischen Wende im Medium der Erinnerungskultur* noch nicht verinnerlicht und, anders als wir, keinen Bock auf geteilte Erinnerung haben, obzwar sie Assmann sogar daran erinnern könnten, wer den jungen jüdischen Staat damals überfallen und die Nakba vom Zaun gebrochen hat. *Der Frage, wie Holocaust und Nakba verbunden sind, gehe ich in einem Kapitel meines Buch nach: Die Wiedererfindung der Nation.* Die eben nicht nur auf positivierter Schuld, sondern auch auf der Ahnung beruhen soll, dass die Vernichtung der europäischen Juden und die Vernichtung der Palästinenser, nun ja, verbunden sind; und gottlob sinkt Wissenschaft nie so tief, bei Wikipedia nachzusehen: »Die militärische und politische Niederlage der arabischen Seite und die einander widersprechenden Ziele der arabischen feudalen Regime verhinderten die Entstehung eines arabischen Staates in Palästina, wie ihn der Teilungsplan der UN vorgesehen hatte. Rund 750 000 palästinensische Araber flüchteten oder wurden vertrieben. Etwa ebenso viele Juden wurden während und nach dem Unabhängigkeitskrieg«, der, noch einmal, mit dem arabischen Überfall begann, »aus arabischen Staaten vertrieben und ließen sich überwiegend in Israel nieder.«

Die israelische Nation hat sich heldenhaft aus dem britischen Empire befreit, aber sie trägt einen Geburtsfehler: die Vertreibung von 700 000 palästinensischen Arabern. Während die Vertreibung und Ermordung von sechs Millionen ganz und gar Unschuldigen kein Geburtsfehler, sondern die Geburtsstunde des neuen schönen Deutschlands ist, in dem man für ungeheuerliche Unverfrorenheiten unanständig viel abstaubt.

5. Gut schreiben

Prof. em. Aleida Assmann ist, und das ist ihr Pfund, eine Schwätzerin, und in Abwandlung von Horst-Eberhard Richter, der (lt. Assmann) gesagt haben soll, wer von Identität rede, habe keine, ließe sich hier finden: Wer unablässig, wirklich permanent, tatsächlich ständig »Narrative«

und »Grammatiken« bemüht – *Zur Grammatik nationaler Narrative* –, der hat nix zu erzählen, dafür aber auch keine Grammatik oder wenigstens eine Sprache, die nicht aus Brei und Quatsch und Stolperei bestünde. *So verwirrend und unübersichtlich die Debatte zunächst war, ein halbes Jahr später schält sich für mich ihr Kern immer klarer heraus. Ich möchte ihn auf die Alternative »Solidarisieren oder polarisieren?« zuspitzen.* Das wäre dann, über Goethe weit hinaus, der zugespitzte Kern des Pudels. *Modernisierung und Heimat ... bilden eine Spannung, die sich im Zeitalter der Globalisierung und Massenmigration neu sortiert.* Wie immer das aussieht. *Wer die Nation als Referenzrahmen für die demokratische Gesellschaft pauschal ablehnt, hält damit auch ihre Geschichte für überholt und verzichtet damit auf diese Dimension als Erfahrungsressource und Sinngenerator.* Wer den Rahmen ablehnt, verzichtet auf die Dimension als Generator und Ressource – das kann Erasmus, bekannt von der gleichnamigen Medaille, nicht gemeint haben. *Dafür brauchte man eine* tabula rasa, *auf der man eine neue Zukunft aufbauen konnte*, stabile Tischbeine vorausgesetzt! *Die Covid-19-Krise und das damit verbundene Moratorium haben oberflächlich einen Rahmen der Entschleunigung geschaffen. In diesem Rahmen jedoch findet gerade eine atemberaubende Beschleunigung von Denk-, Bewusstseins- und Wandlungsprozessen in Bezug auf Strukturen statt*, die in Bezug auf die Covid-Krise gegen die Beschleunigung im oberflächlichen Rahmen der Entschleunigung strukturell keine Chance … – nein: Das einzige, was hier atemberaubend ist, ist das hirnsteife Gestakse, mit dem eins in diesem nach Denkprozessen scheint's immer weniger verlangenden Land zu Ehren kommt.

Mein Zugang zu diesem Themenkomplex ist die Frage

nach der Konstruktion nationaler Narrative. So geht das für und für, und wie immer, wenn der Jargon klingelt, bleibt den noch Dümmeren der Mund offen. *Was die Deutschen über ihre Narrative wissen sollten*, weiß ich jedenfalls längst: dass, je größer, nationaler und gleichwie achtsam labersüchtiger die Närrin, desto verkäuflicher ihre Narrative.

6. Die Dinge beim Namen nennen

[Die] Bevölkerung muss sich immer wieder neu darüber verständigen, was sie verbindet. Das geht nicht so einfach, nicht so einfach wie derlei Sonntags- und Gratisgeschlunze jedenfalls, *denn Vielfalt braucht Anerkennung, Investitionen und Schutzräume der Entfaltung*, einen Schutzraum, den Assmann etwa im C.H. Beck Verlag leider längst gefunden hat. *Und sie braucht eine Verständigung über ihre Klassensituation*, kleiner Scherz*: über ihre Herkunft und ihre Zukunft, nicht, um zusammenzuwachsen, sondern um zusammen zu wachsen.*

Ist das nicht Wachs in unsern Ohren?

Die kursiv gesetzten Zitate stammen aus verschiedenen Veröffentlichungen Assmanns und sind z.T. Machunsky a.a.O. entnommen.

April 2021

Das So-Sein und das Nichts

Der Verteilungskampf geht weiter: Über sozialdemokratischen Gemeinsinn und Diskriminierung durch Identität

Totgesagte leben bekanntlich länger, und so abgeschrieben ist die deutsche Sozialdemokratie keinesfalls, dass zwei ihrer Altvorderen nicht im Abstand von Tagen mit Gastbeiträgen in Deutschlands Qualitätsspitzenblättern wider »Identitätspolitik« (Wolfgang Thierse, *Frankfurter Allgemeine Zeitung*, 22.2.) bzw. »das Gift kollektiver Identität« (Gesine Schwan, *Süddeutsche Zeitung*, 27.2.) sollten anschreiben dürfen, dabei zu »neuer Solidarität«, ja »Gemeinsinn« (Thierse) aufrufend, denn (Schwan): »Es ist Zeit, an unseren Gemeinsamkeiten zu arbeiten.«

Gemeinsamkeiten, die Identitätspolitik, rechte wie linke, bekanntlich nur in der eigenen Gruppe sehen will, und angesichts der »Radikalität identitärer Forderungen« muss die Frage erlaubt sein: »Wie viel Identitätspolitik stärkt die Politik einer Gesellschaft, ab wann schlägt sie in Spaltung um?« (Thierse) Wenn nämlich »aus dem Ideologieverdacht apodiktische Zuschreibungen ohne empirische Prüfung entstehen« (Schwan), etwa »der Mythos der Erbschuld des weißen Mannes« (Thierse), ein Mythos, der dem »Ziel der zukünftigen Gesellschaft aus gleichen freien Menschen« (Schwan) eher nicht dient. »Die Rede vom strukturellen, ubiquitären Rassismus in unserer Gesellschaft verleiht diesem etwas Unentrinnbares, nach dem Motto: Wer weiß ist, ist schon schuldig« (Thierse). Und darum muss Gesellschaft »erfolgreich das Gemeinsame suchen« (Schwan) und muss das »kulturelle Angebot« der Sozialdemokratie sein, »dass Solidarität, um die geht es nämlich, kein einseitiges Verhältnis ist, kein Anspruchsverhältnis gegen die anderen, sondern auf Wechselseitigkeit und das Ganze umfassend zielt« (Thierse).

Nein, Solidarität ist keine Einbahnstraße, und dass die Minderheit mit der Mehrheit solidarisch zu sein habe, ist ein Gedanke, der den auch intellektuellen Zustand der Sozialdemokratie ziemlich gut beleuchtet. Georg Christoph Lichtenberg vermutete, dass die halbe Wahrheit schlimmer sei als die Lüge, und über die evtl. heikle Tendenz von Gesellschaft zu reden, sich in Stämme zurückzugliedern – schlimmstenfalls völkische, besserenfalls solche, deren Gemeinsamkeit zwischen schwul und schwarz das ist, was die Mehrheit mit Argwohn betrachtet –, und das als »Ausdruck sozialer Konflikte, die als Verteilungskonflikte um Sichtbarkeit und um Einfluss, um Aufmerksamkeit und um Anerkennung ausgefochten werden« (Thierse) eher zu vernebeln als zu benennen ist nicht der Weg in die freie, sondern die Verteidigung der unfreien Gesellschaft. Eine Verteidigung, die nämlich nicht wissen will, warum die Marginalisierten überhaupt marginalisiert sind und Grund haben, sich als Opfer zu organisieren; auf welche Weise Kapitalismus, Rassismus und Hetero-Norm miteinander verzahnt sind; und warum eigentlich, wie das die Rede vom »Verteilungskonflikt« will, nicht genug Anerkennung für alle da sein darf.

Ans Eingemachte (und die Eingemachten) geht SPD aber per definitionem nicht heran, weshalb die Kritik an dem, was als Kulturkampf wahrgenommen wird, übers kulturelle Angebot nicht hinauslangen kann. Die projektierte Gemeinsamkeit, der beschworene Gemeinsinn in der ehernen Ordnung der Gewinner und Verlierer soll sich an einer verfassungspatriotischen, linksnationalen *E pluribus unum*-Idee freier Chancengesellschaft entzünden, und diese Idee ist eine, die sich Freiheit nicht als Unerpressbarkeit übersetzt und auch sonst an Oben und Unten nicht allzuviel ändern muss: »In Zeiten dramatischer Veränderungen ist das Bedürfnis nach sozialer und kultureller Beheimatung groß. Eine Antwort auf dieses Bedürfnis ist die Nation. Das nicht wahrhaben zu wollen halte ich für elitäre, arrogante Dummheit«, und das wäre dann die Dummheit jener, die sich hierzulande soziokulturell weniger beheimatet fühlen als olle weiße Thierse und grad darum bei der Community Zuflucht suchen. »Mir scheint, in Zukunft geht es weniger um Mehrheit und Minderheit. Sondern es geht um die Frage, ob wir in eine Gesellschaft von unterschiedlich großen ›Communities‹ zerfallen« (Schwan), und zwar vielleicht deshalb, weil die Mehrheit immer in der Mehrheit bleibt und als solche auch nicht diskriminiert, »verletzt oder bedroht« (Schwan) werden will; als ließe sich von unten diskriminieren, es sei denn projektiv.

Dass die SPD das Wort Klassenkampf nicht mehr in den Mund nimmt, findet sie immerhin peinlich genug, um ersatzweise (wenn auch absichtslos richtig) »falsche kulturelle Frontbildungen« und »Verbote und Gebote von sprachlichen Bezeichnungen« anzuzeigen, die »Unsicherheiten und Abwehr … bis weit in die Mitte der Gesellschaft« (Thierse) erzeugen: »Um so mehr bestätigt diese dann wieder den Rassismusvorwurf, ein Circulus vitiosus«, weil Rassismus nämlich kein Instrument der Klassengesellschaft ist, die Schlechten nicht ans Töpfchen zu lassen, sondern ein diskursiver Teufelskreis, den zu durchbrechen doch bitte alle an den Tisch von Grundgesetz und Habermas treten wollen. Man kann nämlich über alles reden, bloß nicht davon, wovon zumal Sozialdemokratie schweigt. Und das ist eben das Problem, dass nie über das geredet wird, wovon zu reden wäre; und wenn die, die das Gespräch verweigern, die Elitären und Arroganten sind, die der Nation der vielen nicht angehören (wollen), bleibt, widers Verbot von sprachlichen Bezeichnungen, der Schwarze Peter da, wo er naturgemäß hingehört. »Kein Mensch ist mit sich selbst identisch« (Schwan), einverstanden; aber die mit sich selbst wie nichts Gutes identische Ordnung sollte sich nicht wundern, wenn Essenz mit Essenzialisierung, Positivismus mit Positivismus, So-Sein mit So-Sein begegnet wird und der totalen Verfügbarkeit der Körper mit deren (und sei's pseudo-autonomem) Anspruch auf prioritäre »Identität«. Dass die späte bürgerliche Gesellschaft in Rackets zerfalle, ist eine alte Beobachtung, und die staatliche Sorge ums Volkswohl unter Corona muss nicht darüber hinwegtäuschen, dass Solidarität nur mehr in Sonntagsreden und Gastbeiträgen wohnt; dann wird aber Kritik an linksidentitärem Aktivismus, die nicht von links kommt, automatisch zur Heuchelei, wenn Versöhnlichkeit bedeutet, dass derselbe Konsens nicht verletzt wird, der Rackets nicht nur duldet, sondern vorsieht. Die Rede ist ja von Verteilungskämpfen, und das sind nun mal nicht irgendwelche Rangeleien, nach denen man gemeinsam auf einen Kaffee geht.

»Wer Zustimmung erzwingen will, wird daran verzweifeln. Wer aber daran glaubt, dass man erfolgreich das Gemeinsame suchen kann, sieht darin eine Chance« (Schwan) – eine dieser Chancen, von denen die SPD schwätzt, seit sie für die Chance, die zumal arme Leute nicht nutzen, nicht mehr verantwortlich sein will. »Anstelle der Angst, in die Minderheit zu geraten, tritt die Zuversicht, dass wir gemeinsam aus eigenen Kräften eine freie Gesellschaft bauen können« (dies.), denn wenn die Gesinnungspolizei mal den Schnabel hält, wird die Mehrheit sich schon herablassen, an jener freien Gesellschaft mitzuwirken, die wir, was immer Steinmeier sagen mag, also noch gar nicht haben und für die die Frage nach Mehr- und Minderheit bloß eine ad hoc wäre; und keine, die Lebenswege systematisch zustellt, wenn die einen mit dem Privatgymnasium liebäugeln, während migrantische und sozial schwache Kinder, sofern das nicht dasselbe ist, am Ende der Grundschulzeit oft erst in der dritten Klasse sind, auch ohne Corona und bestenfalls. »Bleiben Sie zuversichtlich« (Ingo Zamperoni, Tagesthemen), will sagen: Fürchtet euch nicht, denn zwar ist niemand bei euch alle Tage bis an der Welt Ende, aber Mehrheit und Minderheit werden immer einen Ausgleich finden, denn das ist die Demokratie, und haben wir etwa keine? Von »Gruppeninteressen« auch mal abzusehen verlangt da glänzend Thierse, denn »das Eigene in Bezug auf das Gemeinsame, das Gemeinwohl zu denken und zu praktizieren, also auch das Eigene zu relativieren«, etwa den Anspruch auf Familienbus, Fernreise und die allgemeine Deutungshoheit, das ist die bevölkerungsgemeinschaftliche Zukunft, und die Initiative Neue Soziale Marktwirtschaft ist bestimmt einverstanden.

»Warum ein diverser Bundestag die Politik nicht vielfältiger macht«, half wie bestellt das liberale Morgenblatt am 2. März, denn je länger Abgeordnete etwa mit Migrationshintergrund dem Parlament angehören, wollte eine deutsch-schweizerische Studie herausgefunden haben, desto geringer sei der Einsatz für jenes »Gedöns« (Gerd Schröder, SPD), für das man Onur und Sevim (oder Frauen und Arbeiterkinder) bei uns in den Reichstag lässt: Minderheitenthemen behinderten wohl die Karriere. Und freundlich-arglos anzunehmen, deutsche, von Deutschen gewählte Abgeordnete mit nichtdeutschem Namen könnten nicht für mehr und anderes eintreten »als für die Belange ihrer bedauernswerten Minderheit« (Gökalp Babayiğit, *SZ*, 6. März), mag dann sowohl die Falle von Identitätspolitik anzeigen als auch erhellen, welches Interesse welcher Gruppe dem Gemeinsinn hierzulande insonderheit schadet.

Falls das jetzt nicht verletzend ist.

April 2021

Tote und Tabu

Darüber, was man noch sagen kann, an der Uni und andernorts. Ein minoritärelitärer Zwischenbericht

> »*Sich mittheilen*, ist also ursprünglich *seine Gewalt über den Anderen ausdehnen*: … das Zeichen ist das (*oft schmerzhafte*) *Einprägen eines Willens auf einen anderen Willen* …«
>
> Friedrich Nietzsche, 1882/84

Der Einzelfall ist etwas Schönes. Auf ihn beruft sich, wer etwas zugleich anerkennen und nicht anerkennen will, etwa Judenfeindschaft oder Frauenhass, und geschieht etwas Böses als Einzelfall, verübt von einem Einzeltäter, dann ist das zwar schlimm, aber kein Grund zur Sorge, denn im großen und ganzen ist ja eben nichts passiert: ein Einzelfall.

Der Einzelfall, wo er denn tatsächlich einer ist, würde freilich genau das bedeuten: dass es abseits der Einzelfälle nichts zu besorgen gibt. Flugzeugabstürze etwa sind Einzelfälle, Impfschäden ebenso, und weil das so ist, sind Fliegen und Impfen so sichere Sachen. Drittens mag es auch Fälle geben, die zwar sporadisch sind, aber trotzdem breit wirken; vielleicht dann, wenn sich in Wissenschaft und Forschung die Angst verbreitet, mit einer kontroversen, vom linksliberalen Mainstream abweichenden Meinung auf eine Weise anzuecken, die eine Isolierung in der wissenschaftlichen Gemeinde und das Ende der Karriere nach sich zieht. Barbara Zehnpfennig, Passauer Professorin für Politische Theorie und Ideengeschichte, behandelt in ihrem Aufsatz für die Hochschul-Fachzeitschrift *For-*

schung und Lehre (7/21), der gekürzt bereits in der *FAZ* (vom 5. Mai) erschienen war, »angebliche Einzelfälle« von »Diskursausschluss« und akademischer Ächtung, die allerdings Folgen hätten und nämlich »den Einzug des Duckmäusertums und der Heuchelei in der Wissenschaft« bedeuteten: »Man macht seinen Kotau vor Diversität, Gender und europäischer Universalschuld und versucht, dahinter verborgen doch noch etwas von dem zu retten, was einem eigentlich wichtig ist. Oder man ergibt sich völlig dem Druck und liefert gleich das Geforderte. In beiden Fällen verstärkt man die schon vorhandene Tendenz.« Und auch wenn die Polemik mit der »Universalschuld« schon herauswill: Kennt man selbst Universitätspersonal, das von akademischen Boykottaufrufen gegen Forschung weiß, die Rowlings »sex is a fact« unterschreibt, muss man Zehnpfennigs Beispiele nicht für ausgedacht halten, weder die »400 Fachkollegen«, die gegen die Veröffentlichung von Genderpraxis-kritischen Beiträgen im Forum einer Fachzeitschrift unterschreiben, noch die Studentin, die einen Professor wegen Volksverhetzung anzeigt, weil er Kopftücher in der Schule für unvereinbar mit dem Neutralitätsgebot hält; und schon gar nicht den abgesagten Vortrag zur Kolonialgeschichte, weil der Vortragende nach antirassistischer Meinung zu weiß ist.

Einzelfälle, die sich laut Zehnpfennig »häufen« und die mit den Millionenauflagen Sarrazins oder dem ausbleibenden Sendeverbot für den populistisch islamkritischen Tagesschau-Mann Schreiber zu verrechnen die Frage für die »Wissenschaftsfreiheit« (ebd.) noch nicht gegenstandslos macht: ob »minoritäre Deutungseliten« die vielbeschworenen Meinungskorridore ausweisen, man also manches nicht mehr sagen darf, mindestens nicht ohne Folgen. Und ob es nicht, zumal in der Wissenschaft, so sein muss, dass alles gesagt werden kann, egal ob das, was gesagt wird, einem nun passt oder nicht. Tatsächlich leidet Forschung unter Einflussnahme: Nachgewiesenermaßen haben die jahrzehntelangen Bemühungen der Kohle- und Erdöllobby, die Klimaforschung zu diskreditieren, dafür gesorgt, dass Wissenschaft, gab es Annahmen zu treffen, sich eher für die defensiven entschieden hat, durchaus auch aus Angst vor persönlichen Angriffen. Hier hat sich wirklich eine ideologisch bewaffnete Minderheit am Gemeinwohl vergangen, allerdings von rechts; und wenn auf Unterschriftenlisten 400 Leute vom Fach stehen, ist das dann nicht schon *communis opinio*?

Zehnpfennigs Vorstellung von freier Rede und offenem Diskurs ist eine idealisierte, und zwar nicht allein, weil Diskurse dazu neigen, das Minoritäre draußenzuhalten; dass ein weißer Mann keine kluge Meinung zur Kolonialgeschichte haben könnte, ist so blödsinnig wie die Frage berechtigt, welche Stimmen öfter gehört werden als andere. Ein Vortrag zum Thema »Die Juden sind unser Unglück« läge, das würde auch Zehnpfennig nicht bestreiten, weit hinter einer Grenze des Sagbaren, und ein Aufsatz zur genetisch bedingten Minderwertigkeit Nichtweißer doch wohl auch; dann ist es aber kein allzuweiter Sprung, Meinungsbeiträge, die als menschenfeindlich verstanden werden, aus dem Diskurs auszuschließen, gerade nach der zeitgenössischen Erfahrung, dass dieser keine Kläranlage ist, die den Dreck zuverlässig zurückhielte: Wer Trump das Wort lässt, muss hinnehmen, dass es verfängt. Auch wer, im guten klassischen Sinne John Stuart Mills, an die Kraft von Rede und Gegenrede glaubt, den »Austausch der Argumente« (Zehnpfennig), wird den Vorbehalt einziehen, dass es sich um Argumente handelt, die einer Vorprüfung standhalten, andernfalls er dem Beweis, Trump sei die

Wahl gestohlen worden, das Audimax zur Verfügung stellen muss; und dass »sex is a fact« noch Wissenschaft und nicht schon Ideologie sei, werden viele bereits bestreiten. »Da der Anti-Rassismus, der Anti-Eurozentrismus, die Gendertheorie, der Multikulturalismus etc. die Seite des moralisch Guten okkupiert haben, ist der Kritiker dieser Strömungen fraglos der moralisch anrüchigen zuzuordnen. Die Verlagerung der Auseinandersetzung von der Sachebene auf die Ebene des Moralischen birgt den entscheidenden Vorteil im Kampf, die eigenen Ideologien nicht mehr begründen zu müssen, um den Kritikern die Möglichkeit zu nehmen, ihre Einwände begründen zu können« – dass die Sachebene zugunsten von Ideologie verlassen sei, unterschreibt auch jede Verschwörungsfreundin, die sich für mundtot gemacht hält, denn »ideologisch« sind immer die andern, und die Definition der Sachebene verlässt diese schon. Wenn wertfreie Wissenschaft, wie nur hartleibiger Idealismus bezweifelt, eine Illusion ist, rührt die deutungselitäre Hemmung, übers Kopftuch zu sprechen, von der Erfahrung, dass mit ihm seine Trägerinnen gemeint sind: Unter alltagsrassistischen, am Rande sogar mörderischen Bedingungen muss Kritik am Kopftuch gewärtig sein, zur Parteinahme für die Falschen zu werden, und dies um so mehr, als die, die drüber reden wollen, zu jener Mehrheit gehören, gegen die sich das Kopftuch eben versichert. Die urliberale Forderung, alle müssten jederzeit über alles sprechen dürfen, scheitert schon an der – vom Liberalismus eingerichteten und verteidigten – Klassengesellschaft, die die Ausdrucksmöglichkeiten hart ungleich verteilt und Rede stets Ausdruck von Herrschaft sein lässt, und da lohnt es, wider den bürgerlichen Affekt zugunsten des freien Worts, dann noch einmal zu fragen: Wer spricht? Und über wen?

Das kann, wer möchte, für moralische Fragen halten, falls der denunziatorische Unterton des Moralvorwurfs die Sachebene nicht seinerseits verlässt. Darum – und weil Aktivismus auf Tabuisierung zielt – mag es nützen, im Zusammenhang besser vom Tabu zu sprechen, welches, wie Freud in seiner Untersuchung zu »einigen Übereinstimmungen im Seelenleben der Wilden und der Neurotiker« darlegt, gar nicht erst zur Disposition steht und auch nicht stehen kann, da es dem rationalen Zugriff entzogen bleibt: »Es handelt sich also um eine Reihe von Einschränkungen, denen sich diese primitiven Völker unterwerfen; dieses und jenes ist verboten, sie wissen nicht warum, es fällt ihnen auch nicht ein, danach zu fragen, sondern sie unterwerfen sich ihnen wie selbstverständlich und sind überzeugt, dass eine Übertretung sich von selbst auf die härteste Weise strafen wird.« Das Tabu, zitiert Freud aus der Encyclopedia Britannica, dient zumal der »Sicherung der Schwachen« gegen die »magische Kraft« der »Priester und Häuptlinge«; wer es verletzt, wird selbst tabu, »Bußhandlungen und Reinigungszeremonien« sollen das Strafgericht abwenden. Und wo Zehnpfennig samt *FAZ*-Kundschaft sich jetzt ins Fäustchen lachen und in den neurotischen Aktivist:innen von heute die Wilden von damals erblicken kann, muss der Debattenbeitrag erlaubt sein, wie verkehrt es denn wäre, würden gewisse Gedanken gar nicht mehr gedacht, nämlich jene erfahrungsgemäß magischen, an deren Ende Mord und Totschlag stehen.

Das führt gewiss ins Dilemma von Gedanken- vs. Gewaltfreiheit, wie ja noch der Idee, Chop Suey in einer europäischen Mensa sei kulturelle Aneignung, die Abscheu vorm Gewaltakt zugrundeliegt (eine Abscheu, die den sog. Linksfaschismus vom rechten dann vielleicht doch unterscheidet). Dass diese Abscheu ihrerseits zum Übergriff neigt und unschön enge, humorlos-autoritäre Züge trägt – »die wir den Boden bereiten wollten für Freundlichkeit / Konnten selber nicht freundlich sein« (Brecht) –, ändert nichts daran, dass Holocaustleugner wie David Irving zu Recht isoliert sind und es eine Grenze des Sagbaren sowieso immer gibt. Ist das so, bleibt nur die Frage, wer diese Grenze zu ziehen beansprucht, also Deutungselite sein will. Das Streben nach Diskurshoheit zu denunzieren bedeutet dann ganz und gar nicht, an so etwas Profanem etwa kein Interesse zu haben, und Zehnpfennigs »Appell, zur Sache zurückzukehren« sollte als einer gelesen werden, der genau weiß, was Sache ist.

August 2021

Bül bül bül

Da ist man etwas fassungslos: »Auch morgen«, Nora Bossongs so eitle wie leere »politische Texte«

Manchmal ruht die Wahrheit in einem Satz, und nachdem gemeldet worden war, dass die grüne Kanzlerkandidatin Baerbock für ihr Wahlkampfbuch abgeschrieben und das mit dem Satz verteidigt hatte, niemand schreibe ganz allein, griff die Erfolgsautorin Nora Bossong (»Schutzzone«) zum Twitterofon: »Wer jahrelang zehn Stunden täglich allein am Schreibtisch sitzt, um Bücher zu schreiben, ist einfach etwas fassungslos bei Baerbocks Äußerungen.«

Es musste einfach heraus: Die einsame Schriftstellerin sitzt Tag für Tag am Schreibtisch, um die Welt mit epochemachendem Schrifttum zu beglücken, und dann kommt eine Politikerin und schreibt ihr Was-jetzt-geschehen-muss-Pflichtbuch unter Zuhilfenahme nicht ausgewiesener Quellen! Da ist eine dann zu Recht »etwas fassungslos«, was die Dummheit in der Dummheit war, denn entweder ist man fassungslos oder nicht, und könnte man nur ein bisschen fassungslos sein, warum dann die Beschwerde?

Aber Nora Bossong, Berlin, phantastischerweise im Besitz eines Joseph-Breitbach- und eines Thomas-Mann-Preises, ist Schriftstellerin, und das ist nun das Ehrenwerte selbst, spätestens dann, wenn Suhrkamp 186 Seiten (zzgl. Anmerkungen) zur Verfügung stellt, um »politische Texte« beleuchten zu lassen, worum es letztlich geht. Nämlich um Nora Bossong: »Als ich die Arbeit an meinem letzten Roman beendet hatte, in dem ich mich mit dem wiederholten Scheitern der UNO im Anblick schlimmster Gräueltaten befasst hatte, mit Ohnmacht, persönlicher und institutioneller, mit dem, was innerhalb kürzester Zeit an Vernichtung möglich ist zwischen Menschen, und mit dem so hartnäckigen Umstand, dass offensichtlich immer wieder geschieht, was nie wieder geschehen sollte, Kriegsverbrechen und Völkermord, *plus jamais, never again*, dass es mir mit der Zeit so viel mehr eine menschliche Konstante zu sein schien als unsere Fähigkeit zum Frieden« usw. – da setzte sich Bossong wieder mal allein an ihren Schreibtisch, um sich bei einer guten Tasse Tee gern schwafeln zu hören, *hélas*! Denn Bossong will Dichtung, »die von der uns eigenen Fähigkeit zur Verletzlichkeit wie zur Verletzung berichtet, und ich glaube, davon berichtet Literatur meistens« – statt, wie Nichtwissende vermuten könnten, von Kochrezepten oder Quantenmechanik –, »ich glaube, genau das ist es, was ein paar von uns zu dieser doch höchst merkwürdigen Tätigkeit drängt, tagaus tagein allein am Schreibtisch zu sitzen und mit Schattenfiguren durch die Welt zu gehen, die eben auch aus unserem eigenen Dunkel entspringen.«

Und Suhrkamp dachte, Menschenskind, diese originelle, gleißend uneitle Poetologie gehört doch in unsere »Edition« hinein, denn auch das muss die Welt wissen, wie in höchstem Maße merkwürdig das ist, wenn Leute sich am Schreibtisch die Fähigkeit zur Verletzlichkeit ausdenken, statt auf dem Bau oder im Supermarkt Tätigkeiten nachzugehen, mittels deren man sich nicht aufspielen kann! »Literatur berichtet nicht davon, wie wir passende Menschen sind, sondern von unseren Widrigkeiten, Fehlbarkeiten und Verwundbarkeiten«, wenn es nicht Sozialistischer Realismus ist, der aber unsere Widrigkeiten gleichfalls im Programm hat, falls es das überhaupt gibt, persönliche

Widrigkeiten, die doch wesensmäßig eher externe sind, des Alltags oder der Welt, wie sie nun mal eingerichtet ist: »Die Kriege und Konflikte der Welt finden nicht in den führenden Industrieländern statt. Die liefern zwar oft genug die Waffen, aber dafür stand noch niemand in Den Haag vor Gericht.« Bei Bossong gilt: Keine Wunde ohne Finger.

Und wer zehn Stunden täglich am Schreibtisch sitzt, um Schattenfiguren in Bücher zu hieven oder institutionelle Ohnmachten festzustellen, soll sich nicht noch um Kleinigkeiten kümmern müssen: »Aus dem Nachbarzimmer dringt lautes Stöhnen, Sex gegen die staatlich verordnete Pflicht des Erinnerns, ein schmaler Riss in der Trauerflagge, die über dem ganzen Land hängt«, falls Risse in Flaggen, und hingen die auch über Ländern, denn breit sein können. Doch »schmal«, das klingt so zart und zag, und wenn Stil das wäre, was auch aus null Inhalt etwas macht, dann hat Bossong keinen, der übers artig gesetzte, bürgerliche Gepflegtheitserwartung bedienende Wort hinausginge: »Drei Jahre später sprang der Sänger aus dem sechsten Stock eines Pariser Hauses und nahm sich so das Leben.« Henscheids provinzieller Nachrufer Alois Freudenhammer hätt's nicht braver in den Satz geben können; doch Bossong berichtet ja nicht aus der Oberpfalz, sondern aus Berlin, Paris, Rom (»die Stadt, in der ich studiert habe«), Ruanda, »einer Region, die selbst nur ein kleiner Stein auf dem Schachbrett der Macht ist«, also praktisch ein Bauer. Ein kleiner Bauer! Doch lassen wir das kleine Karo und fragen lieber, ob es die blitzsauberen Bilder sind, »wegen denen« (Bossong) unsere literarischen Spitzenkräfte zu Ruhm und Ehren gelangen, oder doch die guten Fragen: »Europa, gibt es das überhaupt?« Und glühend heißen Eisen: »Das Altern, sobald es gebrechlich, hässlich oder gar unappetitlich wird, geschieht heute oft an Ausschlussorten«, und da sind wir geradezu etwas fassungslos, dass der Mensch im Alter abgeschoben wird, nur weil er »die Dreistigkeit besitzt, nicht mehr jugendlich aufzublühen«, gemeint: zu blühen, und auch das wär' Mist und alte Tante. Doch ist das Fehlen von Gedanken / ein Grund für manches Ausdrucks Wanken.

Aber T.S. Eliot gelesen haben und die blühende Dreistigkeit besitzen, die Halbzeile »fear death by water« zum Anlass für europakritisches Gespreize zu nehmen: »Eva Hesse schreibt es ins Deutsche als ›den nassen Tod‹. Was für eine harmlose, ja verharmlosende Wendung, dachte ich beim Lesen der Übertragung, doch dann, mit jeder weiteren Lektüre, sog sich das Bild mit seinem Schrecken voll, wie Kleider, die vom Wasser zu schwer werden und jenen, der sie trägt, mit sich hinunterziehen. Und der Schrei der Möwen klingt nicht bis dorthinab.« Sowenig wie das Achtsamkeit als Ichsucht ausweisende Geschmocke Bossongs, der kein fremder Tod zu nass ist, als dass er nicht ein sensitives Feuilleton wert wäre, gern auch eins, das, ein Wahnsinn, »unsere Fähigkeit, Lösungen zu denken« in Zweifel zieht.

»Puitz puitz puitz / Bül bül bül bül bül bül«, schreibt Eva Hesse Eliot ins Deutsche, und hier ruht die Wahrheit einmal in zwei Sätzen, nämlich die über Nora Bossong: dass man sie vergessen kann. Bitte noch heute.

August 2021

Dolchstoß ins Herz

Von Werten und vom Hindukusch

Zwei Hauptworte kannte die Sache, auch wenn das eine ein Adjektiv war: Das Desaster von Kabul, es war dramatisch, und wie berauscht war das Mediale davon, dass es zumal seine Lieblingsrede vom Drama nicht mehr nur aus Denkfaulheit und Lärmgesinnung schwingen konnte, als verzweifelte Männer von startenden Transportmaschinen fielen und Frauen ihre Babys den US-Soldaten übern Zaun reichten, denen ihrerseits die Heimreise bevorstand, weil Schluss sein musste mit einem Guerillakrieg, der sich sowenig gewinnen lassen konnte wie vergleichbare Kriege vor ihm.

Im Zweifel hat man das gewusst – noch was man nicht wissen will, weiß man ja –, und dass Kanzlerin Merkel, die es mit Dramen nicht hat, den Ausgang der Angelegenheit im Sportreports-Ton als »überaus bitter« überspielte, kann man ihr schon wieder zugute halten. »Sinnlos« nannte ein Oberstabsfeldwebel bei *Zeit online* seine sieben Einsätze, alle Opfer seien »umsonst« gewesen. Da war man nun zwanzig Jahre »am Hindukusch« (*Cicero*), um Deutschlands Freiheit zu verteidigen, und nun geht man, und wenn die Heimat unfreier und unsicherer geworden ist, dann nicht der Taliban, sondern einer rigiden Sozial- und Arbeitsmarktpolitik wegen, deren außenpolitisches Komplement der Militäreinsatz ist. »Dass ein Land unserer Größe mit dieser Außenhandelsorientierung und damit auch Außenhandelsabhängigkeit auch wissen muss, dass im Zweifel, im Notfall auch militärischer Einsatz notwendig ist, um unsere Interessen zu wahren«, ist sicher keine Einschätzung, mit der ein Bundespräsident unsterblich werden möchte, aber damit muss Horst Köhler leben, und dass sich Merkel zeit ihrer Regierung sowenig für Afghanistan interessiert hat wie fürs Militärische allgemein, hat ihrer Popularität nur geholfen, die ja auf dem allgemeinen Bedürfnis beruht, mit den Bedingungen des »Lebens Marke Freie Welt« (Degenhardt), zumal den externen, auf keinen Fall behelligt zu werden.

Dass es um »westliche Werte« und ihre Verteidigung gegangen sei, ist also gar nicht so falsch, bloß sind es, wie sich denken lässt, nicht die, von denen die liberale Presse glaubt, ihrem Publikum erzählen zu müssen; sofern sie nicht damit rechnen muss, dass es ausnahmsweise Bescheid weiß. »Zwei Jahrzehnte lang mühten sich westliche Politiker, den eigenen Öffentlichkeiten, den eigenen Parlamenten, dem eigenen Militär zu erklären, was auf dem Spiel stünde am Hindukusch: die Rechte der Frauen«, und selten hatte ein Konjunktiv II mehr Berechtigung (*SZ*, 23.8.). Gerade jüngere Afghaninnen, gebildet und mit der Aussicht auf eine moderat freie Zukunft, fühlten sich nun »vom Westen im Stich gelassen«, und das kann man verstehen, so wie man verstehen kann, dass sich unsere Leitartiklerinnen dafür einsetzen, den großen Worten müssten »Taten folgen«, wie immer das, nachdem die Taten ja gefolgt sind, aussehen soll. Doch »die schönen universalen Werte sind nichts wert, wenn sie zur rhetorischen Strategie verkommen, die nur im Bedarfsfall angewandt wird«, und da schreibt Kollegin Vahland, wie absichtslos immer, die reine Wahrheit: Denn die Universalität von Werten wie Freiheit, Gleichheit, Geschwisterlichkeit strandet ja im eigenen Land schon irgendwo zwischen Grundschule und Immobilienmarkt, und alle, die was zu melden haben und

»glaubhaft dafür eintreten, dass jeder und jede einzelne Respekt erfährt«, tun es nur solang, wie sie nicht mit jenem höheren Interesse in Konflikt geraten, das von den rhetorischen Strategien so wirkungsvoll bemäntelt wird wie von einer »Tatort«-Wiederholung (27.8.), wo die Stasi, ad maiorem der Grundordnung gloriam, auch 2019 noch mordet, manipuliert und mit Drogen handelt; sogar in München.

Wo man, kaum war der Kampf verloren, ihn nicht verloren gab: »Nach langen Kämpfen im Westen selbst gehört die Gleichberechtigung der Frauen zum Wesen demokratischen Selbstverständnisses. Anders herum ist die Frauenunterdrückung nicht ein Nebenanliegen der Islamisten, sondern der für sie unverzichtbare Kern ihrer Ideologie männlicher Stärke« (ebd.), so wie allerdings der militärische Einsatz ebenfalls zur Ideologie männlicher Stärke gehört und die Hingabe, mit welcher etwa die *Neue Zürcher Zeitung* die verlorene Freiheit afghanischer Frauen beweinte, denn auch implizit alle tadelte, denen es daheim (Frauenwahlrecht seit 1970!) noch nicht frei genug ist. Für die afghanische Frau, sonst eher Gegenstand von Überfremdungsdebatten, stritt auch der Ex-*Bild*-Mann und *Spon*-Kolumnist Blome, der freilich ein innenpolitisches Nebenanliegen hatte und für die Abschiebung afghanischer Wertverletzer warb: »Könnte es also sein, dass der ›Ehrenmörder‹ und der Durchschnitts-Taliban in Wahrheit ähnlich ticken – so dass der eine vom anderen nicht viel zu befürchten hätte, mithin in dessen Herrschaftsbereich überantwortet werden könnte?« Sie tun einem doppelt leid, die Frauen und Mädchen Afghanistans: Zuhause sitzen Taliban und auswärts alte Herren, die nie auf den Gedanken kämen, die eigenen Kinder in geostrategisch interessanten Weltgegenden in lange, potentiell ewige Kämpfe für Mädchenschulen zu schicken (in geostrategisch uninteressanten Gegenden wird grundsätzlich nicht für Mädchenschulen gekämpft). Zumal in den USA übernimmt das zum Glück die Unterschicht, die ihr Glück bei der Army suchen muss, und wer immer so idealistisch wäre zu finden, ein nach Maßstäben des freien Westens einzurichtendes Afghanistan sei Krieg und Tod wert, müsste zugeben, dass es Teil der Drecksarbeit wäre, die man andere machen lässt; falls man sich mit den Mädchenschulen jener Sowjets, gegen die man die »irren Gotteskrieger« (*Spiegel online*) einst aufgerüstet hat, nicht hätte zufriedengeben können. Auch wenn es sicher besser ist, nichts zu lernen, als Marx zu lernen.

Auf den Umstand, dass »die Nato-Truppen noch nie einen Partisanenkrieg gewonnen haben«, hat Walter Boehlich, als es um Serbien ging, einmal so lapidar hingewiesen wie auf das Instrumentelle der Menschenrechte: »Beginnt man erst einmal, sich auf sie zu berufen, gibt es keinen Halt mehr, oder doch nur den Halt, der opportun scheint.« Das Interesse, das dahinter steht, darf einem afghanischen Mädchen, das zur Schule gehen kann und Ärztin werden will, allerdings wurscht sein, und so wie es den Kollateralschaden gibt, gibt es den Kollateralnutzen. So zynisch ist es da nicht zu finden, dass der fremde Soldat, der lokal das Frauenrecht sichert, die Praxis westlicher Freiheit ins Bild setzt, die ja nicht zuerst Kant, Voltaire und die höhere europäische Vernunft ist, sondern Funktion von Gewalt, von weißer Herrschaft über den Rest der Welt. Ganz konkret also ist die Mädchenschule in Kabul ein westlicher Wert, und noch so arglos für ihn einzutreten heißt, den anderen mitzumeinen, von dem er unmittelbar und ausnahmslos abhängt.

Diese Wahrheit, die Köhler damals entglitten war und ihm die Ehre eintrug, als erster Bundespräsident überhaupt zurückzutreten, wird heute noch nicht gern gehört, und wenn in der *Zeit* davon die Rede ist, »die Lügen über den Krieg in Afghanistan endlich aufzugeben«, dann sind damit wie selbstverständlich die USA gemeint und nicht die auf Humanitärmission befindlichen Deutschen, für die Imperialismus eine kommunistische Propagagandavokabel ist. Im Videobereich des Onlineangebots nannte ein Potsdamer Militärhistoriker »Bündnissolidarität«, was sich von der Gelegenheit, globalstrategisch mitzumischen, schon bei Beginn des Einsatzes nicht hatte unterscheiden lassen, und der alte Literaturforscher Silvio Vietta sprach sich, in seit dem Ersten Weltkrieg bewährter deutscher Professorentradition, per *FAZ*-Leserbrief dafür aus, sich aus der Deckung zu wagen, und zwar aus der »Zange zwischen dem weltimperialistischen China und einem fundamentalistischen Islam«. Was den dritten Konkurrenten angeht, sah die Münchner Feuilletonchefin Sonja Zekri das »Ende einer Weltmacht« kommen, dieselbe Zekri, die Erinnerung gern diversifizieren möchte und den Zweiten Weltkrieg, weil Auschwitz Pech war, »eine Tragödie« (2.9.) nennt.

Da trifft es sich, dass auf die Bundeswehr, hurra, »Verlass« ist – »Deutsche Soldaten retten am Hindukusch Leben und Deutschlands Ansehen« (*FAZ*, 22.8.) – und sie die Rolle als Menschenrechtsanwältin derart beseelt, dass, wird sie ihr versagt, die bislang viel zuwenig beachtete *Spon*-Kolumnistin Samira El Ouassil von »moralischer Verletzung« quasseln kann: »Solch eine Erschütterung im Inneren kann beispielsweise entstehen, wenn Soldatinnen in Afghanistan darauf vertrauen, dass Anweisungen der deutschen Regierung mit den eigenen humanistischen Werten in Einklang sind. Aber was passiert, wenn eine plötzliche politische Entscheidung bedingt, gegen das höchste Credo des eigenen Arbeitsethos handeln zu müssen, wenn man dazu aufgefordert wird, schutzbedürftige Menschen im Stich zu lassen?« Früher ging ein Soldat ohne zu fragen dahin, wo's wehtut; heute tut's ihm weh, wenn die Regierung ein Credo vom humanistischen Ethos verrät. Hier geht der Dolchstoß nicht in den Rücken, sondern ins Herz.

Da wird ein Putsch direkt zu wünschen sein, wenn die Bundeswehr die letzte humanistische Instanz in diesem Land ist und das schlimmste politische Versagen das, das den Schutz von Frauen und Kindern betrifft. Etwa denen, die, während Europa unter Krokodilstränen Eingreiftruppen projektiert, vor Lampedusa ersaufen, der moralischen Verletzbarkeit unsrer bewaffneten Kräfte wie der Heimatfront zum Trotz.

Oktober 2021

Er ist wieder da

Stichwort 1939: Über die herrlichen Zeiten nach der Zeitenwende

»Der Krieg ist nie ein isolierter Akt«
Clausewitz

Dass zwischen Wahnsinn und Methode mitunter nicht viel Platz ist, lässt sich bei Shakespeare lesen; wie wenig genau, war nach Beginn des russischen Spezialkriegs gegen die Ukraine dem Düsseldorfer *Express* zu entnehmen: »Britischer Historiker: Putin ist wahnsinnig. – Nach Ansicht des renommierten britischen Historikers Timothy Garton Ash ist das Verhalten des russischen Präsidenten als wahnsinnig einzustufen. ›Früher war er zynisch, brutal, ein Schurke und Diktator, aber nicht wahnsinnig, sondern immer berechnend. Deswegen ist dieser Moment so gefährlich‹, so der Professor an der Universität Oxford« (25.2.). Nur fünf Zentimeter nordwestlich dieser Meldung eine andere: »Die russische Militäroffensive in der Ukraine zielt nach Einschätzung der USA auf den Sturz der pro-westlichen Regierung in Kiew ab. Moskau wolle eine Russland-freundliche Regierung installieren, heißt es im US-Verteidigungsministerium«, wo man sich mit Regierungsstürzen nun einmal auskennt, zumal solchen, die ein Wahnsinn vielleicht für die ansässige Bevölkerung sind, aber nicht für die geostrategischen Interessen. Noch wer nicht die mindeste Sympathie für eine Regierung hegt, die in Nachbarländern Häuser zerschießen lässt, könnte doch versuchen, hinter dem Wust aus Lüge und Propaganda, der diesen Angriff so begleitet hat, wie er jeden Angriff begleitet (»Massenvernichtungswaffen im Irak«), einen Kriegsgrund zu sehen, der nichts mit Wahnsinn, sondern mit Berechnung zu tun hätte, und in diesem Fall ist es ja so schwer nicht; denn wäre Putin, so wie von ihm und aller Welt angenommen, in zwei Tagen durchmarschiert, hätte der Feldzug ein aus Moskauer Sicht durch und durch rationales Ergebnis gezeitigt: zwei annektierte Provinzen, eine pro-russische Regierung und eine Ukraine, deren Nato- und EU-Mitgliedschaft in weiteste Ferne gerückt wären.

Aber die Zeit für rationale Betrachtung ist erst einmal vorbei, und immerhin das ist dem russischen Spitzenmann geglückt: dass er die alte Erzählung vom Russen, der sein Reich des Bösen jederzeit bis an den Atlantik zu tragen bereit ist, unwiderstehlich revitalisiert hat und in der deutschen Talkshow niemand mehr sitzt, der noch im Zweifel darüber wäre, dass der mittelosteuropäische Russenhass recht hatte und das deutsche Hippietum, das 2008 den US-Plan eines ukrainischen Nato-Beitritts vereitelt hat, naiv bis kriminell gewesen ist. Denn dem brutalen Schurken und »Kriegsverbrecher« (Rolf Mützenich, SPD), der geglaubt hat, Fakten schaffen zu müssen, muss ja kein rationales Interesse mehr unterstellt werden, was bedeutet, dass sich tatsächlich niemand mehr fragen muss – und auf absehbare Zeit niemand mehr fragen wird –, was westliche Politik zum Unglück beigetragen hat. Als Gregor Gysi bei Lanz sich den zagen Hinweis erlaubte, auch der Westen sei »nicht immer ehrlich« gewesen, war er gleich ein Putin-Versteher, denn wenn die Heimat nun »mit allem, was da ist« (Baerbock) gegen Russland steht, wird Vorsicht wieder mal Verrat.

»Den Funken an die Lunte gelegt haben schließlich Berlin und Washington, als sie im November 2013 alles auf eine Karte setzten, um die Ukraine durch einen Umsturz in Kiew aus ihrer bisherigen Mittelstellung zwischen Ost und West nun komplett auf ihre Seite zu ziehen. Mit dieser Attacke auf grundlegende außenpolitische Interessen haben sie die Eskalation der Spannungen heraufbeschworen, die man seitdem beobachten kann«, so Jörg Kronauer in seinem Buch »Meinst du, die Russen wollen Krieg?« (Köln 2018), dessen Titel seit dem 24. Februar als schlechter Witz verstanden werden wird. Denn das haben sie, seit Dregger, Strauß und den Nazi-Generälen der Nachkriegszeit, doch alle stets gewusst, dass der Russe Krieg will, Krieg gegen die freie Welt, die nur Krieg führt, wenn sie muss: »Die Herstellung von Energiesicherheit und Rohstoffversorgung kann auch den Einsatz militärischer Mittel notwendig machen, zum Beispiel zur Sicherung von anfälligen Seehandelswegen oder von Infrastruktur wie Häfen, Pipelines, Förderanlagen etc.« (»Sicherheitsstrategie für Deutschland«, Unionsfraktion im Bundestag, 2008). Noch wer Kronauers Leitthese nicht teilt, fände in seinem Buch aufschlussreiche Zitate wie die Einschätzung eines US-amerikanischen Thinktanks, nach einem Ausfall der Ukraine als Vorfeld »wäre Russland nicht mehr zu verteidigen«; und was die kindische Diskussion um die Art der einstigen Zusagen angeht, die Osterweiterung der Nato betreffend – als dürfe ein Mann seine Frau schlagen, nur weil sie dazu nichts Schriftliches hat –, soll der damalige US-Präsident Bush senior, übrigens nicht nur Kronauer zufolge, gesagt haben: »Zur Hölle damit«, nämlich der mündlichen Versicherung, die Nato da zu lassen, wo sie stand. »Wir haben uns durchgesetzt, sie nicht. Wir können nicht zulassen, dass die Sowjets die Niederlage in letzter Minute abwenden.« Und wenn jetzt überall vom durch Russland verschuldeten »Ende der europäischen Friedensordnung« die Rede ist, kann die Frage erlaubt sein, was eine Friedensordnung wert ist, die sich um den Verlierer nicht schert. Eine deutsche Lieblingserzählung ist ja die des Friedens von Versailles, der den nächsten Krieg in sich getragen habe; aber da ging es um einen Krieg der Deutschen, die, anders als der Russe, Gewalt nur aus gutem Grund anwenden, wozu Beleidigtsein und nationale Verbohrtheit allemal rechnen.

Sicherheitspolitisch ist jetzt jedenfalls eine »Zeitenwende« da, und spiegel.de konnte melden, Berlin sei »aufgewacht«: Die 100 Milliarden für die Bundeswehr würden »nicht nur Deutschland verändern, sondern auch Europa: Mit einer derart hochgerüsteten deutschen Armee wird die EU neben den Mächten USA, China und Russland zu einem militärischen Giganten« (28.2.) und die erwachte Nation als europäische Führungsmacht dann also doch noch zu einem Bollwerk des christlichen Abendlandes wider die Fluten der asiatischen Steppe; als habe Putins Maximalforderung – also eine, von der per definitionem nicht erwartet wird, dass man sie durchsetzen könnte – gelautet, die zaristischen Grenzen von 1917 zurückzuerhalten statt bloß die Nato-Grenze von 1997. Dass er sich mit dem Einfall ins Nachbarland schlimm ins Unrecht gesetzt hat; dass ihn da, von den Ostprovinzen allenfalls abgesehen, buchstäblich niemand haben will; dass Russland, noch bevor es die letzten unabhängigen Sender schloss, im Pressefreiheitsindex gleich hinter der Demokratischen Republik Kongo lag, ist das eine. Das andere ist, was für viele, ja praktisch alle der Bundeswehr-Politikprofessor Masala feststellte: »1939 ist übrigens ein gutes Stichwort: Beim Angriff Russlands auf die Ukraine handelt es sich um den ersten zwischenstaatlichen Angriffskrieg in Europa seit dem Ende des Zweiten Weltkriegs.« Weil der völkerrechtsbrechende Angriffskrieg der Nato gegen Serbien eben kein recht zwischenstaatlicher war und sich das Stichwort »1939« also verbietet.

Wenn auch nur im Zusammenhang; denn neben dem Schock, dass der Russe nun wirklich gekommen war, verriet die allgemeine Wortwahl, dass alles immer auch seine gute Seite hat: Lange bevor die Fernsehnachrichten Trümmerbilder senden konnten, war allerorten von einem »Zivilisationsbruch« die Rede, als der »Kreml-Tyrann« (*Bild*) anhob, ein Nachbarvolk in einem »Blitzkrieg« auszulöschen, und noch der besonnene *FAZ*-Feuilletonist Bahners musste »der historischen Tatsache, dass Hitler und die Deutschen nicht für alles Unheil der Jahre nach 1939 allein verantwortlich sind«, direkt ins Auge sehen. »Es sieht also so aus«, ließ dieselbe *FAZ* einen in St. Gallen lehrenden US-Professor mitteilen, »als würden wir … gezwungen, Zeugen eines Völkermords zu werden«, und die preisgekrönte ZDF-Korrespondentin Eigendorf meldete, der Krieg gegen die Zivilbevölkerung kenne »keine Grenzen«, als es erst um Stromausfälle, Ausgangssperren und einen zerstörten Funkmast ging. Konsequent war es da, dass Ankerfrau Slomka zur Bebilderung polnischer Hilfe suggestiv das völlig zerstörte Nachkriegs-Breslau zeigte und den »enthemmten Despoten« (Titel einer ZDF-Doku) vorm Haager Strafgerichtshof sehen wollte, was ihr bei Rumsfeld, Blair oder Rudolf (»Hufeisenplan«) Scharping eher nicht eingefallen wäre, und am 8. März konnte *Bild* dann endlich »Massenmorde« bestätigen.

Überhaupt war die Berichterstattung redlich bemüht, den zweifellos diagnostizierten Wahnsinn Putins einzuholen (»Ist er überhaupt bei Trost?«, G. Seibt, *SZ*), und prompt entließ München seinen russischen Stardirigenten Gergiev, weil der zum Wahnsinn eisern schwieg; in Friedenszeiten wohl ein Fall von Gesinnungsterror, von dem die Kunst doch so umfassend bedroht ist. Und während Altkanzler Schröder zum einsamen »Gas-Gerd« wurde, weil in diesem Land, dem viertgrößten Waffenexporteur der Welt, bekanntlich niemand sonst mit Schurken Geschäfte macht, ließ die blau-gelbe, bedingungslos für Freiheit und Menschenrecht eintretende Solidaritätserklärung des europäischen Parlaments Moria und Frontex wie nie gewesen erscheinen; es durften ja jetzt auch alle herein, sofern sie nur vorm Russen und nicht den Kollateralschäden westlicher Hegemonie flohen. Und wie recht hatte da der Luftwaffenmajor der Reserve Christian Lindner, der im Bundestag den Vorwurf der autokratiefreundlichen AfD parierte, Kiew sei mit falschen Versprechen ins Unglück gezogen worden: Es gehe um »die Freiheit« selbst.

Als wäre Putin nicht auch dieser Freiheit wegen da, wo er leider ist. Und dass er sie auf lange Sicht moralisch unangreifbar gemacht hat, wird man nur da bedauern, wo er nicht hat schießen lassen.

April 2022

Rechnung mit Bekannten

Versuch einer Selbstkritik

»Nie wieder Krieg«
Tocotronic, 2022

1

Was man in einer Monatskolumne lesen kann, ist von dem Schreibtisch, an dem sie entsteht, um Wochen entfernt; deswegen kann Frieden sein, wo eben noch Krieg war, und kann, umgekehrt, sich zum Horror geweitet haben, was zuvor vielleicht noch Hoffnung auf ein schnelles Ende zuließ. Noch als monatlicher ist Journalismus Tagesschriftstellerei, und was zu sagen war, ist nicht immer das, was später zu sagen ist.

2

Ein Leser schreibt: Bislang sei niemand auf die Idee gekommen, die Ukraine hätte Putin auch einfach hereinlassen können; wie viele Menschen hätten nicht zu sterben brauchen!

Das stimmt nicht; das mit der Idee jedenfalls. Kaum liefen die ersten Bilder von Kampf und Zerstörung durch die Nachrichten, bin ich genau das auf dem Fernsehsofa gefragt worden, und meine Antwort war: Weil sie nicht unterm Russen leben wollen, der ja daheim nun wirklich das etabliert hat, was man ein »Regime« nennen muss. Trotzdem musste ich an die alte reaktionäre Parole denken: Lieber tot als rot! und daran, wie Dänemark sich 1940 dem deutschen Einmarsch ohne Widerstand ergab, pro forma selbständig blieb und die jüdische Bevölkerung nach Schweden brachte. Fünf Jahre später waren die Deutschen dann wieder weg, das Land war heil geblieben, Wikipedia zählt 3250 Tote, in fünf Jahren, nicht Wochen.

Nur wären die Angreifer vermutlich heute noch da, wenn sie vor den Alliierten nicht hätten kapitulieren müssen, und die Idee des »zivilen Widerstands« funktioniert allenfalls dann, wenn der Eroberer seinerseits ein Grundmaß an Zivilität beachtet, was im blonden Dänemark der Fall war. Vom ukrainischen »Brudervolk« sprach W. Putin freilich ebenfalls; doch nach übereinstimmenden Augenzeugenberichten haben seine Truppen Anfang April im Kiewer Vorort Butscha Hunderte Zivilisten ohne weiteren Grund massakriert. Dabei soll es nicht geblieben sein; und da noch über zivilen Widerstand, gar die Rolle des Westens räsonieren? Darüber, dass der ehemalige Russland-Chef des britischen Auslandsgeheimdienstes im *SZ*-Gespräch freimütig von »westlicher Ausbildung und den westlichen Waffen« sprach, »die wir in den vergangenen Jahren dorthin [in die Ukraine] gebracht haben«? Ist es jetzt mehr als eine Fußnote, dass für den Antisemiten und Hitler-Kollaborateur Stepan Bandera, den der ukrainische Botschafter Melnyk »unseren Helden« nennt, »in der Westukraine in den letzten zwanzig Jahren Denkmäler und Museen … errichtet wurden« (Wissenschaftsportal Gerda-Henkel-Stiftung)? Da beißt die Dialektik keinen Faden mehr ab, dass Russland mit dem Töten (und Schlimmerem) begonnen hat, und es muss wie eine Obszönität wirken, mit »Geopolitik« und »Interessen« zu kommen, wenn die Folgen dieser Interessen zerbombte Städte und Massengräber sind. Wer sich vor westlicher Heuchelei ekelt, darf sich auch vorm eigenen Reflex ekeln, ukrainische Tote mit irakischen zu verrechnen, und muss sich darauf verlassen, dass Doppelmoral anzuzeigen etwas anderes sei als Zynismus. Henry Kissinger initiierte im Vietnamkrieg die völkerrechtswidrige Bombardierung Kambodschas (200.000 Tote) und bekam zum 90. Geburtstag von der deutschen Politik eine Stiftungsprofessur in Bonn; der Mann im Kreml, rapportierte die Münchner Medienseite das Fazit eines Arte-Films, ist dagegen der Inbegriff »eines eiskalten, skrupellosen Machtmenschen« und wird »als einer der großen Massenmörder des 21. Jahrhunderts in die Geschichte eingehen«. Ist es angemessen, das gegenüberzustellen, oder heißt ein Unrecht ins Verhältnis zu setzen nicht schon im Wortsinn, es zu relativieren? Macht es ein Kriegsverbrechen (oder das Verbrechen des Krieges selbst) ungeschehen, wenn der Kritiker der Kriegskritik sich wundert, das Wort »Kriegsverbrechen« werde so geläufig verwendet wie seit den Nürnberger Prozessen nicht mehr, und ein Gastautor des Deutschlandfunks (6.4.) mitteilt, Washington habe »hinter den Kulissen dafür Sorge getragen, dass alle anhängigen Verfahren gegen die USA wegen mutmaßlicher Kriegsverbrechen in Afghanistan vor dem Internationalen Strafgerichtshof in Den Haag eingestellt worden sind«?

Und liest man das Buch der Stunde, Catherine Beltons »Putin's People« (dt. »Putins Netz«), diese Mafia-artige Geschichte vom aufhaltsamen Aufstieg des KGB-Bolzens Wladimir Wladimirowitsch, steht auf S. 189: »At the same time, NATO was continuing a relentless march East … It seemed to the Kremlin that the US was rubbing the West's dominance in their faces.« Und würde ein russischer Präsident Nawalny, dessen Vergangenheit ja nicht ohne rechte Anteile ist, gesagt sagen: Kein Problem, macht mal?

3

Dass Russland einen »Zerstörungskrieg gegen die westliche Ordnung« führe (*SZ*, 14.3.), wird man allerdings so ausschließen können wie die Notwendigkeit des Wortes »Zerstörungskrieg«, denn derart bei sich war die westliche Ordnung schon lang nicht mehr, auch weil die Zeit der Faxen nun vorbei ist. Dass das linksgrüne Besserwissertum »die eigene hohe Moral zurückschrauben muss, hat der Zivilisationsbruch des Kreml deutlich gemacht«, und wär's nicht wiederum zynisch, der Reinhard Müller von der allzeit moralkritischen *FAZ* (21.3.) müsste ihm dankbar dafür sein. Denn »der Angriffskrieg, der ganz Europa bedroht, zwingt dazu, sich auf das Wesentliche zu besinnen«, womit, versteht sich, nicht gemeint ist, mit einer Wirtschaft, die auf Verschwendung basiert, endlich Schluss zu machen. Wesentlich ist, dass der Laden brummt, und »wenn wir etwa nur noch das einführen wollten, was unter hiesigen Bedingungen produziert wurde, blieben Regale und Lager ziemlich leer. So müssen, was Wirtschaftsminister Habeck gerade nüchtern auszuhandeln versucht, kürzlich noch verteufelte Energieträger aus ebenso wenig lupenrein demokratischen Staaten importiert werden.« Denn Not kennt kein Gebot, und wenn irgendwo wer nichts zu beißen hat, dann nicht mehr, weil an westlichen Börsen mit Weizen spekuliert wird oder die hiesigen Regale vor Unsinn überlaufen: »Getreideterminals der Ukraine: An diesen Orten entscheidet sich, ob die Welt hungert« (wiwo.de).

Und »wie der Kreml die Abhängigkeit Europas von russischem Gas und Öl ausgebaut hat« (*Süddeutsche*, 22.3.), ist natürlich eh eine Sauerei.

Doch wenn es wahr ist, dass ein Brand bei der Nachbarin uns mehr angeht als einer zehn Straßen weiter, ist es vielleicht falsch, mit dem fernen Jemen zu kommen, wo seit sieben Jahren ein Krieg herrscht, der u.a. von Saudi-Arabien geführt wird, das, als Russland zum Paria geworden war, im Vollgefühl seiner neuen Unberührbarkeit gleich einmal 81 Menschen hinrichten ließ, u.a. wegen »abweichender Überzeugungen«.

Dies so beiseite gelassen wie die Weltkarte, die Interessierte, wie die *SZ* schon Ende Februar berichtete, so eingefärbt haben, dass der Zusammenhang zwischen Weltgegend und westlicher Empathie im Unglücksfall sichtbar wird: »Europa, die USA, Australien, Kanada und Neuseeland sind grün markiert, das bedeutet: 24 Stunden Berichterstattung, Stars, die Songs komponieren, Flaggen auf Gebäuden und Fotofilter. Der Nahe und Mittlere Osten ist braun gefärbt und gehört zur Kategorie ›hoffnungslose Situation, lasst uns beten‹. Subsahara-Afrika ist schwarz, also: ›buchstäblich egal‹« –, und bei allen Skrupeln, die man haben darf, den beharrlich beschworenen russischen Zivilisationsbruch mit dem abzugleichen, was für den Weltgeschichtsphilosophen Hegel »ein einziges Schlachthaus« war, soll eins aber auch nicht so dumm sein, sich nun für wirklich alles blind und taub zu machen. »Ich steige aus diesem Land aus«, hieß es eingangs eines offenen »Wutbriefs«, den die Buchpreisträgerin Antje (»Rávic«) Rávik Strubel in der *FAZ* veröffentlichen ließ. »Ich werde eines Tages mitverantwortlich gemacht werden, wenn gefragt wird, warum dieser Krieg im Europa des 21. Jahrhunderts möglich war, warum er so furchtbar war, warum er so viele Menschenleben gekostet hat. Und warum wir, wenn wir doch wussten, was los war, wenn wir doch besser als je zuvor in der Geschichte darüber informiert waren, weiterhin den Gashahn dieses Kriegsverbrechers offen ließen. Warum uns unser eigenes Wohlbefinden wichtiger war als das derjenigen, deren Mut wir mit Standing Ovations beklatschten, während sie im Bombenhagel standen.«

Dass Strubel es besser als je zuvor gewusst haben will, heißt bloß, dass sie in allen anderen Fällen nicht hat wissen wollen, dass die meisten Gas-, Öl- und sonstigen Hähne auf der Welt nicht unter Kontrolle der Caritas stehen und nie gestanden haben; dass unser Wohlbefinden, zu dem trotz Putins Ölkriegsverbrechen die Osterflugreise so gehört wie das Autobahnrasen, aus Prinzip viele Menschenleben kostet und weiter kosten wird. Und wieder eine ekelhafte Rechnung; doch falls es, wie Patrick Bahners glaubt, eine »Verhöhnung der Opfer« ist, nicht auf der Parallele Putin – Hitler zu bestehen, dann ist es erst recht eine, nicht die Parallelen anzuzeigen, die alle verschweigen, und sich aus Pietät den Argwohn zu verkneifen, der besondere Affekt wider Putins »asiatische Tat« (Ernst Nolte, anderer Zusammenhang) speise sich nicht bloß aus der geographisch-kulturellen Nähe dieses Krieges.

Dessen Widerwärtigkeit bezweifelt der Argwohn gar nicht; aber warum invariant von Putins »brutalem Angriffskrieg« die Rede ist, sogar der Rocklyriker Dirk von Lowtzow im Interview »die Hilflosigkeit angesichts dieses brutalen Angriffskrieges der russischen Föderation« beklagte, so als seien Angriffskriege als nichtbrutale, freundliche, »chirurgische« (und also: westliche) denkbar, sei als Frage noch erlaubt. Denn die Klage über aktuelles Unrecht soll das nächste nicht vorbereiten.

Mai 2022

Wie fühlt sich das an?

Ein paar nüchterne Gedanken zu identitätspolitisch bewegter Wissenschaft und der Kritik an ihr

Nichts ist so mächtig wie der Alltag, und dass im Kiewer Vorort Borodjanka, während der Krieg weitergeht, schon wieder, wie in der Tagesschau vom 27.5. zu sehen, in aller tröstlichen Seelenruhe Treppen gefegt werden, setzt ins Bild, dass der Krieg schon nicht mehr unbedingt Spitzenmeldung ist. Und also kann es auch im Kulturteil wieder um die wirklich wichtigen Dinge gehen; und manchmal sind sie ja vielleicht auch wirklich wichtig.

An einer »antirassistisch fundierten Neubestimmung ihres Faches« hat sich, laut Aufmacher des Münchner Feuilletons vom 17. Mai, die jüngste Ausgabe der *Zeitschrift für Medienwissenschaft* versucht, und es geht, wie neuerdings immer, um das Infragestellen einer Perspektive, nämlich der männlichen und weißen: »In den Beiträgen des Heftes«, schreibt der Lüneburger Kulturwissenschaftler und *SZ*-Autor Andreas Bernhard mit beunruhigtem Unterton, »wird immer wieder deutlich, dass der Weg zu einer ›antirassistischen Praxis‹ der Medienwissenschaften viel mehr umfasst als nur die Umgestaltung der fachlichen Schwerpunkte; es geht um eine Neuausrichtung des Bewusstseins aller Beteiligten.« Denn rassistisch, so ja auch der Tenor einer ganzen Reihe von Büchern zum Thema, sind alle, die nicht selbst Opfer von Rassismus sind; und also gilt »als wichtigste Kategorie für diese Neuausrichtung des akademischen Sprechens ... der Begriff der ›Erfahrung‹. Die Subjektivität der einzelnen Forscherin oder des einzelnen

Forschers, die marginalisierenden, diskriminierenden, traumatisierenden Erlebnisse (oder, in den männlich-weißen Biografien, das Bewusstwerden und Infragestellen des eigenen Status), ist Antriebskraft und Vektor aller wissenschaftlichen Erkenntnis.« Die also nicht mehr als universale gedacht wird (schon darum nicht, weil das wieder nach der ollen Zentralperspektive riecht), wie auch ein Text keiner mehr ist, der für alle Interessierten geschrieben wäre, sondern fixe Adressen hat, von denen er selbst vielleicht gar nichts weiß. So teilt eine Herausgeberin mit, sie habe im Studium zuviel »von Autor_innen gelesen, die tatsächlich einfach nicht für mich, für einen Körper wie meinen, geschrieben haben«, und die Zusammenfassung des männlichen weißen Feuilletonisten ist wohl trotzdem richtig, wenn er die »tiefgreifende Verschiebung des akademischen Diskurses« feststellt: »Instanz wissenschaftlicher Erkenntnis kann das subjektive Körpergefühl sein, das taub ist gegenüber hegemonialen Positionen; umgekehrt müssen weiße Wissenschaftler unablässig an der Tilgung ihrer Erkenntnistraditionen arbeiten.«

Es ist sicher eine Dummheit, sich von der leidigen Kriegsberichterstattung zu erholen, indem man sich aufs nächste Minenfeld begibt und dort den flapsigen Gedanken vorträgt, Eldridge Cleaver habe womöglich nicht für einen Körper wie meinen geschrieben; aber die gewisse Verwandtschaft dieser »subjekt- und emotionsgetriebenen Wissenschaft« (Bernhard) mit dem »Wie fühlt sich das an?« der Beckmann-Kerner-Schule muss eine hegemoniale Position irritieren, der schon die Triggerwarnung verdächtig war. »Das ist nichts für mich« wäre nämlich jetzt kein Geschmacksurteil mehr, sondern ein gewissermaßen ontisches und drehte die Idee von Erkenntnis um: Nicht die Forscherin oder der Leser muss dem Text genügen, sondern der Text muss Voraussetzungen erfüllen, um überhaupt das Recht zu haben, gelesen zu werden.

Nun ist es nicht die kleinste Erkenntnis der Neuen Frankfurter Schule, dass Text und Kunst nichts Sakrales sind und, klingt's beim Zusammenstoß von Buch und Kopf hohl, das auch am Buch liegen kann. Ganz praktisch sind Bücher nie für alle geschrieben, schon weil Lektüre ab einem gewissen Niveau Vorkenntnisse erfordert – Erfahrungen eben –, und eine Lektüre oder eine Frage unterm Aspekt eigener Erfahrung anzugehen ist nichts weiter als eine Tautologie; so wie die von der Medienwissenschaft angezeigte »Positionsabhängigkeit des jeweiligen Denkens, Sprechens, Tuns und Wahrnehmens« in den Gegenständen immer schon verhandelt worden ist. Biographische Forschung dreht sich um nichts anderes, und wie sehr das evangelische Pfarrhaus, von Gryphius über Nietzsche bis Benn, die deutsche Geistesgeschichte geprägt hat, ist auch schon aufgefallen. Dass Sprechen, Schreiben, Urteilen einen biographischen, sozialen Standort hat, ist also selbstverständlich; und kein Ort aber ohne Körper, der ihn besetzt.

Versucht man, vom klischeehaft »Betroffenen« des Jargons abzusehen, heißt vom Körper zu sprechen von einer materiellen Voraussetzung zu sprechen, und hat Bernhard auch recht, dass an der heutigen Universität »die politisch-ökonomische Utopie durch die Utopie der ›Vielstimmigkeit‹ und kulturellen Enthierarchisierung« ersetzt worden ist, bleibt das Substrat von Hierarchie doch das Bewusstsein bestimmende Sein, beim Geschlecht angefangen. Nicht um die Arbeit geht es Marx, sondern um die Arbeitskraft, und Ausbeutung ist etwas konkret Körperliches, darin wiederum Rassistisches; wer den Riesenerfolgsfilm »Ziemlich beste Freunde« gesehen hat, hat ein Bild davon, denn hier wird die Trennung von schwarzem Körper und weißem Kopf, also von Arbeitskraft und der Verfügung über sie, allegorisiert und zur komödiantischen Bedingung. Für Foucault war Macht der disziplinierte Körper, und dass, wie Adorno notierte, Herrschaft in den Menschen einwandert, bedeutet nichts wesentlich anderes.

Diesen Körper unterm Versprechen von »Individualität« zur gnadenlosen Selbstzurichtung und -darstellung verführt zu haben ist nun vielleicht der perfideste Zug des späten Kapitalismus, und Wissenschaft, die ihrem Subjekt als körperlich-biographischem die Hauptrolle zuschanzt, wird den Verdacht erregen, sich dem Individualitätsterror noch da zu ergeben, wo auf zu teilende Erfahrung abgezielt wird. Dass es zugunsten neutraler Erkenntnis möglich sei, die biographische Person komplett aus ihrer Arbeit herauszuhalten, ist zwar längst eine apokryphe Ansicht; vom Persönlichen nun gleich gar nicht mehr abzusehen muss jedoch eine Idee von Wissenschaft beschädigen, die seit je auf Vorstellungen von Nüchternheit und Rationalität beruht. Eine Medienwissenschaftlerin (und allein das ist ja nun gefährlich, wenn es sich beim Emotions- und Selbsterfahrungsprimat um einen schon wieder weiblichen handelt) schreibt, sie könne zur Sache »nur als vollständige, ganze Person antworten« und will »auch in einem wissenschaftlichen Kontext« unbedingt ihre »individuellen Erfahrungen« berücksichtigen, und auch dies zunächst weniger skandalös, als es den Anschein hat, wenn wir »individuelle Erfahrung« schlicht mit »Empirie« übersetzen; wobei subjektive Erfahrung, die von wissenschaftlichem Nutzen sein soll, intersubjektiv Bestand haben muss. Und es sich allerdings fragt, was die »vollständige, ganze Person« sein soll, wenn nicht entweder eine Redundanz oder die Unverschämtheit, von der Adorno sprach, der später argwöhnte, in der antagonistischen Gesellschaft sei ohnehin niemand mit sich selbst identisch.

Was aber nun eben nicht heißt, das Individuum, wie entfremdet und amorph es immer sei, aus der Rechnung zu nehmen. Denn »woraus es sich zusammensetzt, was in ihm aufeinanderprallt, seine ›Eigenschaften‹, sind allemal zugleich Momente der gesellschaftlichen Totalität« (Adorno, »Zum Verhältnis von Soziologie und Psychologie«). Und also ist, bei allem strengen Vorbehalt dem psychologischen »Kultus« gegenüber, die »Trennung von Gesellschaft und Psyche«, Universalem und Individuellem, doch »falsches Bewusstsein; sie verewigt kategorial die Entzweiung des lebendigen Subjekts und der über den Subjekten waltenden und doch von ihnen herrührenden Objektivität.« Linker Universalismus wie bürgerlicher Konservatismus verwerfen Identitätspolitik ja zumal darum, weil sie der Kritischen Theorie das falsche Bewusstsein gemopst hat, um es undialektisch nur im Anderen zu verorten; doch wo es ums weiße Privileg geht – etwa das zentrale, sich über seinen Ort in der Welt keine Gedanken machen zu müssen –, ist Kritik, als eine von unten nach oben, ganz notwendig eine Einbahnstraße. Wie der als Antiaufklärung schlechthin perhorreszierte identitätspolitische »Tribalismus«, also das Denken in ethnischen und kulturellen Gruppen, durchaus eine sozial-materielle Grundierung hat, in der Anzeige des gruppenspezifischen Nichtprivilegs nämlich, das auch da, wo es sich klassengesellschaftlich ausdrückt, über den Körper vermittelt bleibt. Diese Anzeige ist naturgemäß ein Vorwurf, und gibt es den als gefühllosen?

Wissenschaft wäre also insofern »weiß«, als sie sich Nüchternheit überhaupt leisten kann, und darauf zu beharren, Wissenschaft müsse des Gefühls entraten, hätte zugleich die marginalisierenden, diskriminierenden, traumatisierenden Umstände zum Verschwinden zu bringen, die Distanz so schwierig machen. Anderenfalls Wissenschaft jene männlich weiße bleibt, die als per definitionem emotionslose bloß ihre eigene Voraussetzung perpetuiert: indem sie das rassistische Klischee vom gefühlsbetont-intellektlosen Wilden oder das misogyne von der intuitionsgeleiteten, hysterischen Frau bedient. Es klingt verkehrt, aber der stärkste Alliierte dessen, was Identitätspolitik hier will, ist der linke Universalismus, der sie hasst.

Juli 2022

Eselin und Langohr

Ist Springer jetzt woke?

Wer sich vor der Diktatur aus Wokeness und Genderwahn fürchtet und argwöhnt, der öffentlich-rechtliche Rundfunk mache sich hier zum Erfüllungsgehilfen, mag bitte in die ARD-Mediathek schalten. Dort ist der Film »Trans*: Der schwierige Weg ins eigene Geschlecht« abrufbar, der sich mit Jugendlichen beschäftigt, die im falschen Körper stecken oder es zumindest glauben. Dass der Film beiden Möglichkeiten Raum gibt, ehrt ihn, denn es ist ja immer anders, als das schnelle Urteil glaubt: dass es ganz einfach sei. Es gibt Elfjährige, die sich von klein auf als falsch einsortiert empfunden haben, und es gibt Teenager, die aus dem Nichts verkünden, ab sofort andersgeschlechtlich zu sein. Dass schockierte Eltern da misstrauisch werden und Fachleute warnen, hier könnten sich andere Probleme ein Ventil suchen, zumal da deutlich mehr Mädchen Jungen werden wollen als umgekehrt, bedeutet ja noch nicht, dass Transsexualität ein Hirngespinst wäre. Es bedeutet nur, dass jeder Mensch sein eigener Fall und mit Pauschalurteilen nichts gewonnen ist.

Es sei denn Aufmerksamkeit, und wenig verfängt im Land, das seine geschichtlichen Prüfungen bekanntlich hinter sich hat, so zuverlässig wie der Vorwurf des Ideologentums. Die Rede von der »Gender-Ideologie« ist dabei nichts als Projektion, denn Ideologen sind immer die andern: Je radikaler die Marktwirtschaftlerin, desto schneller wird sie Sozialpolitik für ideologisch halten, weil der Markt Natur und darum ideologiefrei ist. Eine natürliche

Gegebenheit ist auch die biologische Dichotomie von Männlein und Weiblein, und setzen sich Menschen so darüber hinweg, wie sie einen Schirm aufspannen, wenn es regnet, handeln sie, versteht sich, ideologisch. »Muss Deutschland wirklich wach werden? Woke*-Wahnsinn in Deutschland«, lautete eine exemplarische *Bild*-Zeile, und in der *Welt* durften Wissenschaftler und Wissenschaftlerinnen das »Trendthema ›trans‹« denunzieren und Beschwerde führen, der öffentlich-rechtliche Rundfunk wolle Kinder »indoktrinieren« und »aufdringlich sexualisieren«: Es dürfe »nicht angehen, dass eine kleine Anzahl von Aktivisten mit ihrer ›woken‹ Transideologie den ÖRR unterwandert«. Als der Protest wider den Protest dann losgebrochen war, distanzierte sich Springer-Chef Mathias Döpfner vom Gastbeitrag als »unterirdisch«, strich heraus, im Verlag gebe es längst Unisextoiletten, und präzisierte aber: »Unser Haus steht für Vielfalt. Also auch und gerade für Meinungsvielfalt.« Die sah dann allerdings *Bild*-Kolumnistin Judith Sevinç Basad verletzt, die unter der Beschwerde, ein den *Welt*-Beitrag verteidigender Artikel von ihr sei abgelehnt worden, beim Hausblatt hinschmiss und Döpfner einen offenen Brief des Inhalts schrieb, sie könne nicht mittragen, »dass der Koloss Axel Springer, der regelmäßig gegen die übelsten Diktatoren der Welt schießt, sich plötzlich von der inhaltslosen Propaganda einer woken Minderheit in die Knie zwingen lässt und dabei auch noch die eigenen Journalisten als Menschenfeinde verhöhnt, die bei diesem bizarren Schauspiel nicht mitmachen wollen«.

Falls es nicht so war, dass jene, denen Basad nicht sekundieren durfte, ihrerseits den Transaktivismus als menschenfeindlich ausgemalt hatten; und zwar hat Basad eine Masterarbeit über »totalitäre Tendenzen in der queerfeministischen Bewegung« geschrieben, mit den totalitären

Tendenzen des Springerschen Kampagnenjournalismus (»Hat dieser Arbeitslose drei Frauen umgebracht?«) aber scheint's kein Problem gehabt. Mit dem fabelhaft originellen Buch »Schäm dich! Wie Ideologinnen und Ideologen bestimmen, was gut und böse ist« gelang ihr 2021 ein sicherer Bestseller, und der Verlag weiß auch, warum: »Judith Sevinç Basad empört sich – und stemmt sich vehement gegen die sich aufgeklärt wähnende Meinungsmache, gegen Denkverbote und Unschärfen in den Argumenten einer selbsternannten kulturellen Elite. Ist es denn, genau betrachtet, wirklich so, dass die ›Privilegierten‹ den sozialen Aufstieg von Migrantenkindern verhindern? Kann nur eine Frau wissen, wie man Politik für Frauen macht? Ist ›MeToo‹ eine durchgängig lautere Bewegung? Ist es im Kampf gegen Rassismus mit der Entmachtung des ›alten weißen Mannes‹ getan? Tatsächlich wird es fast schon modisch, dass man Andersdenkenden ein ›Schäm dich‹ zuruft und ihnen damit den Mund verbietet.«

Tatsächlich hat man es zu oft gelesen, um noch glauben zu wollen, dass Migrantenkinder sich ihren sozialen Aufstieg selbst verbauen, Männer die eigentlichen Feministen sind und niemand mehr seine Meinung sagen darf. (Übrigens will eine neue Studie nachgewiesen haben, dass Emporgekommene viel abwertender über die sprechen, die es nicht geschafft haben, als die per Geburt Etablierten: Kopftuch runter, Hintern hoch!) Man muss Aktivismus vom Vorwurf der Borniertheit nicht pauschal entlasten, um den projektiv-denunziatorischen Affekt in den immergleichen, wortidentischen Anwürfen derer zu sehen, die sich um die Gedankenfreiheit der Mehrheit sorgen, und was immer da jetzt »Diktatur« heißt, ist nicht die Diktatur von Flexibilität und Fitnessarmband, sondern die einer kulturellen Elite, die sich selbst ernannt hat, was der wahren

Elite natürlich gegen den Strich gehen muss. Ganz unernst muss man Springers neues Bekenntnis zur Diversität allerdings auch wieder nicht nehmen. Ein Hauptvorwurf gegen Wokeness lautet ja, sie sei neoliberal, indem sie den sozialen Kampf durch einen bloß symbolischen ersetze, denn dass es jetzt »Arbeiter*innen« heiße, zahle niemandem die Miete. Müsste *Bild* nicht auf die antielitären Affekte des kleinen Mannes und der Rentnerin setzen, die die schwindende Kernkundschaft bilden, könnte Springers Kettenhund mit symbolischer Gerechtigkeit also gut leben, wäre die denn wirklich das Gegenteil der materiellen. Kolleginnen an die Brust zu fassen und Türkenwitze zu machen ist aber die Demonstration eines Machtanspruchs, und Macht ohne Material, das gibt es nicht.

August 2022

Alles und nichts

Die Linie ZDF – *FAZ* – A. Baerbock (Grüne) und die Scheißzeit vor der Heißzeit

Sollten kommende Generationen oder, falls es die nicht mehr gibt, extraterrestrische Besucher sich dereinst fragen, wie es die Menschheit geschafft hat, trotz seit vierzig Jahren klarer Sachlage (vgl. Nathan Rich, »Losing Earth. The Decade We Almost Stopped Climate Change«, *The New York Times Magazine*, 1. August 2018) so gut wie gar nichts gegen die Erderwärmung zu unternehmen, bis es dann schließlich zu spät war, können sie im Archiv des ZDF nach dem Heute-Journal vom 7. August 2018 graben: Hohe Wissenschaft hatte gewarnt, dass es nun wirklich kurz vor Ultimo sei, weil das Erreichen sog. Kippunkte eine »verheerende Heißzeit« (ZDF) selbst dann einleite, wenn die Vorgaben zum Pariser Zwei-Grad-Ziel wider Erwarten erreicht würden, und anlässlich des Weltuntergangs hatte das Heute-Journal den prominenten vierten Slot freigeräumt, damit Moderator Sievers vom Umweltredakteur Angres erfahre, ob das nun »Panikmache« sei oder am Ende doch Wahrheit.

»Irgendwas dazwischen«, retournierte Angres, der halt weiß, dass Panik stets nur schadet, griff aber dann doch auf die vorbereitete Grafik zurück, die einen der befürchteten »Dominoeffekte« bebilderte: dass nämlich auftauende Permafrostböden (gleichwie abschmelzende Polkappen) einen selbstverstärkenden Effekt als »Klimawandelturbo« (Angres) haben. »Wir brauchen eine tiefe Transformation, die auf fundamentaler Neuorientierung der menschlichen

Werte beruht«, zitierte Ankermann Sievers da den wissenschaftlichen Alarmruf und bat, weil das ja nun »sehr hochtrabend und kompliziert« klinge, den Kollegen vom Umweltressort um Übersetzung; und der so: »Wir müssen zu einem nachhaltigen Umgang mit den Ressourcen kommen. Wir müssen einfach so unsere Wirtschaftssysteme aufstellen, dass wir da nicht überspannen«, als wäre das nicht längst geschehen und der Überspannungsfall den Systemen nicht inhärent. Sievers: »Und das Denken dann im Kopf ändern? Wie kriegen wir das denn hin?« Was er meinte, ohne das im Kopf noch denken zu können: ohne das herrschende, auf Ausbeutung von Mensch und Natur beruhende Wirtschaftssystem abzuschaffen. Angres: »Das hat natürlich auch mit«, großer Gott, »Bildung zu tun.« Juristinnen und Betriebswirte, »die vielleicht mal in Vorständen von großen Unternehmen sitzen«, sollten in Zukunft »ein Semester« lang »Ökosystemlehre« hören, damit sie lernten, mit »Wirtschaftsmacht« verantwortungsvoll usw.

Bildung, gleißendste aller Blendvokabeln, muss es ja immer richten, wenn es systemisch hakt, doch es sollte schon eine sein, die erkennte, dass der regelmäßige Börsenbericht (hier ab Sendeminute 23:09) genau jene Werte feiert, die uns schnurgrad in die Heißzeit führen; und angesichts vom verstopften Frankfurter Flughafen (Panne im Sicherheitsbereich, 19:12ff.) müsste ihr die Frage einfallen, ob auch bei der halbjährlichen Fernflugreise als Bürgerrecht nicht fundamentale Neuorientierung angezeigt wäre. Aber wo: »Heute ist Fliegen demokratisiert«, freute sich der liberale Fundamentalist Rainer Hank am 6.8. in seiner *FAZ* übers von der Telekom bis zur Lufthansa deregulierte Land. »Krethi und Plethi können es sich leisten – die ökologischen Folgen stehen auf einem anderen Blatt« und jedenfalls auf keinem, das einen Blick wert wäre, solange man sich über jenes »liberale Versprechen« verbreiten kann, das dafür gesorgt hat, »dass es uns heute so viel besser geht als vor dreißig Jahren«, während sich spanische Ferienorte überlegen, wie sie Krethi und Plethi, denen man die billige Sauf- und Selfiereise als Teil gelungenen Lebens angedreht hat, wieder loswerden.

Also sollen wir jetzt einmal über alles nachdenken, aber ohne darüber ins Nachdenken zu geraten – »Wie gut, dass es den Sport gibt!« (Sievers, 30:10) –, und da bietet sich als Vorbild die grüne Parteivorsitzende Annalena Baerbock an: »Was hält das Land zusammen? Wie kann das Vertrauen in das gemeinsame Miteinander, die liberale Demokratie und den Rechtsstaat wieder wachsen? Wie lässt sich Deutschlands Verankerung in Europa stärken? Diesen Fragen gehen Annalena Baerbock und Robert Habeck auf einer politischen Sommerreise im Juli und August nach«, denn wenn »der Zusammenhalt bröckelt«, muss es (wusste Hitler schon) eine »Deutschlandreise« richten »in Dörfer und Städte in der ganzen Republik. Der Titel: ›des Glückes Unterpfand‹. Ein Unterpfand ist der Gesellschaft für Deutsche Sprache zufolge«, die recte und weniger national eine für deutsche Sprache ist, »eine Garantie«, und Glück ist Marx/Engels zufolge die freie Assoziation, mindestens aber »weniger Konsum, tiefere materielle Ansprüche, mehr Langsamkeit, weniger Ungerechtigkeit« (Marcel Hänggi, »Wir Schwätzer im Treibhaus. Warum die Klimapolitik versagt«, Zürich 2008). Doch wenn man, als treue Kundin des Heute-Journals und spitzengrüne Reala, gewisse Dinge ad acta gelegt hat und grundlegende Transformationen nicht ganz so grundlegend haben will, geht es halt nicht mehr um alles, sondern um Scheinfragen wie die, »wie wir in diesem Land zusammenleben wollen«, als habe das die letzte rotgrüne Bundesregierung nach Standortmaßgaben nicht längst entschieden. Drum braucht es ja jetzt die Hymne: »Gleich, woher jemand kommt, wie er aussieht und wie sie denkt oder lebt: Das individuelle Glück kann sich nur entfalten, wenn Einigkeit und Recht und Freiheit garantiert sind.« Wobei jemand, der z.B. wie ich aussieht und vom Dorf kommt, einwenden könnte, dass Demokratie doch eher aus Uneinigkeit besteht und das, was da zeitgenössisch als Freiheit verkauft wird, bloß die eines solchen *Spiegel*-Titels ist (21. Juli): »Stress, lass nach! Forscher erkunden, wie Körper und Geist Druck ertragen – und in Stärke verwandeln«. Wo nicht gleich in Tattoos.

Dies nämlich »der Stand der gesellschaftlichen Entwicklung« (Dr. Jürgen Roth, Brief v. 31.7.), aber »Annalena Charlotte Alma Baerbock« (Wikipedia) will, wie sie in einem frühen Printporträt verriet, »radikal und staatstragend zugleich sein«, wie ja auch ihr Mitvorsitzender Habeck laut *Tagesspiegel* (12.12.17) dem »pragmatischen Idealismus« zugetan ist, beide keine Flügelkämpfe um ökosozialistischen Unfug mehr wollen und Baerbock »bei den Jüngeren, die mit den ideologischen Schlachten der Grünen-Gründergeneration nichts mehr anfangen können, … viele Fans« hat. Nein, Ideologie will heute niemand mehr, es sei denn, es ist die von Hank, Sievers und *Spiegel*, weshalb die Politikwissenschaftlerin Baerbock, Jahrgang '80, »die Sehnsucht der Grünen nach einem Aufbruch« (*Tagesspiegel*) verkörpern kann; einem Aufbruch nämlich Richtung 16 Prozent, wie sie die optimistischsten Umfragen für die Landtagswahl in Bayern prognostizieren, wo die liberale Großstadtgentry nicht die kaputte SPD noch gar den dummen Söder wählen will, der halt nicht die Sprache des Milieus spricht: »Sie teilen sich das Zimmer mit dem Co-Vorsitzenden Robert Habeck. Funktioniert die grüne Bürogemeinschaft

meinschaft?« wollte der im direkten Vergleich geradezu elaborierte *Focus* im Frühjahr wissen und erhielt die luftdicht passende Antwort:

»Läuft, würde ich sagen.«

Geil, würden wir sagen, wo nicht gar: Krass, »weil wir weltweit richtig krasse Probleme kriegen werden, wenn wir die Klimakrise nicht eindämmen.« Weshalb Baerbock sich dafür empfiehlt, »Probleme radikal zu benennen und an der Wurzel zu packen. Macht nämlich sonst keine Partei«, denn die SED gibt's nicht mehr, und Sahra Wagenknecht spöttelt lt. jedenfalls *Focus* bloß über das »Öko-Wohlstandsbürgertum« und seinen parlamentarischen Arm. Was aber laut Baerbock nur zeigt, dass da eine »nix kapiert« hat, und zwar ausnahmsweise nicht sie selbst: »Für mich sind Ökologie und Soziales zwei Seiten einer Medaille«, im Bioladen etwa. »Wer wohnt denn an den lauten Straßen mit schlechter Luft? Sicher nicht die, die sich das Einfamilienhaus am Waldrand mit zwei Autos fürs In-die-Stadt-Fahren leisten können. Wodurch drohen denn massives«, natürlich, »Elend und Flucht? Durch den Klimawandel. Unsere Umwelt ist Grundlage unseres Lebens und Überlebens«, damit auch einmal von der Basis die Rede ist; und ehe sich was daran ändert, dass die einen immer an den lauten Straßen wohnen und die anderen mit zwei Geländewagen am Waldrand, kommt jetzt, der nächste Blindstopfen, das Elektroauto, denn »wenn wir zum Beispiel nicht für eine Verkehrswende und emissionsarme Autos sorgen, sind die Jobs irgendwann einfach in China«. Und was sagt dann der Börsenbericht?

Es sei dem *Focus* ernstlich angerechnet, die öde Madame mit ihrem blöden Zeitungsdeutsch nicht nur zu prima inhaltsarmen Quackeleien verführt (»Es gilt immer, Interessen abzuwägen und auszugleichen. Der Maßstab dafür ist die Würde des Menschen gemäß dem Grundgesetz«), sondern auch bei ihrer gratisdemokratischen Volksnähe gekitzelt zu haben, indem er wissen wollte, was sie für ein Auto fährt (Diesel) und ob sie jetzt nicht »sauer« sei: »Und wie. Wir haben für unsere Familie vor Jahren bewusst aus ökologischen Gründen ein gebrauchtes und kein neues Auto gekauft und genau auf die Emissionswerte geschaut. Weil die aber manipuliert wurden, fühlen wir uns betrogen. Wie zigtausend andere Menschen auch.« Denn Politik, wir hatten das, ist erst einmal Verbraucherschutz, und als grüne Politikerin aus ökologischen Gründen ein Auto zu kaufen und sich dann über industrieseitige Manipulation zu beschweren geht wohl auch nur, wenn man dem ähnlich radikalen Staatsträger Jockel Fischer »zum 70. Geburtstag aus ganzem Herzen gratuliert« hat. Und evtl. dazu, die grüne Partei so fundamental transformiert zu haben, dass sie in das, was ist, auch in der Begriffs- und Sprachlosigkeit krass hineinpasst: »Seit Wochen hält die Rekordhitze und enorme Dürre Europa in Atem« (annalena-baerbock.de).

Dass wir es überleben werden, stimmt ja leider auch nicht mehr.

September 2018

Publikationsnachweis

Schreckschraube und Wunderkind: *Titanic* 3/2006 * Nationalsozialistisch über Grund: theeuropean.de, November 2011 (nicht mehr abrufbar) * Die Toren der Epoche: *Titanic* 3/2012 * Hund und Herrin: *Titanic* 1/2012 * Im Dilemma: *Junge Welt*, 13.3.2021 * Draußen vor der Altbautür: *Titanic* 12/2012 * Wer Juden hasst, bestimme ich: *Titanic* 1/2013 * Die rechte und die linke Hand des Teufels: *Titanic* 10/2013 * Deutscher Konsens: *Titanic* 12/2013 * Schafe im Schafspelz: *Titanic* 1/2014 * Präsentiert das Gewehr: *Titanic* 3/2014 * Die Stille vor dem Schuss: *Titanic* 6/2013 * Leitwolf im Schafspelz: *Titanic* 7/2011 * Die Stunde der Nullen: *Titanic* 1/2015 * Wir sind geimpft: *Titanic* 4/2015 * Dicht: *Titanic* 5/2015 * Es gibt Grenzen: *Titanic* 9/2015 * Willkommen und Abschub: *Titanic* 10/2015 * Außer Kontrolle: *Titanic* 7/2018 * Ein Echo: *Titanic* 10/2018 * Merkel. Eine Bilanz: *Titanic* 12/2018 * Auf dem Friedhof: unveröffentlicht * Biller vs. Bernhard: *Titanic* 2/2009 * Definitely maybe: titanic-magazin.de (Gärtners kritisches Sonntagsfrühstück), 12.10.2014 * Undicht in Pödelwitz: *Junge Welt*, 20.6.2020 * Athene, hilf! *Konkret* 12/2021 * Krawehl, zweifrei: *Neues Deutschland*, 20.5.2019 * Tante simulante: *Junge Welt*, 1.7.2019 * Da blitzt die Nuss: *Junge Welt*, 17.4.2021 * Die Sehnsucht dieser Leute: *Titanic* 1/2017 * Der Schutz der Heimat: *Titanic* 5/2017 * Auf Tuchfühlung: titanic-magazin.de (Gärtners kritisches Sonntagsfrühstück), 7.7.2019 * Abzusehen davon: *Titanic* 6/2017 * Heimat, dichter: *Titanic* 11/2017 * Stirb und werde: *Titanic* 6/2018 * Bang in der Birne: *Neues Deutschland*, 19.12.2018 * Bitte schneiden:

Konkret 5/2020 * The Fast and the Furious: titanic-magazin.de (Gärtners kritisches Sonntagsfrühstück), 5.3.2017 * Die Scham: *Titanic* 10/2020 * Nicht zu ändern: *Titanic* 5/2018 * Die ewigen Spießer: *Titanic* 7/2018 * In der Tinte: *Titanic* 11/2018 * Im Bunker: *WOZ* 37/2021 * Liebe ist nicht das Problem: *Neues Deutschland,* 26.9.2019 * Mehr Beefsteak wagen: *Der Freitag* 8/2020 * Friss oder stirb: *Titanic* 3/2021 * Draußen zuhaus: *Titanic* 5/2021 * Deutsche Einheit: *Titanic* 6/2021 * Achtung Berlin: *Neues Deutschland*, 29.8.2019 * Abschied von Mitte: *Taz*, 21.7.2021 * Schlafes Bruder: *Konkret* 1/2019 * Neues Deutschland: *Titanic* 2/2021 * Zum Vergessen: *Konkret* 4/2021 * Das So-Sein und das Nichts: *Titanic* 4/2021 * Tote und Tabu: *Titanic* 8/2021 * Bül bül bül: *Junge Welt*, 27.8.2021 * Dolchstoß ins Herz: *Titanic* 10/2021 * Er ist wieder da: *Titanic* 4/2022 * Rechnung mit Bekannten: *Titanic* 5/2022 * Wie fühlt sich das an? *Titanic* 7/2022 * Eselin und Langohr: *Konkret* 8/2022 * Alles und nichts: *Titanic* 9/2018